Nicole Glimer

Kinder brauchen Bewegung
Brauchen Kinder Sport?

24,80

3322   8/2

Veranstalter des Kongresses:

Deutsche Sportjugend
Deutsche Turnerjugend
Universität Osnabrück

Organisationsausschuß:
Klaus Bernert, Hans Cicurs, Christa Jäger, Friederike Neuhöfer, Gisela Stein, Ursula Thöle-Ehlhardt, Prof. Dr. Renate Zimmer

Die Durchführung des Kongresses und die Herausgabe dieses Berichtsbandes wurde möglich durch die finanzielle Unterstützung folgender Institutionen:

Der Bundesminister für Gesundheit
Kultusministerium des Landes Niedersachsen
Stadt Osnabrück
AOK Landesverband Niedersachsen

Edition Sport & Wissenschaft
Band 13

Renate Zimmer/Hans Cicurs (Red.)

Kinder brauchen Bewegung
Brauchen Kinder Sport?

Referate, Berichte und Beiträge zur Praxis vom Kongreß
„Kinder brauchen Bewegung – Brauchen Kinder Sport?" vom 21.-23.02.1991
in Osnabrück, veranstaltet von der Deutschen Sportjugend in Kooperation
mit der Deutschen Turnerjugend und der Universität Osnabrück

Meyer & Meyer Verlag

Die Deutsche Bibliothek – CIP-Einheitsaufnahme

Kinder brauchen Bewegung – brauchen Kinder Sport?:
[Referate, Berichte und Beiträge zur Praxis vom Kongress
„Kinder brauchen Bewegung – Brauchen Kinder Sport?" vom 21.-23.02.1991]
Renate Zimmer; Hans Cicurs (Red.). Hrsg. von der Deutschen Sportjugend.
[Veranst. von der Deutschen Sportjugend in Kooperation mit der Deutschen
Turnerjugend und der Universität Osnabrück]. –
Aachen: Meyer und Meyer, 1992
(Edition Sport & Wissenschaft; Bd. 13)
ISBN 3-89124-144-5
NE: Zimmer, Renate [Red.]; Kongress Kinder Brauchen Bewegung – Brauchen
Kinder Sport? <1991. Osnabrück>; Deutsche Sportjugend; GT

© 1992 by Meyer & Meyer Verlag, Aachen
Satz: Times; graphodata, Aachen
Druck: Druckerei Queck, Jüchen
Printed in Germany
ISBN 3-89124-144-5

Inhaltsverzeichnis

Vorwort

Kinder brauchen Bewegung – kaum jemand wird ernsthaft die Richtigkeit einer solchen Aussage anzweifeln. Aber – welche Art der Bewegung ist es, die Kinder brauchen? Wieviel Bewegung brauchen sie? Reicht die Alltagsbewegung aus oder soll es eine spezielle Form von Bewegung sein – die sportliche Bewegung, wie es im 2. Teil des Kongreßmottos formuliert ist?

Sport ist immer auch Bewegung, aber ist Bewegung nicht mehr als Sport? Wann wird Bewegung zum Sport, und welcher Sport ist es, den Kinder brauchen?

Diese, sich aus dem Kongreßthema ergebenden Fragen sind keine rhetorischen Spitzfindigkeiten, sie waren von den Veranstaltern bewußt provoziert, um die Diskussion über die Einschränkung der Bewegungsmöglichkeiten im kindlichen Lebensalltag ebenso anzuregen wie das Nachdenken über die Bemühungen vieler Sportorganisationen, immer früher „ihren Sport" an die Kinder heranzubringen.

Die Resonanz, die der Kongreß bei den über 1000 Teilnehmern und der Öffentlichkeit fand, bestätigt die Aktualität des Problems: Obwohl Kinder heute scheinbar „alles haben", kaum mehr direkt Not leiden und ganze Industriezweige sich mit den vermeintlichen kindlichen Bedürfnissen befassen, werden sie doch um wesentliche, für ihre Entwicklung unverzichtbare Erfahrungen gebracht. Zunehmende Medieneinflüsse, Konsumzwänge, die Technisierung und die derzeitige Wohn- und Verkehrssituation führen zu einer Begrenzung des Erlebens der eigenen Körperlichkeit und der Sinne und hindern Kinder daran, sich die Welt selbständig mit den ihnen eigenen Mitteln anzueignen. Dies hat weitreichende Konsequenzen für ihre Persönlichkeitsentwicklung, denn die Einschränkung der kindlichen Bewegungsmöglichkeiten bringt Gefahren für die körperlich-motorische ebenso wie für die psycho-soziale Gesundheit mit sich, die in ihren Folgen bislang noch nicht abzusehen sind.

Spiel- und Bewegungsräume scheinen Kindern noch einige wenige Chancen zu bieten, selbst aktiv zu werden, Kreativität entfalten und Eigeninitiative entwickeln zu können und darüber hinaus auch die Basis für eine gesunde Lebensführung in späteren Lebensjahren zu schaffen.

Besonders groß war das Interesse der Teilnehmer aus den neuen Bundesländern, die Hilfe vor allem für eine veränderte Kindergartenpädagogik erwarteten und diese nach eigenen Aussagen auch fanden. Der Einfluß auf die praktische Arbeit in den Kindertagesstätten wird hier besonders hoch eingeschätzt, und zudem kann – aufgrund des Informationsbedarfs über offene Bewegungskonzepte – ein hoher Multiplikatoreneffekt erwartet werden.

Mit der Durchführung eines Kongresses wurde das Ziel verfolgt, Praktikern und Theoretikern aus unterschiedlichen Berufsfeldern ein Forum zur Erkenntnis und Weiterbildung, zum Erfahrungs- und Informationsaustausch über die Möglichkeiten einer vielseitigen Bewegungsförderung und umfassenden Gesundheitserziehung von Kindern zu geben.

Im Vordergrund standen dabei Kinder im vorschulischen Alter, Institutionen des Elementarbereichs waren daher ebenso angesprochen wie Vereine, die für die Altersstufe der 0- bis 6jährigen Bewegungs- und Sportangebote machen.

Um einen möglichst nahtlosen Übergang zur Sport- und Bewegungserziehung der Grundschule zu erreichen, wurden darüber hinaus auch Themen aufgenommen, die sich mit Fragen des Schulsports befaßten.

Überschneidungspunkte gab es auf vielen Gebieten, die Mehrzahl der Angebote betraf Kinder im Kindergarten- und frühen Schulalter.

Den Kongreß zeichnete eine gute Mischung zwischen Theorie und Praxis aus; bezogen auf die meisten Kongreßteilnehmer bedeutete dies, daß ihre Erwartungen, neben informativen Vorträgen und Referaten vor allem auch ein breites Angebot an Praxisarbeitskreisen zu erhalten, erfüllt wurden.

Diese Praxis schriftlich festzuhalten und sich dabei auch noch auf einen vorgegebenen Umfang zu begrenzen, war für die Referenten nicht leicht. Vieles von der Unmittelbarkeit gemeinsamer Bewegungserlebnisse, von dem Prozeß des Findens und Ausprobierens von Bewegungsideen läßt sich nicht in eine schriftliche Form zwängen.

Dennoch hoffen wir, durch diesen Bericht die Vielseitigkeit der Angebote auch den Interessenten zugänglich zu machen, die nicht an dem Kongreß teilnehmen konnten, sich aber über die aktuelle Diskussion der Konzepte vorschulischer Bewegungserziehung informieren wollen.

Die einzelnen Beiträge wurden abweichend von der thematischen Zuordnung während des Kongresses für diesen Band neu zusammengestellt. Es schien uns sinnvoll, nicht einzelne Institutionen zum Kriterium der Einteilung zu machen, sondern auch übergeordnete Fragestellungen aufzunehmen, die sich auf bestimmte Handlungsfelder von Bewegung, Spiel und Sport beziehen. Überschneidungen und manchmal etwas willkürlich wirkende Einteilungsgesichtspunkte konnten nicht immer vermieden werden.

Die Hauptreferate wurden – sofern sie sich eindeutig einem Themenbereich zuordnen ließen – diesem vorangestellt.

Die Beiträge, die sich schwerpunktmäßig auf spezifische Institutionen wie z. B. Kindergarten oder Grundschule bezogen, wurden in jeweils einem Block zusammengefaßt. Dies bedeutet jedoch nicht, daß hier eine klare Abgrenzung vorliegt, vielmehr ist die Durchlässigkeit und Übertragbarkeit auf andere Praxisbereiche sogar erwünscht.

Die Veranstalter des Kongresses wünschen sich, daß die Öffentlichkeitswirk-
samkeit der Veranstaltung auch zu spürbaren und sichtbaren Veränderungen hinsichtlich der Rahmenbedingungen frühkindlicher Bewegungserziehung führt und
damit in hohem Maße dazu beiträgt, die Lebensbedingungen von Kindern zu
verbessern.

Renate Zimmer
Hans Cicurs

Christine Merz

Was Kinder bewegt

Sie haben es vielleicht aus dem Programm entnommen, daß ich den Festvortrag
hier halten werde -
und Sie haben sich vielleicht gefragt:
Was hat eine Kinderbuchautorin mit Bewegung,
mit Sport,
mit der Sport-Bewegung zu tun?
Was bewegt sie dazu, hier diesen Vortrag zu halten?
   Abgesehen von meinen Vorlesebüchern mit dem Titel
   „WAS KINDER BEWEGT"
verbindet uns natürlich zunächst das Interesse oder mir lieber:
Das **Anliegen** der Kinder.
Darüber hinaus verbindet uns doch auch die Frage:
Was bewegt Kinder?
Was bewegt sie vorwärts?
Was bewegt sie rückwärts –
was läßt sie auf der Stelle bleiben?
   Lassen Sie uns in diesem Zusammenhang ein wenig über „Bewegung" nach-
denken!
Bewegung hat sehr viel mit Beweglichkeit,
mit beweglich – sein zu tun.
Und dies eigentlich im Hinblick auf „Fortbewegung" –
AUF SICH HINBEWEGEN ZU EINEM ZIEL.
Zielgerichtetes Fortbewegen.
   Groß werden wollen, etwas können,
Dinge beherrschen, dazulernen,
endlich erwachsen zu sein, endlich dazu zu gehören –
das erscheint eine erstrebenswerte Angelegenheit für Kinder zu sein.
Erinnern Sie sich an Ihre Kinderzeit?
Manch einer von uns hat geschummelt mit dem Alter, ich bin schon 12, natürlich –
und überhaupt schien einem das Alter, welches noch zwei oder gar drei Jahre weg
lag, als das unbedingt erstrebenswerteste.
Wer sich viel mit Kindern der heutigen Zeit auseinandersetzt, stellt in zunehmendem Maße fest, daß der Glanz des „Groß-seins", des „Älter-werdens" vielfach
verblaßt ist.
Wir finden erschreckend viele Kinder, die bereits im jungen Alter im Kindergarten, in der Grundschule, nicht groß werden möchten. Ein 8jähriger sagte kürzlich
zu mir:

„Ich möchte aber nicht in die Pubertät kommen,
ich möchte hier bleiben, hier, wo ich jetzt gerade bin!"
Ich kenne andere, und zu viele Kinder, die ganz ausgeprägt den Wunsch nach
Festhalten der Zeit äußern oder –
schlimmer noch:
in auffälligen Verhaltensweisen,
sei es Bettnässen,
sei es Verweigern des SAUBERWERDENS,
sei es in Eßstörungen,
sei es in Leistungsverweigerung allgemein deutlich machen, daß ihnen nichts
daran liegt, „groß" zu werden.
Woran liegt es, daß das Sichfortbewegen, daß das Weiterkommen von unseren
Kindern nicht mehr so sehr erstrebenswert empfunden wird?
Ich habe mir darüber viele Gedanken gemacht, und ganz sicher gibt es vielfache
Faktoren, die hier hineinspielen.
Einer scheint mir besonders entscheidend:
Um vorwärts zu streben,
um sich positiv nach vorne zu bewegen braucht es Mut,
positiven Mut – nicht den Mut der Verzweiflung, sondern den Mut, der aus der
Lust am Leben kommt.
Ist unsere Zeit,
sind unsere Perspektiven,
ist unsere Gesellschaft geeignet, MUT zu machen?
Und fehlt es den Kindern, die nicht so gerne groß werden wollen, die völlig
verständnislos schauen, wenn die Erzieherin zu ihnen sagt:
„Aber du möchtest doch sicher in den Kindergarten – sonst kannst du doch nicht in
die Schule und da willst du doch auch hin..."
(man hat den Eindruck, daß diese Kinder innerlich den Kopf schütteln),
fehlt es diesen Kindern nicht letztlich an MUT?
Unsere Zeit hat sehr viele entmutigte Kinder.
Ihre Schnellebigkeit, ihre tausend Eindrücke, ihre Unüberschaubarkeit gibt wenig
Gelegenheit, MUT und SELBSTVERTRAUEN zu entwickeln.

Auch die Schule ist oft eher darauf angelegt, sich laufend als un-fähig zu erfahren.
Im Vordergrund steht: „Sieh mal, was du alles noch nicht kannst! Das muß noch
gelernt werden!"

Und nicht etwa:
„Sieh mal – die Welt steckt voller Spannung – nach und nach wirst du durch
Lernen immer mehr verstehen können."
Eltern und sozialer Umkreis sind selbst verunsichert und unter enormem Lei-
stungsdruck. War es doch früher um vieles leichter, eine gute Mutter und ein guter
Vater zu sein:

Essen und Kleidung, wenn es hoch kam noch eine ordentliche Schulbildung oder
Ausbildung – das waren die Ziele, die Eltern zu erreichen hatten – und dann waren
sie gute Eltern.
Eltern heute haben einen vielfach höheren Anspruch zu erreichen: Guterzogene,
kreative, leistungsstarke und erfolgreiche Kinder sind der sichtbare und vorzeig-
bare Nachweis für Versagen oder Nicht-Versagen der Eltern. Bei solch in Frage
gestellten Eltern – Wie soll da MUT entstehen?
      Ich will Ihnen dazu ein kleines Beispiel erzählen.
Robin war gerade 3 Jahre alt, als er mit seinem Vater und einer befreundeten
Familie zum Drachensteigen ging.
Die ein Jahr ältere Sandra war auch dabei. Beide Väter brachten die Drachen hoch
in die Luft, und die Kinder staunten. Sandra durfte dann auch mal halten.
Der Drachen hatte eine ganz schöne Kraft, und man mußte ihn schon sehr gut
halten, wenn der Herbstwind so hineinfuhr.
Robin wollte auch mal gerne. Sandras Vater gab ihm die Schnur. Eine Weile ging
es gut, und ganz stolz hielt Robin die Schnur fest.
Dann rutschte Robin die Schnur aus der kleinen Hand, und der Drachen wurde
vom Herbstwind auf und davon getragen.
Beide Väter stürzten hinter dem losgelassenen Drachen her, denn es ist ja nicht
ungefährlich, wenn der Drachen an einer Hochspannungsleitung hängenbleibt
oder gar einen Autounfall verursacht. Fast 20 Minuten mußten die Kinder warten,
bis die Väter mit dem eingefangenen Drachen wieder zurück waren.
Noch ganz außer Atem kamen sie an.
Robins Vater sagte zu seinem Sohn:
„Also, du hast gesehen, du bist noch zu klein!" Sandra hingegen darf noch einmal.
Robin steht daneben. Seinen Drachen hält der Vater.
Sandras Vater tut der enttäuschte Junge leid. Er ermuntert Robin.
„Komm, du kannst es schon noch einmal mit Sandras Drachen versuchen. Du
mußt eben die Schnur ganz fest halten. Ich wickle sie dir um die Hand!"
Robins Vater unterbricht. „Nein, das kann Robin noch nicht!"
Und Robin murmelt leise nach: „Nein, das kann ich noch nicht!"
      So geht es eine Weile.
Sandras Vater kann das völlig entmutigte Kind nicht sehen.
Zu deutlich war die Enttäuschung des Vaters zu spüren – und nun steht das Kind
da, als traue es sich nicht einmal auch nur den Wunsch zu haben, den Drachen
festhalten zu dürfen.
So ermutigt er Robin erneut:
„So, Robin, ich glaube, du kannst es jetzt doch noch einmal versuchen, du mußt
nur gut aufpassen!"
Er nimmt den Drachen und gibt die Schnur dem Kind in die Hand. Zögernd macht
Robin mit. Er ist völlig verunsichert und hin- und hergerissen zwischen dem
Wunsch, den Drachen zu halten und der Angst vor nochmaligem Versagen.

Schließlich hält er den Drachen verkrampft, aber voll konzentriert. Sandras Vater bestätigt ihn: „Siehst du, es geht doch. Ich wußte, daß du es schaffst!"
Da kommt Robins Vater.
Er sieht den Sohn, und man sollte meinen, daß er sich nunmehr über ihn freut, über die Anstrengungsbereitschaft und den Willen, diesmal aufzupassen.
Aber Robins Vater ist noch immer enttäuscht von seinem Kind, und er hat ein solches Mißtrauen in dessen Kraft, daß er hingeht und das herunterhängende Teil der Drachenschnur nimmt und es ein paarmal um Robins Körper wickelt. Sollte Robin jetzt doch die Schnur noch fahren lassen, so würde sie von seinem Körper festgehalten. Dieses Erlebnis zeugt von einem großen Druck, der auf das Kind ausgeübt wird – aber es zeugt vor allem auch von einem Vater, der selbst unter größter Erwartung und Anforderung steht.

Die immer wiederkehrende Erfahrung, den Anforderungen der Eltern, der Lehrer oder anderer Erwachsener, die einem wichtig sind, nicht zu entsprechen – das Erlebnis „un-fähig" zu sein und gleichzeitig fatal wenig Gelegenheit zu haben, seine Begabungen in anderer Hinsicht zu zeigen, führen auf die Dauer zu tiefen Verletzungen im Selbstwertgefühl.

Von MUT brauchen wir da gar nicht mehr zu sprechen.
Fortbewegen, sich auf ein Ziel hinbewegen, braucht MUT. –
Die In-Fragestellung der eigenen Person, die tägliche Anforderung (und auch Überforderung der Eltern) und auch der ständige Leistungsvergleich machen die Entwicklung von Selbstbewußtsein und Mut schwierig.

Weil ich hier nicht vornehmlich als Pädagogin zu Ihnen spreche, möchte ich an dieser Stelle in meine Bücherkiste greifen. –
Ich ziehe für Sie eine Geschichte heraus – von der größten Kinderbuchautorin der Gegenwart, von Astrid Lindgren. In ihren Büchern finden wir sehr mutige Kinder, nicht nur Pippi Langstrumpf, die in einer weniger bekannten Geschichte einmal einen Schulausflug macht:
... Das Ziel des Ausfluges war ein Wald, der Wunderwald genannt wurde. Weil er so wunderbar schön war.
Als sie beinahe angelangt waren, sah sich Pippi um und schrie: „Kommt her ihr Wunder alle zusammen, dann wollen wir sehen, wer am stärksten ist!"
Das Fräulein erklärte ihr, daß es keine Wunder im Wald gäbe.
Pippi war sehr enttäuscht.
„Ein Wunderwald ohne Wunder – was die Leute alles erfinden. Bald werden sie noch Feuerbrünste ohne Feuer und Weihnachtsbaumplündern ohne Weihnachtsbaum erfinden. Aus reinem Geiz. Aber an dem Tag, an dem sie mit Bonbonläden ohne Bonbons anfangen, werde ich hingehen und ihnen mal Bescheid sagen. Na ja, da wird man selbst ein Wunder sein müssen, ich weiß keinen anderen Rat."
Sie erhob ein so schreckliches Geschrei, daß das Fräulein sich die Ohren zuhalten mußte...
Eine Figur, die sich nicht entmutigen ließ – das war Pippi Langstrumpf, aber

sie lebte auch in einer anderen Welt, und ich darf als „kleine" Kollegin von Astrid Lindgren meine Zweifel haben, ob diese Figur je wäre erfunden worden, wenn Astrid Lindgren in der heutigen Zeit aufgewachsen wäre.

Aber eigentlich wollte ich Ihnen etwas anderes vorlesen – eine Geschichte, die ebenfalls wenig bekannt ist und die Astrid Lindgren bereits Anfang der 50er Jahre, also vor der großen „Fortschrittszeit" geschrieben hat.

Es geht dabei um Ehrgeiz – Ehrgeiz unter Eltern, auch ein Hemmschuh für Fortbewegung, und es gab diesen demnach bereits damals ... Hören Sie gut zu, ich bin sicher – es kommt Ihnen manches bekannt vor!

„Albin und Stig waren aneinandergeraten. Das taten sie jeden Abend. Das hatten sie schon getan, solange man sich erinnern konnte. Es waren ein Wettstreit zwischen ihnen, ein Wettstreit, der ungefähr neun Jahre dauerte. Das heißt, genau gesagt, seitdem Albin und Stig in die Wiege gelegt worden waren.

‚Denk nur, Stig hat schon seinen ersten Zahn gekommen', sagte Stigs Mutter stolz zu Albins Mutter, als die Jungen 6 Monate alt waren. Daraufhin ging Albins Mutter nach Hause und steckte den Zeigefinger in Albins Mund. Aber da war nur ein kleiner, weicher Gaumen zu spüren.

‚Denk dir nur, wenn er nur etwas hat, um sich daran festzuhalten, kann Stig jetzt stehen!' sagte Stigs Mutter einige Monate später zu Albins Mutter.

Albins Mutter ging nach Hause, riß Albin aus der Wiege und stellte ihn neben das Küchensofa. Aber Albins kleine krumme Beinchen bogen sich unter ihm und er fiel schreiend zu Boden. ‚Denk dir, Stig! Er kann laufen. Sicher wird er mal ein Langstreckenläufer!' sagte Stigs Mutter noch ein paar Monate später.

Da fuhr Albins Mutter mit ihrem Jungen zum Arzt, um zu hören, ob der kleine Albin irgendeinen Fehler hätte. Aber Albin war fehlerfrei! ‚Die Kinder laufen nicht alle im gleichen Alter!' sagte der Arzt.

Aber auch für Albins Mutter kamen gute Zeiten.

‚Denk dir, Albin kann Rotationsmaschine sagen' sagte Albins Mutter zu Stigs Mutter, als die Jungen zwei Jahre alt waren. Stigs Mutter ging nach Hause und starrte Stig an: ‚Sag Rotationsmaschine!'

‚Groffa' sagte Stig.

Das bedeutete Großvater und war nicht ganz dasselbe wie Rotationsmaschine.

Als Albin und Stig in die Schule kamen, wurden sie Banknachbarn. Eigentlich hätten sie die besten Freunde sein müssen. Aber konnte es eine Freundschaft werden, wenn sie immer so miteinander wetteifern mußten?"

Soweit Astrid Lindgren.

Ehrgeiz als Hemmschuh für eine gesunde Entwicklung des Selbstwertgefühls, als Hemmschuh für den Mut, den man braucht, um sich ganzheitlich und individuell nach vorne bewegen zu können.

Ganzheitlich sich vorwärts bewegen – dazu gehört auch das mit Bewegung verwandte Wort:

Bewegt sein.
Ich bin bewegt!
Es hat mich etwas bewegt! Da ist die Beziehung zum seelischen Zustand, die Verbindung von Körper und Geist spürbar.
Bewegt-sein, sich bewegen lassen von etwas –
ist das nicht ein Luxus in unserer so perfekt von uns gesteuerten Welt?
In der Erziehung von Kindern ist es eine der schwierigsten Aufgaben sie zu lehren, daß man Gefühle und Bewegt-heiten zulassen darf, sie auch herauslassen soll, sie aber dennoch kanalisieren muß.
Ich beobachte immer wieder ähnliche Entwicklungen bei Kindern. Da ist das Vierjährige, das ungestüm und ungebremst Tobsuchtsanfälle haben darf (es ist im Trotzalter) und soll.
An der Kasse im Supermarkt wirft sich Katja auf den Boden und schreit ihre Mutter an, der das hochnotpeinlich ist.
„Ich will aber die Bonbons, du dumme Kuh, du blöder Ochsenhund!" Und noch Deftigeres. Der Mutter ist es nicht nur peinlich. Alle Leute starren auf sie. Sie ist auch hilflos. Was soll sie tun?
Außerdem ist es doch richtig:
Positive wie negative Gefühle sollen erlebt und ausgehalten werden. Sonst gibt es Knoten auf der Seele. So lehren es die Psychologen. Alle Bewegtheiten der Seele dürfen gezeigt werden.
Katja mit dem „Ochsenhund" ist heute 10 Jahre und erschreckt ihre Eltern noch immer mit ihrer geballten Kraft an Wut, die sie haben kann.
Sie wirft sich auf den Boden, schreit: „Ich trampele die ganze Welt zusammen! Laßt mich bloß in Ruhe, ihr blöden Affen!"
Mit zehn kann man das Ganze aber nicht mal mehr drollig und auch nicht mehr so verzeihlich finden.
„Langsam müßte sie ja lernen, mit ihren negativen Bewegtheiten umzugehen; sie in den Griff zu kriegen. Sie kann nicht herumschreien. Nicht nur wegen der Umwelt, mehr noch wegen sich selbst."
Es ist eine Bewegtheit, in der Katja selbst höchst unglücklich ist, aus der sie nur schwer herausfindet – eine Bewegung, die sie nicht nach vorne bringt.
Nicht die geballte Aggression, nicht die Wut selbst – die schlechte Stimmung und das sich selbst dafür ablehnen – kann das Mädchen einen ganzen Tag lang in dieser Stimmung verbleiben lassen und ihm diesen völlig verderben. Sie kommt gar nicht mehr heraus.
Die Eltern suchen Rat, besprechen sich, versuchen es mit Trösten, mit Streicheln, mit dem Vorschlag, einfach die Wut aus sich heraus-zu-rennen.
„Rennen ist saublöd", das ist die Antwort.
Die Idee mit dem „Herausrennen" war nicht schlecht.
Sie war nur nicht Katjas Lösung.
Eines Tages war der Zeitpunkt und die Idee reif für einen Weg speziell für Katja.

Katja bewegt sich gerne.

Weniger im Ballettunterricht, als einfach so zu fetziger Musik.

An einem Sonntagnachmittag, an dem Katja schon seit Stunden unzufrieden und unglücklich zwischen Wut und Un-Mut für niemand, auch für sich selbst nicht, zugänglich war, legte die Mutter eine mitreißende Pop-Musik auf und sagte: „Komm, laß uns tanzen!"

Vorsichtig und mißtrauisch kam Katja aus ihrer Isolation heraus. Sie tanzte wild und ekstatisch, sie verdrehte die Augen und imitierte Showelemente, die sie vom Fernsehen kannte ... sie tanzte all ihre schlechten Gefühle weg.

Ein Glücksfall und sicher kein Allheilmittel.

Es war **eine** Möglichkeit für **einen** Menschen.

Und sicher geht es nicht immer diesen Weg. Trotzdem.

Bewegtheit und Bewegung sind dynamische Angelegenheiten, die Phantasie und Kreativität im Umgang mit ihnen verlangen. Nicht umsonst ist Un-Beweglichkeit ist Starrheit

eine der großen Gefahren –

im körperlichen wie im seelischen Bereich.

„Warum mußt du immer aus dem Rahmen fallen?"

fragt die Mutter die Tochter (fragt vielleicht auch die Frau ihren Partner, der Mann seine Partnerin, fragt der Freund seinen Freund, der Enkel seine Großmutter...).

„Warum hast du mich eingerahmt – bin ich ein fertiges Bild?"

Kein Mensch ist ein fertiges Bild – rahmen wir aber nicht unmerklich dauernd Menschen, die wir mögen, mit denen wir zu tun haben, ein?

Beweglichkeit, geistig und seelisch beweglich sein –

hat etwas von der Lebendigkeit, die wir mit unserem Körper ausdrücken können. Was Kinder bewegt – vorwärts, rückwärts,

was sie stehenbleiben und verweilen läßt, bestimmen auch wir mit unserer Bewegbarkeit und unserer Beweglichkeit.

Und das bringt mich zu meinem letzten Gedanken, der mir zu soviel Bewegung eingefallen ist:

„Zur Bewegtheit gehört RUHE.

Zur Bewegung gehört Stillehalten!"

Eine Umfrage bei Schulkindern hat ergeben, daß die meisten von ihnen nichts so fürchten wie LANGEWEILE.

Langeweile haben ist offensichtlich etwas Schreckliches, etwas Lästiges und Unangenehmes.

Nichtstun, den Gedanken nachhängen, vor sich hin träumen – wenn Zeit dazu ist, einfach „die Seele baumeln lassen",

wer kann das noch? Und – ist das lästig und unangenehm?

Ich kannte einen kleinen Jungen, der genoß die Freispielzeit im Kindergarten ganz besonders. Wenn er morgens in den Kindergarten kam, so nahm er sich eine Schublade mit irgendwelchem Konstruktionsmaterial. Als Alibi!

Er schüttelte sie vor sich aus und setzte ein paar Steine aufeinander. Den Rest der Zeit baute er – oder auch nicht.
Er konnte es überhaupt nicht leiden, wenn ihn die Erzieherin aufforderte „etwas zu machen"!
Und er beklagte sich: „Im Kindergarten, da muß man dauernd etwas tun!"
Auf meine Frage, was er denn lieber hätte, antwortete er:
„Einfach nur rumlaufen, alles angucken, auf der Fensterbank sitzen, in die Leseekke gehen und mich dort ausruhen – mich einfach nur langweilen!"
     Einige Zeit später traf ich diesen kleinen Jungen wieder. Er saß mit seinem Freund am Tisch, jetzt fast 6 Jahre, und klebte kleine Fitzelchen auf ein riesiges Stück Pappkarton, der mal seine Schultüte werden sollte.
Ich fragte, ob das Spaß mache – oder ob es gar langweilig sei. Der Junge antwortete:
„Nein – langweilig ist uns nicht. Wir sitzen da und kleben. Dann glotz mer bißle, wer kommt. Dann kleb mer wieder.
Dann mach mer bißle latsch latsch latsch und gucken, was die anderen machen und dann kleb mer halt wieder."
Dieses Kind hat die seltene Gabe, mit und in seiner Zeit zu leben, ohne ständig gehetzt etwas tun zu müssen, ohne dauernd beschäftigt sein zu müssen, sich wohlzufühlen im Nichtstun. Selten genug, diese Art des „positiven Müßiggangs" bei Kindern zu finden – gar bei uns.
     Ist unser Leben und unsere Gesellschaft nicht darauf ausgerichtet, solch inneres Pendeln ganz und gar auszurotten?
Streß und Hektik, Aktionen und Feste, Jahrtage und Jubiläen verhindern, daß bei uns Langeweile aufkommt.
Und sollte je eine Ruhepause drohen – schnell legen wir irgendeine Betriebsamkeit darauf, nehmen eine Aufgabe an, erledigen eine längst fällige Pflicht, um nur ja nicht mit der gefürchteten Ruhe konfrontiert zu werden.
     Zu Bewegtheit und zu Bewegung gehören Ruhe, tiefe innere Ruhe – und das Aushalten-können derselben. Eine Kunst, die uns allen, die wir hier sitzen, mehr oder weniger abgeht.
In gesunden Kindern – meist nur noch in den ganz kleinen – gibt es einen deutlich ausgeprägten Spannungsbogen zwischen Ruhe und hellwacher Sprungbereitschaft.
     Aus diesem Spannungsbogen erwachen elementare Talente
– wie Kreativität
– wie Einfallsreichtum und wie vor allem Zufriedenheit mit sich und seinem
   Leben.

Was Kinder bewegt, bewegt auch uns – nein, es betrifft uns.
Wie wir mit unseren Kindern umgehen, so gehen wir auch mit uns und unserer Seele um.

Körper und Geist, Körper und Seele sind aber aneinander gebunden. Wer die Seele pflegt – tut etwas für seinen Körper, wer dem Körper Gutes tut – pflegt seine Seele.

Kinder können uns zeigen – in aller Hektik und Programmfülle, der intensive Blick auf Kinder kann uns zeigen, daß das richtige Maß an Ruhe und Bewegung, an Vorwärtsstürmen und Stehenbleiben, an Stillehalten und Bewegt-sein, daß das richtige Maß das Leben lebenswert macht.

Das zu lernen und für sich zu leben ist eine schwierige und lebenslange Aufgabe für uns alle.

Was Kinder bewegt, sollte auch uns bewegen – den Kindern zuliebe und nicht zuletzt auch uns selber.

Renate Zimmer

Kinder im Sport – Eine Welt zwischen Spielen und Leisten!

1. Vorbemerkungen

„Kinder im Sport" – bei der Formulierung meines Themas kommen mir einige Bilder in den Sinn:

Das 1. Bild

Ich sehe Kinder an einer Steintreppe, unermüdlich steigen sie die vielen Stufen hinauf und springen herunter. Zuerst nehmen sie eine Stufe, dann mehrere auf einmal, mir stockt der Atem, als ein kleiner, vielleicht vierjähriger von der vierten Stufe hinunter auf das harte Straßenpflaster springt. Kaum angekommen dreht er sich um und rast die Treppe wieder hoch.

Sind das Kinder im Sport? Die Kinder spielen, aber was leisten sie nicht alles dabei?

Das 2. Bild

Dieselben Kinder sehe ich 2 Stunden später in einer Turnhalle:

Hinter einer Kastentreppe stehen sie, in einer langen Reihe. Immer schön nacheinander dürfen sie auf den höchsten Kasten hinaufklettern und dann die Treppe hinunterspringen, eine Stufe nach der anderen, nicht zwei Stufen auf einmal, das ist zu gefährlich, und schon gar nicht darf man an der Seite abspringen, nur auf die Weichbodenmatte ist dies erlaubt.

Es dauert lange, bis alle einmal drankommen, und es gibt viel Geschubse und Gedränge in der Reihe.

Sind dies Kinder im Sport? Wird er den Bedürfnissen der Kinder gerecht?

Das 3. Bild

Ich sehe Kinder, 4 bis 5 Jahre alt, alle mit den gleichen Trikots mit Nummern auf dem Rücken. Sie spielen mit einem Ball und versuchen, in ein Tor zu treffen.

Dies sind bestimmt Kinder im Sport. Dürfen sie hier (noch) spielen, müssen sie (schon) leisten und wer bestimmt, was hier Leistung ist?

Das 4. Bild

Ich sehe Kinder, die mit Begeisterung in einer Turnhalle an Geräten klettern, springen, umhertollen. Beendet wird die Turnstunde mit einem wohl immer gleichen Ritual: Die Übungsleiterin ruft die Kinder zusammen, und jedes darf sich aus einer großen Dose ein Bonbon nehmen – „Weil ihr so schön geturnt habt!"

Mir geht durch den Kopf: Ist Spiel, Bewegung und Sport nicht in sich selbst belohnend? Was geht in dem Kind vor, wenn eine an sich schon schöne Sache vom Erwachsenen auch noch regelmäßig belohnt wird?

Aus diesen Bildern ergeben sich Fragen, auf die ich in meinen folgenden Überlegungen eingehen werde, dabei stelle ich jedoch weniger den Sport, das Spiel oder die Leistung in den Mittelpunkt, sondern das Kind. Ich tue dies so gut, wie es mir als Erwachsenem noch gelingen kann, da ich mich mit den entwicklungspsychologischen Besonderheiten von Kindern beschäftigt und mit anthropologischen Vorannahmen auseinandergesetzt habe, vor allem aber weil ich Kinder intensiv beobachtet und sie zu verstehen versucht habe.

Beginnen will ich meine Ausführungen mit einigen Überlegungen zu den Besonderheiten der Lebensstufe Kindheit, wobei ich mich insbesondere auf das Alter vor dem Schuleintritt konzentriere. Spielen – bewegen – leisten sind in dieser Altersstufe zentrale Begriffe, die eine bestimmte Form der Auseinandersetzung des Kindes mit seiner Umwelt beinhalten.

Nicht immer bieten die Umweltbedingungen, unter denen Kinder heute aufwachsen, die Voraussetzungen für die Entwicklung ihrer Spiel- und Bewegungsbedürfnisse.

Im zweiten Teil möchte ich daher auf die Realität kindlicher Lebensbedingungen eingehen, eine Lebensumwelt, die Kinder in ihrem Bedürfnis nach Aktivität und selbständigem Handeln immer mehr einengt.

Auch der Sport gehört zur Lebenswirklichkeit von Kindern. Er nimmt für sich in Anspruch, die Bewegungswelt der Kinder zu bereichern – aber welche Konsequenzen hat es, wenn die Befriedigung der kindlichen Bewegungsbedürfnisse institutionalisiert, geplant, organisiert und pädagogisiert wird?

Dieser Frage will ich im letzten Teil meiner Überlegungen nachgehen und dabei auch Folgerungen für die Gestaltung von Bewegungs- und Sportangeboten, die sich am Kind und seinen Wesensmerkmalen orientieren, ableiten.

2. Was bedeutet Spielen, Bewegen und Leisten für das Kind?

Das Bild, das wir vom Kind haben, beeinflußt unser alltägliches wie auch erzieherisches Handeln. Es ist ein großer Unterschied, ob man ein Kind als noch unselbständiges, hilfsbedürftiges Wesen betrachtet, dessen Entwicklung man steuern, lenken und beeinflussen muß, oder ob man Kinder als neugierige, aktive, selbsttätige Menschen begreift, die durch eigene Erfahrung und unbeirrbares Tätigsein Schwierigkeiten meistern und Unabhängigkeit und Selbständigkeit entwickeln.

In keiner anderen Lebensstufe entwickelt sich der Mensch so rasch und lernt so viel dazu wie in der Kindheit. Kinder bringen Lernlust quasi mit auf die Welt. Sie sind neugierig und wollen alles erkunden, was in ihren Gesichtskreis kommt. Was auch immer ihnen begegnet – sie fangen an, damit zu spielen.

Spiel ist ein unersetzbarer Teil der kindlichen Entwicklung. Es vermittelt nichtaustauschbare Grunderfahrungen, es stellt eine kindliche Grundtätigkeit dar. Spielen geschieht um des Spielens willen und nicht aufgrund außengesteuerter Zwecke.

Das Spiel trägt die Belohnung quasi in sich selbst. Für Kinder gibt es eine Menge von Aktivitäten, die in sich selbst belohnend sind; bevor die Erziehungsinstitutionen auf sie zugegriffen haben, hat jede ihrer Tätigkeiten noch den Zweck in sich selber (erst wir Erwachsenen verleiden ihnen dann das Ganze, wenn wir z. B. sagen: „Wenn ihr jetzt schön spielt oder turnt, kriegt ihr nachher ein Bonbon" – so als würde Turnen erst durch Bonbons attraktiv).

Damit ist die Sache nicht mehr die des Kindes, sondern wir machen sie zu der unseren. Dem Kind wird die Chance genommen, den Sinn seiner Tätigkeit selbst zu bestimmen, eine Handlung selbst als sinnvoll wahrzunehmen und sich so mit ihr zu identifizieren. Wenn die Belohnung nicht mehr in der Tätigkeit selbst liegt, besteht die Gefahr, daß Kinder ihr Tun als fremdbestimmt erleben. Wenn Kinder nur oft und lange genug für eine Tätigkeit belohnt werden, wird die Belohnung schließlich wichtiger für sie als die Tätigkeit selbst.

Das Spiel ist nicht in die Zukunft gerichtet, es hat seinen Sinn in der Erfüllung des Augenblicks, das Gegenwärtige steht im Vordergrund, was für die Zukunft nützlich ist, ist unwichtig. Hier und heute, jetzt muß es spannend, aufregend, lustig, schön sein. Wenn die Lust der Kinder am Spielen, Ausprobieren und Erkunden mit zukunftsorientierten Absichten und Zwecksetzungen verbunden wird, dann geht eines der wichtigsten Merkmale des Spiels verloren. Damit wird ein häufig angeführtes Ziel einer bereits im frühen Kindesalter einsetzenden Bewegungsförderung – die Hinführung zu bestimmten Sportarten oder die Befähigung zu lebenslangem Sporttreiben – schon hinfällig.

Wir Erwachsene nutzen die Lust des Kindes am Spielen allerdings auch manchmal aus, indem wir pädagogische Inhalte gerne spielerisch verpacken, damit den Kindern die Lust am Üben nicht vergeht.

Spiel ist Bewegung

Spiel ist Bewegung – immer innere – zumeist auch äußerlich sichtbare Bewegung. Sichbewegen und spielen ist für Kinder eine Sache.

Durch Bewegung lernt das Kind die Eigenarten und Gesetzmäßigkeiten der Dinge kennen, Bewegung eröffnet ihm den Zugang zur Welt.

Spiel und Bewegung sind immer auch ein Erproben der eigenen Kräfte. Das Kind übt seine Geschicklichkeit, es erlebt Erfolg und Mißerfolg und macht so die Erfahrung des Selber-Ursache-Seins. Indem es die Wirkung seiner Handlungen unmittelbar erfährt, erlebt das Kind sie als selbst verursacht, Erfolg und Mißerfolg können auf die eigene Person zurückgeführt werden.

Je häufiger ein Kind die Erfahrung macht, daß seine Handlungen Veränderungen bewirken und Konsequenzen nach sich ziehen, um so eher wird es Vertrauen in sich selbst gewinnen und damit auch ein positives Selbstbild entwickeln.

Spiel ist Leistung

Bewegungskönnen wird als Leistung erlebt und bewertet. Ein Mehr an Fähigkeiten und Fertigkeiten bedeutet auch ein Mehr an Möglichkeiten und damit auch an individueller Freiheit.

Die Leistung ist nicht allein ein objektiv bewertbares, nach allgemeinen Gütemaßstäben einzuordnendes Produkt einer Handlung, sie ergibt sich aus der Aufgabe selbst. Die Lösung der Aufgabe, die Bewältigung eines Problems stehen im Vordergrund. Es handelt sich hier also um eine individuelle, als Weiterentwicklung des eigenen Könnens wahrgenommene, gelungene Handlung.

Kinder setzen sich dabei eigene Regeln und eigene Maßstäbe (vgl. GRUPE 1982). Sie fordern sich selbst heraus. Anlaß ist eine Problemsituation z. B. eine Mauer, auf die geklettert oder eine Bordsteinkante, auf der balanciert wird.

Sie suchen dabei das Risiko: Gelingt der Sprung von einer Tonne zur anderen, lande ich jenseits oder in der Wasserpfütze? Ein unsicherer Ausgang, etwas wagen, die eigene Grenze finden – das macht das Spiel spannend.

Kinder leisten im Spiel, sie leisten spielend, sie verausgaben sich bis zur Erschöpfung, wollen ihre Grenzen finden. Spielen und Leisten erscheinen also nur vordergründig als gegensätzliche oder einander ausschließende Begriffe, die aber aus der

Sicht von Kindern und Erwachsenen ganz unterschiedlich ausfallen können.

Spiel ist eine Form „freier Leistung" wie BUYTENDIJK (1952, 24) es ausdrückt. Man muß nicht, sondern man will.

Erwachsene dagegen benutzen das Spiel auch manchmal, um die Leistung des Kindes zu fördern, sie wollen durch kindgemäße Spielangebote Leistungssteigerungen erreichen.

Etwas leisten wollen ist ein kindliches Handlungsmotiv: Sich anstrengen, etwas dazulernen, sein Können auf die Probe stellen und verbessern wollen, dies alles sind Verhaltensweisen, die man schon bei 2–3jährigen beobachten kann – solange sie sich nicht von Erwachsenen bedrängt fühlen.

Kleine Kinder haben noch ein ungetrübtes Verhältnis zur Leistung. Solange sie selber sie wollen, strengen sie sich an bis zum Umfallen, um ein selbstgesetztes Ziel zu erreichen. Hier ist der Leistungswille also beim Kind selbst vorhanden, es ist intrinsch – von innen heraus – zur Leistung motiviert.

Die Bestätigung seines Erfolges erhält das Kind aus der Sache, die ihm gelungen ist und weniger durch die soziale Zustimmung, durch Lob und Tadel seiner Bezugspersonen.

Wittern die Kinder allerdings die Absicht der Erwachsenen, sie zu Handlungen zu drängen, die ihnen selber gar nicht wichtig sind (z. B. sich ein bißchen schneller anzuziehen), dann setzt eine die Fremderwartung abwehrende Trotzhaltung ein.

Erst wenn Kinder älter werden, kommt die Motivation zur Leistung auch von außen, weil z. B. diejenigen, von denen sie geliebt und anerkannt werden – also Eltern, Erzieher oder Trainer – dies wollen.

Mit dem Begriff Leistung ist nicht Hochleistung und schon gar nicht Hochleistungssport gemeint.

Mit diesem Problem werde ich mich hier nicht befassen, weil mir diese Form der antrainierten Leistung als zutiefst unkindgemäß erscheint, und ein Blick in den Kongreßführer zeigt auch eindeutig, daß es nicht **der** Sport – der Spitzen- und Hochleistungssport – ist, der hier für Kinder zur Diskussion steht. Allerdings sollten wir es bei einem solchen Kongreß auch nicht versäumen, dem Kinderhochleistungssport und der frühen Spezialisierung auf einzelne Sportarten eine eindeutige Absage zu erteilen.

Uns sollte hier weniger die Frage interessieren, ob und was Kinder im Sport leisten können, sondern viel wichtiger ist, was denn der Sport für Kinder leisten kann.

Während sich DIEM (1973) noch in erster Linie damit beschäftigte, was Kinder lernen müssen, um in kindgemäßer Form Sport zu treiben, geht es aus meiner Sicht heute vielmehr darum, zu erkennen, wie der Sport gestaltet werden muß, damit er als kindgemäß gelten kann.

Diese Frage gewinnt vor allem dann an Bedeutung, wenn man sich die Lebens- und Umweltbedingungen, denen Kinder heute ausgesetzt sind, einmal anschaut.

3. Zum Lebensalltag von Kindern

Die Umwelt, in der Kinder heute aufwachsen, läßt ihnen kaum mehr Spielraum für selbständiges Handeln. Gerade in den Industrienationen mit ihrem technischen Fortschritt auch auf dem Gebiet der Medien sind Kinder der Anziehungskraft technischer Apparate und Geräte, an denen sie außer dem Drücken von Knöpfen und Ziehen von Hebeln nichts selber bewirken können, hilflos ausgeliefert.

Kinder zwischen 3 und 7 Jahren verbringen an Werktagen durchschnittlich 1 Stunde, an Samstagen sogar 1 1/2 Stunden vor dem eingeschalteten Fernsehgerät. Das Fernsehen verdrängt mehr und mehr andere, für die kindliche Entwicklung wichtige Aktivitäten vom Tagesprogramm.

So wird die Welt für Kinder immer undurchschaubarer und damit auch unverständlicher. Sie können Zusammenhänge nicht mehr unmittelbar selbst erleben und begreifen, sondern erfahren sie aus zweiter Hand, das heißt, das Fernsehen vermittelt ihnen, daß die Milch aus der Kuh kommt und wie aus der Raupe ein Schmetterling wird. Türen öffnen sich, ohne daß man sie berührt, ein Knopfdruck genügt, um Kakao aus einem Apparat fließen zu lassen.

Erfahrungen aus erster Hand können Kinder dagegen nur im eigenen Handeln machen, erst hier lernen sie, den Dingen auf den Grund zu gehen. Das eigene Tun ermöglicht ihnen, ihre Umwelt zu verstehen, sich in ihr zurechtzufinden und auch die eigenen Möglichkeiten zu erkennen, auf diese Umwelt Einfluß zu nehmen.

Aber nicht nur die technisierte und motorisierte Umwelt hindert die Kinder daran, Neugierde und Erlebnishunger wirklich zu befriedigen, auch die Erwachsenen sind weit davon entfernt, Verständnis für die kindlichen Spiel- und Bewegungsbedürfnisse zu zeigen. Sie deuten bewegungsintensive Spiele als Unruhe, das lustvolle Lachen als Lärm. Erwachsene empfinden die Aktivitäten von Kindern häufig als störend, sie ziehen deren Passivität um der eigenen Ruhe willen vor.

Ständig werden Kinder ermahnt, leiser, ruhiger, ordentlicher zu sein, sich zu beeilen oder aber nicht so hastig herumzurennen, etwas anderes zu tun als sie im Augenblick tun wollen. Immer scheinen die Erwachsenen genau zu wissen, was richtig ist für die Zukunft der Kinder, dabei bleiben die augenblicklichen Bedürfnisse nur allzuoft unberücksichtigt.

Hinzu kommt, daß viele Kinder heute in unvollständigen Familien bzw. als Einzelkinder aufwachsen. Fast 60 % aller Familien mit Kindern unter 14 Jahren haben nur noch ein Kind. Während es früher selbstverständlich war, immer genügend Freunde zum Spielen zu haben, sind Kinder heute oft auf sich alleine angewiesen. Kinder brauchen aber Kinder, mindestens einen anderen, mit dem man sich streiten, versöhnen, gemeinsam spielen und etwas aushandeln kann. Aber schon **ein** Spielpartner bringt Verabredungs- und Transportprobleme mit sich.

Kindheit ist heute zu einer veranstalteten Kindheit geworden. Kindern werden eine Vielzahl von Programmen und Angeboten offeriert, die andere für sie aufbereitet haben, aber sie sind arm an Möglichkeiten zu unabhängiger, selbstgestalteter Weltaneignung (MUTSCHLER 1986, 39).

In immer früherem Alter werden Kinder pädagogisch erfaßt bzw. betreut (dies trifft auch für Bewegungserfahrungen zu), es werden ihnen Angebote gemacht, bei denen sie zwar auswählen können, an deren Zustandekommen sie jedoch nur selten beteiligt waren. So entwickelt das Kind oft erst ein Gefühl von Hilfsbedürftigkeit und Unmündigkeit. Der Alltag von Kindern wird mehr und mehr pädagogisch gefiltert (BÜCHNER 1985, 435).

Wir Erwachsenen nehmen für uns in Anspruch zu wissen, was für das Kind gut ist, welche Form von Spiel und Bewegung seine Entwicklung fördert. Dabei haben wir verlernt zu sehen, was das Kind von sich aus zu tun bereit ist, welche Schwerpunkte es sich selber sctzt und was es in seiner Kreativität hervorbringt.
Kinder lernen durch das aktive, selbstbestimmte Tun, dafür ist eine ihnen angemessene Umgebung erforderlich.
Um nicht mißverstanden zu werden: Kinder bedürfen des Schutzes und der Fürsorge durch die Erwachsenen. Sie müssen jedoch auch ernst genommen und geachtet werden. Sie werden nicht erst Menschen, sie sind es bereits!
Man kann sie nicht einfach sich selbst überlassen, sondern sollte mit ihnen und für sie Freiräume selbständigen Aufwachsens sichern (vgl. MUTSCHLER 1986, 41). Sie brauchen Erwachsene, die sich für sie verantwortlich fühlen und für sie Partei ergreifen, und zwar vor allem dort, wo ihre Selbständigkeit und ihr Streben nach Autonomie durch die Zugriffe der Medien und pädagogischer Ansprüche bedroht ist und vielleicht auch dort, wo sie Gefahren noch nicht erkennen.
Wir sind verantwortlich für die Gestaltung der Lebensumwelt von Kindern, aber Kinder öffnen uns auch die Augen für das Mögliche und Machbare.

Bei allem, was wir einem Kind beibringen, hindern wir es daran, es selbst zu erforschen und zu entdecken. Wir als Erwachsene können Kinder zwar in ihrer Entwicklung beeinflussen und auch hemmen, Entwicklung vollzieht sich aber vor allem durch die Selbsttätigkeit des Kindes.
Ab- und Umwege sind auch Wege, zu einer Lösung zu kommen; sie werden meist nur von einem zeitökonomisch denkenden Erwachsenen als Irrwege gedeutet. Wir denken an die Zukunft der Kinder, an das Leben, auf das Kindergarten und Schule sie vorbereiten sollen. Dabei vergessen wir oft die Gegenwart – eine Gegenwart, die erfüllt ist von Bewegungsfreude und Phantasie, von dem Bedürfnis nach Eigenaktivität und Selbsttätigkeit. Die Gegenwart des Kindes darf nicht dem Gedanken an seine Zukunft geopfert werden, und nur eine Tätigkeit, die die Gegenwart des Kindes erfüllt, kann auch Bedeutung für seine Zukunft haben.
Ich sage dies auch im Bewußtsein, daß ich als Pädagogin hier vermeintlich Unpädagogisches zu einem pädagogischen Thema geäußert habe.

Als Fazit meiner bisherigen Überlegungen fasse ich zusammen:
Kinder brauchen:
– eine Welt, die sie mit allen Sinnen erfassen und begreifen können und die ihnen Gelegenheit zu ganzheitlichen Erfahrungen gibt.
– Spiel- und Bewegungsräume, die zu erschließen und erkunden es sich lohnt, die sie mit ihrer Phantasie füllen können.

– Zeit, sich selbsttätig mit vorgefundenen Problemen auseinanderzusetzen und selber Lösungen zu finden.
– Kinder, mit denen sie spielen, toben, etwas wagen können.
– Erwachsene, die sich Zeit für sie nehmen, die es noch spannend finden, mit ihnen gemeinsam etwas zu tun und deren Vertrauen es ihnen möglich macht, sich selber etwas zuzutrauen.

Von Sport war hier noch nicht die Rede. Brauchen Kinder auch Sport?

4. Sport – ein Teil kindlicher Lebenswirklichkeit

Bewegung ist nicht immer schon sportliche Bewegung. Sie wird es erst, wenn bestimmte Voraussetzungen erfüllt sind.

Sind die Bewegungsspiele der Kinder bereits Sport, das Rollschuhfahren, das Seilspringen, auf Mauern balancieren und die Geschicklichkeitsspiele mit Autoreifen? Wenn Bewegung und Spiel vom Sport unterschieden werden sollen, ist es sinnvoll, zunächst einmal zu klären, was unter Sport zu verstehen ist.

Der Übergang von spontanen Leistungsproben – dem Sprung über die Wasserpfütze, dem Balancieren über eine Mauer – zum Sport – zum Weitsprung und zum Turnen am Schwebebalken – ist fließend. Die spontane Bewegung bekommt feste Strukturen, so daß sie beliebig oft und unter vergleichbaren Bedingungen wiederholbar und mit der Leistung anderer vergleichbar wird; darin liegt ein eigener Reiz, denn im Leistungsvergleich und in der Leistungssteigerung werden auch die eigenen Fähigkeiten im sozialen Raum sichtbar.

Andererseits ist zur Ausübung der meisten Sportarten eine speziell hergerichtete Umwelt erforderlich. Der Weitsprung erfordert eine Sandgrube und einen Absprungbalken, ein Schwebebalken steht meist in einer Turnhalle – und wenn Weitspringen und Balancieren zu sportlichen Disziplinen geworden sind, werden sie genau definierten Regeln unterworfen, die allzuleicht die ursprüngliche, spontane Idee, die Lust am Springen, die Freude am Risiko des Balancierens überdecken: Wichtiger wird im Sport, **weit** zu springen, Fertigkeiten auf dem Schwebebalken zu erlernen – die Spontaneität, der plötzliche Einfall stören.

Beim Pfützenspringen ist alles erlaubt, mit einem oder beiden Füßen abzuspringen, rückwärts oder vorwärts anzulaufen oder einfach aus dem Stand zu springen. Es geht nicht darum, immer weiter über den Rand der Pfütze hinauszukommen, ebenso sinnvoll kann es für das Kind sein, mit Anlauf mitten in die Pfütze zu platschen, so daß es so richtig spritzt, oder langsam bis zur tiefsten Stelle eines Grabens zu waten und zu beobachten, wie das Wasser oben in die Stiefel hineinläuft.

Sportsituationen sind nicht von Natur aus da, sondern werden künstlich geschaffen. Es handelt sich meist um Probleme und Aufgaben, die an Kinder von außen herangetragen werden. Spielerische Bewegung dagegen kommt beim Kind von innen heraus, sie gehört zu seinem Wesen und ist als unmittelbare Lebensäußerung unverzichtbar.

Wenn Kinder in den ersten Lebensjahren ausreichend Gelegenheit hatten, ihren Bewegungsbedürfnissen nachzukommen und ihren eigenen Körper und ihre Umwelt so auf spielerische Weise erkunden konnten, taucht mit zunehmendem Alter der Wunsch nach dem Erlernen sportlicher Formen der Bewegung auf. Auch durch die Beobachtung und Nachahmung älterer Spielkameraden, durch das Fernsehen und die Vorbildwirkung ihrer Eltern werden Kinder mit Sport konfrontiert.

5. Die Kultivierung und Pädagogisierung der kindlichen Bewegungswelt und ihre Folgen

Auf der Suche nach Ersatz natürlicher Gelegenheiten, die ihr Bedürfnis nach Bewegung und unmittelbarem Tätigsein erfüllen, treffen Kinder heute immer früher auf eine sportlich kultivierte und pädagogisierte Bewegungswelt. Die ersten Begegnungen mit einer Turnhalle machen viele Kinder heute bereits mit 2 bis 3 Jahren. Sport schafft Bewegungsgelegenheiten, die sie im Alltag meist nicht mehr vorfinden. Im Sport treffen sie auch auf andere Kinder, mit denen gemeinsam neue Handlungsmöglichkeiten erschlossen und entdeckt werden können. Sie treffen – hoffentlich – auch auf Erwachsene, die auf die Bedürfnisse und Wünsche der Kinder eingehen.

Dies eröffnet Kindern Möglichkeiten, die sie ohne Sport nicht hätten, aber wir dürfen auch die Augen nicht verschließen vor den Gefahren, die mit einer frühzeitigen Organisierung und Pädagogisierung der Bewegungs- und Spielangebote verbunden sind.

Oft erdrückt die Organisiertheit der Bewegungsgelegenheiten die kindliche Spontaneität und Eigenaktivität. Erwachsene lassen sich vor allem vom Effektivitätsgedanken leiten, sie glauben an die Planbarkeit von Lernprozessen und weniger an die im Kind steckenden schöpferischen Kräfte – und tun dies alles auch meist mit besten Absichten.

So bietet die perfekt organisierte Übungsstunde, in der jede Minute geplant, vorbereitet, durchdacht ist, dem Erwachsenen zwar ein großes Maß an Sicherheit und Beruhigung, Kindern nimmt sie jedoch die Freiheit des eigenen Tuns, der freien Entscheidung, der selbstbestimmten Aktivität.

Über ihren Körper haben Kinder in ihrer Entwicklung Unabhängigkeit von den Erwachsenen erlernt. Ihre zunehmende Bewegungsbeherrschung macht sie unabhängiger vom elterlichen „Gängelband". „Selber machen" ist ein verbaler Ausdruck des kindlichen Strebens nach Selbständigkeit. Sie erleben ihren Körper dabei als unmittelbar ihnen selbst gehörend, über ihn können sie verfügen, ihre

Bewegung zunehmend besser beherrschen. Da muß es ihnen zutiefst unverständlich erscheinen, wenn andere über diesen Körper und seine Fähigkeiten bestimmen wollen und vorschreiben, was mit ihm gemacht werden soll.

Eine Turnstunde oder ein Bewegungsangebot, in der das selbstinitiierte Tun, die selbstgesteuerte Aktivität unterbunden und stattdessen das Nachahmen von Bewegungsformen, das Absolvieren von Übungen bevorzugt wird, muß beim Kind notwendigerweise auf Widerspruch stoßen.

Spielen, Erfahren, Erkunden und Erproben müssen Vorrang haben vor dem Üben. Bei den Vermittlungsformen sollte das Anregen und Betreuen an die Stelle des Anweisens und Belehrens treten.

Bezugspunkt dieses Ansatzes ist die Bewegungswelt der Kinder, die Erfüllung ihrer Gegenwart und die Förderung ihrer ganzheitlichen Entwicklung – nicht nur ihrer motorischen Fähigkeiten und sportlichen Fertigkeiten.

6. Welchen Sport brauchen Kinder?

Unter den heutigen Lebensbedingungen brauchen Kinder Sport, weil durch ihn verlorengegangene Spiel- und Bewegungsräume ersetzt werden können, weil sie hier ein Feld für selbständiges Handeln vorfinden und ganzheitliche Erfahrungen machen können.

Kinder brauchen Sport aber nur dann, wenn die hier vorzufindenden Angebote ihren Bedürfnissen und ihrem Wesen entsprechen, wenn also Spielen dominiert und Leisten im Sinne des eingangs definierten selbstbestimmten Handelns möglich ist.

Sie brauchen keinen Sport, wenn damit vorwiegend zweckorientierte Ziele wie z. B. das frühzeitige Hinführen zu einer Sportart verbunden sind und wenn sie sich den Anforderungen und Regeln des Sports anpassen und unterwerfen müssen. **Sport muß den Kindern angepaßt werden und nicht umgekehrt.**

Die Welt des Sports bei Kindern im vorschulischen Alter muß eine Welt des Spielens bleiben.

Bewegung und Spiel ist die dem Kind angemessene Form, sich mit der personalen und materialen Umwelt auseinanderzusetzen, auf sie einzuwirken, sich auszudrücken, die Welt zu begreifen und für sich jeweils neu zu konstruieren – und dies alles muß für Kinder auch im Sport möglich sein! Ob wir in diesem Sinne sowohl im Alltag als auch im und durch Sport etwas **für** Kinder bewegen können – das wird dieser Kongreß zeigen.

Die Bewegungswelt von Kindern

Kinder erfahren ihre Welt auf unmittelbar körperlich-sinnliche Weise. Dabei messen sie dem im Alltag Selbstverständlichen eine eigene Bedeutung bei: eine Straßenabgrenzung wird zum Hangeln, eine Bordsteinkante zum Balancieren benutzt. Auf diese Weise nehmen Kinder die Gegenstände ihrer Umwelt aus dem gewohnten und geplanten Gebrauchszusammenhang heraus und machen sie so zu ihrer eigenen Welt. Anfassen und Betasten, Draufsteigen und Herunterspringen, Umklettern und Hindurchkriechen – die Wahrnehmung der Umwelt verläuft bei Kindern ganzheitlich, das heißt, daß sie sich und ihren Körper auch den sie umgebenden Gegenständen zuordnen und so eine Beziehung zu ihnen aufnehmen.

Die Fähigkeit, Realität und Phantasie, Wirkliches und Mögliches als noch nicht voneinander getrennt zu sehen, hilft Kindern, Spielanlässe auch in einer wenig kindgerechten Umgebung zu finden. Dies ist umso höher zu bewerten, als Kinder es heute schwer haben, überhaupt noch Orte und Gelegenheiten zu finden, die sie sich selbständig und aktiv aneignen können. Die Straße als öffentlicher Spiel- und Bewegungsraum hat an Bedeutung verloren, um draußen spielen zu können, müssen Kinder heute oft einen Spielplatz aufsuchen.

An die Stelle freier Straßenspiele ist ein Überangebot an Spielwaren getreten, die in der Regel vorfabriziert sind und nur eine eindimensionale Handhabung zulassen.
Dies führt dazu, daß Kinder heute
– das Drinnenspielen vor dem Draußenspielen bevorzugen,
– kaum mehr Eigentätigkeit entwickeln,
– mehr alleine als mit anderen spielen.

Ihre Versuche, von der Umwelt durch Bewegung Besitz zu ergreifen dienen daher auch dem selbständigen Aneignen von Erfahrungen. K. SCHERLER beschreibt in dem folgenden Beitrag „Kinderwelt – Bewegungswelt", wie Kinder sich ihrer Umwelt in der Bewegung anpassen und wie sie sich aber auch die Umwelt passend machen, wenn Erwachsene ihnen dazu die Möglichkeit geben.

Die Bewegungswelt selbständig zu gestalten ist ein Anliegen, das mit der „Bewegungsbaustelle" verbunden ist. Hier haben Kinder Gelegenheit, selbst etwas schaffen, bauen, konstruieren zu können und damit die für ihre Entwicklung so notwendige Eigentätigkeit zu realisieren. H. PILZ und K. BERNERT stellen die Idee der Bewegungsbaustelle vor und geben Beispiele, wie aus ausrangierten Materialien Bewegungsgelegenheiten werden.

Mit dem Spielen auf Kinderspielplätzen setzt sich G. HUCKRIEDE auseinander. Da viele Spielplätze heute nicht mehr den pädagogischen Ansprüchen genügen, macht sie Vorschläge zur Umgestaltung unter Einbeziehung der Ideen der Kinder und zur Ergänzung der fest installierten Geräte mit „Sachen zum Spielen".

Sie zeigt, wie die Einrichtung des Spieleautos Jumbo Kinder wieder dazu motivieren kann, mehr draußen und mehr mit anderen zu spielen.

Karlheinz Scherler

Kinderwelt – Bewegungswelt

„Kinder brauchen Bewegung – Brauchen Kinder Sport?"

Das Thema dieses Kongresses besteht aus zwei Sätzen. Der Vordersatz ist eine Binsenweisheit. Wer wollte ihm widersprechen, erst recht unter Eingeweihten? Natürlich brauchen Kinder Bewegung! Was aber ist dieser Satz? Ist er eine Feststellung, ein Ausruf, eine Aufforderung? Warum wird er überhaupt ausgesprochen, da er doch selbstverständlich ist? Warum versammeln sich aus Anlaß dieser selbstverständlichen Äußerung so viele Menschen an einem Ort? Nur um ihr beizupflichten? Gewiß nicht. Der Vordersatz ist vermutlich ein verdecktes Werturteil. Vielleicht besagt es, daß Kinder mehr, vielleicht auch, daß sie andere Bewegung brauchen. Eine solche Beurteilung unterstellt allerdings, daß sie nicht solche oder soviel Bewegung haben, wie sie brauchen. Aber wieviel Bewegung brauchen Kinder eigentlich? Und sind alle Kinder gleich? Braucht eines nicht mehr, und ein anderes weniger Bewegung? Können Kinder nicht auch zuviel Bewegung haben, oder nur zuwenig? Ein Satz aus drei Wörtern – und so viele Fragen.

Der Nachsatz des Themas eines Kongresses, den die Deutsche Sportjugend veranstaltet, überrascht. Warum diese Frage? Ist sie ernst gemeint, oder nur rhetorischer Natur? Ist sie ein Kokettieren mit den Aufgaben des eigenen Verbandes? Oder ist sie ernsthafter Zweifel an der Notwendigkeit des institutionalisierten Sports? Und was kann man auf diese Frage nach der vorausgegangenen Feststellung noch antworten? Ist nicht jeder Sport von Kindern auch Bewegung? Aber ist alle Bewegung Sport? Doch wo liegt der Unterschied? Wo wird alltägliches Bewegen – gehen, bücken, heben, tragen – zum sportlichen Bewegen? Welches sind die Merkmale der Abgrenzung? Ist es die Beanspruchung des ganzen Körpers? Ist es die Großräumigkeit der Bewegung? Ist es die Freiwilligkeit der Ausübung?

Ich breche hier ab. Typisch „Wissenschaftler" werden Sie denken. Wie kann man sich über zwei Sätze wie diese nur den Kopf zerbrechen und so viele Fragen dazu stellen. Doch auch das ist Wissenschaft: das Selbstverständliche infragestellen, das Unbedachte denken, das Verborgene freilegen. Sowohl das Thema dieses Kongresses als auch dieses Arbeitskreises würde mißverstanden, wenn man die Bewegung gegen den Sport ausspielte: die „gute" Bewegung, von der Kinder nie genug bekommen können, gegen den „schlechten" Sport, der ihre Entwicklung nicht fördert, vielleicht sogar gefährdet. Diese Auslegung wäre in meinen Augen falsch. Gewiß ist nicht alle Bewegung Sport, und Kinder brauchen mehr als nur sportliche Bewegung. Aber natürlich brauchen Kinder auch Sport. Gleichwohl werde ich nur darüber sprechen, daß sie Bewegung brauchen, und ich werde Ihnen anhand von Bildern zeigen, daß sie sich solche Bewegung auch nehmen, wenn wir Erwachsenen dieses zulassen. Kinderwelt ist Bewegungswelt! Sie muß nicht erst dazu gemacht werden.

Kinderwelt – Bewegungswelt

Dies ist der Titel eines gleichnamigen Buches, das ich gemeinsam mit meinen Kollegen Horst EHNI, Jürgen KRETSCHMER, Willibald WEICHERT und dem Fotographen Bernhard NIMTSCH gemacht habe (FRIEDRICH-Verlag, Velbert 1982). Dieses Buch ist ein Bilderbuch, das der Armut von Sprache mit dem Reichtum von Anschauungen begegnet. Und es ist ein Glaubensbuch, in dem wir unseren Glauben an die Selbstbestimmung und Selbständigkeit von Kindern Ausdruck verliehen haben. Vieles von dem darin Gezeigten und Gesagten läßt sich zwar auch wissenschaftlich begründen, aber wissenschaftliche Begründung und bildliche Anschauung sprechen verschiedene Sprachen. Um der Bezeichnung dieser Veranstaltung als Arbeitskreis gerecht zu werden, erbitte ich ihre aktive Mitarbeit. Ich zeige Ihnen aus diesem Buch einige Bilder, und zwar jene aus dem Kapitel „Bewegungsgelegenheiten" und bitte Sie, gemeinsam mit mir dazu Stellung zu nehmen. Meine Auslegung folgt drei zentralen Thesen:

1. Kinder passen sich ihrer Umwelt in der Bewegung an.
2. Kinder machen sich ihre Umwelt passend.
3. Kinder können sich ihre Umwelt nur passend machen, wenn Erwachsene dies nicht verbieten oder bestrafen.

Vor allem die dritte These geht Sie etwas an. Deshalb bitte ich Sie vor allem hierzu um Stellungnahme: Wie deuten Sie das gezeigte Geschehen? Und wie würden Sie sich verhalten, wenn Sie dessen Augenzeuge wären?

Wasserfahrt (Seite 35 oben): Was reizt den Jungen an dieser Fahrt durch das tritthohe Wasser? Die Schwierigkeit, ohne abzusteigen durchzukommen? Der Beweis des Wagens und Könnens vor anderen? Oder die Übertretung eines Gebots, das auszusprechen einem gar nicht in den Sinn kommt: Fahrradfahren im Wasserbecken verboten! Und wie würden wir uns dabei verhalten? Gespannt zuschauen, ob der Junge es tatsächlich schafft? Die Eltern bedauern, die durchnäßte Schuhe und Hosen hinnehmen müssen? Oder es unterbinden, weil man ja in einem Wasserbecken nicht Fahrrad fährt? Wo kämen wir hin, wenn das jeder täte?

Grenzgang (Seite 35 unten): „Da baut man nun einen Spielplatz, inmitten eines eng besiedelten Wohnquartiers und umgibt ihn zum Schutz der Kinder mit einem Zaun, doch dieses Mädchen hat offensichtlich nichts Besseres zu tun, als ausgerechnet darauf zu balancieren. Wenn es herunterfällt, ist es selbst daran Schuld."

„Der Spielplatz vor dem Haus ist ja ganz schön, wenn nur die Geräte darauf nicht so langweilig wären. Alles nur für die Kleinen. Das einzige, was da noch schockt, sind solche Proben. Die Kleinen können das bestimmt noch nicht, und jeder sieht, was ich alles kann."

Und was tun wir? Wegsehen? Warnen? Schimpfen? Ein Verbotsschild aufstellen? Das Winkeleisen durch Spanndraht ersetzen? Größere Kinder aussperren? Oder den Zaun ganz weglassen?

Mauersprung: Ob der Sprung auf die andere Mauer wohl gelingt? Ob der Junge sich langweilt und deshalb über den Eingang springt? Will er sein Können erproben? Etwas Gefährliches tun? Seinen Mut und sein Können unter Beweis stellen? Und was geschieht, wenn der Sprung mißlingt? Wer ist für die Folgen verantwortlich? Er ganz allein? Seine Eltern? Der Eigentümer des Wohnblocks? Die Stadt oder die Gemeinde?

Geländerschaukel (Seite 37 oben): Das Geländer soll Gehende vor den Fahrenden schützen, insbesondere Kinder, unbedacht auf die Fahrbahn zu laufen. Deshalb ist es so stabil. Und was tun diese Kinder? Sie machen das Schutzgeländer zum Turngerät. Der Gebrauch schafft die Bedeutung. Aufsehenerregendes Tun oder bodenloser Leichtsinn?

Zebrasprünge (Seite 37 unten): Sprünge über den Zebrastreifen mit gegenseitiger Handfassung. Ein gefährliches Spiel, gewiß, aber ein Spiel. Vergessen der Gefahren des Straßenverkehrs, Mißachtung der Bedeutung der Streifen, extensiver Gebrauch eines eingeräumten Rechts.

Und was täten wir, wenn wir den beiden begegneten? Sie aufmerksam beobachten und die Regel ihres Spiels erraten? Schweigend vorübergehen? Sie zur Eile antreiben? Sie ermahnen und auf die Gefahren hinweisen?

Tobemüll: Die Freude der Kinder ist der Ärger der Erwachsenen: Der Anlieger, die den Lärm des Tobens auf dem Sperrmüll ertragen müssen. Der Fußgänger, deren Gang zum Hindernislauf wird. Der Müllmänner, die wieder alles zusammensuchen müssen. Der Eltern, die Verletzungen fürchten. Doch die Kinder haben Spaß am Wühlen und Toben im Müll. Wessen Interessen zählen mehr?

Klaus Bernert/Hilda Pilz

Die Bewegungsbaustelle – Kinder gestalten selbständig ihre Bewegungsumwelt

Selbsttätiges und selbstbestimmtes Handeln ist in den dem Kind zur Verfügung stehenden Lebensräumen kaum noch realisierbar. Die Bewegungsbaustelle hat sich als eine Möglichkeit erwiesen, „Ersatzraum" zu schaffen.

Grundidee der Bewegungsbaustelle ist es, Kindern einfache Großmaterialien wie Autoschläuche, Autoreifen, Holzbalken, Bretter, Kunststoffrohre, Drainagerohre, Papprohre, Plastikkästen o. ä. zur Verfügung zu stellen, mit denen sie sich selbst Bewegungsanlässe schaffen können (vgl. MIEDZINSKI 1983).

Auf der Bewegungsbaustelle können die Kinder allein, mit anderen oder mit ihren Eltern klettern, springen, hüpfen, balancieren, bauen, transportieren, malen, schmirgeln. Ein großer Kinderspielplatz entsteht, bei dem fast alles beweglich und veränderbar ist.

Hier wird das „ganze" Kind angesprochen – Hände, Füße, Herz und Kopf.

Die Materialien

Wichtigstes Merkmal bei der Auswahl der Materialien ist die Frage, ob sie die Phantasie der Kinder ansprechen und zum Spielen, Erproben und Experimentieren anregen. Die folgende Materialliste enthält Hinweise zur Bezugsquelle:

Material:	Bezugsquelle:
Autoreifen/-schläuche	Reifenhandlung
Blechtonnen	Bundeswehrwäscherei
Drainagerohre	Bauunternehmen
Fahrradfelgen	Fahrradhandlung
Holzbalken/-latten	Bauunternehmen
Kanthölzer	Dachdeckerei, Tischlerei
Lackfarben/-reste(Autolacke)	Autolackiererei
große Pappkartons	Elektrohandlung
Papprohre	Teppichhandlung, Druckerei
Plastikeimer/-schränke	Großküchen, Kantinen
Plastikkästen (Schrankkästen)	Getränkevertrieb
große Plastikrohre	Stadtwerke
kleine Plastikrohre	Teppichhandlung
Holzleitern	Malereibetrieb

Zur Bearbeitung der Materialien:	
Schaumstoffteile	Möbelfachgeschäft, Polstereien
Teppichbodenreste	Teppichhandlung
Paketklebeband	
Ventilkappen	Reifenhandel, Tankstelle

Leihweise notwendig:	
Kompressor (zum Aufpumpen der Autoschläuche)	Feuerwehr
Taue	Sportverein, Feuerwehr

Die hier zusammengestellten Materialien können beliebig ergänzt werden.

Die gesammelten Materialien müssen so bearbeitet werden, daß von ihnen keine Gefahr für die spielenden Kinder ausgeht, und sie sollten auch ein wenig freundlicher hergerichtet werden. Die an den Autoschläuchen befindlichen Ventile werden z. B. mit einem Schaumstoffrest abgedeckt und mit Plastikklebeband überklebt.

Holzbalken, Bretter und Leitern werden zur Vermeidung von Schnitt- und Stichverletzungen gehobelt und geschliffen. Die Schnittkanten der Plastikrohre sollten mit einem Bandschleifer „entschärft" werden. Mit Autolacken und anderen Farben erhalten die Materialien ein freundlicheres Aussehen.

Die Spielfläche

Spielfläche kann jede Wiese, jede Rasenfläche eines Kindergartens, eines Vereins, einer Schule, aber auch der private Garten oder Hinterhof sein. Auch ein mit Teppichboden oder „Judomatten" ausgelegter Kindergartenraum kann als Spielfläche für die Bewegungsbaustelle dienen (evtl. sollte auch nur eine Auswahl der Materialien zur Verfügung gestellt werden).

Eine ideale Spielfläche für die Bewegungsbaustelle stellt auch die Sporthalle dar. Hier hat man die Möglichkeit, die Materialien der Bewegungsbaustelle mit den üblichen Sportgeräten zu einer interessanten Bewegungslandschaft zu verbinden.

Der Aufbau

Beim Aufbau der Bewegungsbaustelle unterliegen die Erwachsenen häufig der Versuchung, Reifentürme oder Kullerbahnen vorzubereiten, um den Kindern die Bewegungsstationen dann zur Verfügung zu stellen.

Nach unseren Erfahrungen reicht es dagegen völlig aus, den Kindern die Materialien „unsortiert" bereitzustellen. Es ist interessant, was Kinder sich damit ausdenken, ihre Ideen übertreffen bei weitem die Phantasie der Erwachsenen. Wichtig ist vor allem, den Kindern genügend Zeit zum Experimentieren und Erproben zu lassen.

Die Lagerung

Die Lagerung der doch sehr platzaufwendigen Materialien der Bewegungsbaustelle stellt erfahrungsgemäß das größte Hindernis dar, die Idee in die Praxis umzusetzen. Auf einem eingegrenzten Kindergartengrundstück können die meisten Geräte das ganze Jahr hindurch verbleiben. Autoreifen und -schläuche sind z. B. im Winter genauso beliebt wie im Sommer, auch wenn sie von den Kindern dann anders eingesetzt werden. Auf einem Vereinsgelände ergibt sich vielleicht die Gelegenheit, eine Behelfsgarage oder eine eingezäunte Freifläche zu finden.

Auch die Zusammenarbeit zwischen Kindergärten und Vereinen kann helfen, das Lagerproblem zu lösen.

Gisela Huckriede

Spielen auf Kinderspielplätzen

Kinderspielplätze finden wir als gestaltete Geräteplätze, in Kindergärten, Schulen, in Parks, im Zoo, im Wald, an Häuserblocks und auf öffentlichen Flächen.

Seit 1973 gibt es in Niedersachsen ein Kinderspielplatzgesetz, und seitdem ist festgelegt, daß die Jugendämter bei der Planung mitwirken. Das Gesetz legt fest: „Zum Spielen im Freien sind von den hier zu Verpflichteten Spielplätze anzulegen sowie zu unterhalten." Dazu zählen private Kinderspielplätze und öffentliche Kinderspielplätze. Ihre Beschaffenheit richtet sich nach den Spiel- und Bewegungsbedürfnissen der Kinder. Sie sind Grundlage für die Planung von Flächen in Bebauungsplänen und regeln den Platzbedarf.

In den Heimrichtlinien für Kindergärten ist festgelegt, daß diese über eine entsprechend bemessene und ausgestattete Freifläche verfügen. Die Bezirksregierung Weser-Ems schlägt für die Gestaltung der Kindergartenspielplätze 1990 vor, eine Gesamtfläche von 14 – 18 m² je Kind zur Verfügung zu stellen. Kinder suchen und finden weitere interessante Spielräume. Spielmöglichkeiten draußen werden durch die Bebauung, den Verkehr, die Industrie und andere Dinge immer mehr eingeengt. Zur Zeit werden in Osnabrück alle schadhaften Kinderspielplatzgeräte abgebaut oder repariert. Viele Kinderspielplätze sind schon 20 bis 30 Jahre alt. Aufgrund der mangelnden Finanzen, die für Kinderspielplätze zur Verfügung gestellt werden, genügen viele nicht mehr den heutigen pädagogischen Ansprüchen. In Osnabrück stehen jährlich ca. 100.000 DM für den Neubau von Kinderspielplätzen zur Verfügung und ca. 30.000 DM für Ersatzbaumaßnahmen. Die Situation in Osnabrück ist vergleichbar mit der in anderen Städten und anderen Ländern. Das Spielen draußen ist ein sehr wichtiger Erfahrungsbereich für Kinder und ein notwendiger Faktor zur körperlichen und geistigen Entwicklung. Kinder brauchen nicht nur Kletter- und Turngeräte auf Kinderspielplätzen, sie brauchen auch Sachen zum Spielen. Die Aktivitäten an Geräten dauern meistens nur 10 bis 20 Minuten. Kinder spielen danach Rollenspiele, Sandspiele, Fangspiele. Wenn Sachen zum Spielen fehlen, gibt es häufig Streit, Zank, Ärger und Langeweile. Die Kinder sind auch im Winter erfindungsreich. Sie finden Sachen, die herumliegen, kleine Stöckchen, Steinchen, sie nehmen Kleidungsstücke und spielen damit. Es ist bedauerlich, wenn Erzieherinnen sagen: „Jetzt im Winter ist bei uns nicht viel zu sehen, wir geben keine Spielsachen raus." Für das Spielen draußen ist eine entsprechende Kleidung unbedingt erforderlich. Im Winter sollte sie bequem und warm sein. Was für die Kinder gilt, gilt auch für die Erwachsenen, die mitmachen.

Wir möchten bei der Spielplatzgestaltung verschiedene Ziele verwirklichen, die in unsere Kinderspielplatzplanung einfließen, in die Aktivität des Spieleautos Jumbo und in die Beratung der Kindergärten. Wir brauchen Spielraum für Kinder, wo sie sich austoben können, Kräftemessen, Geschicklichkeit üben, vieles selber machen und selbst bestimmen können, wir möchten die Eigeninitiative fördern, Erfolgserlebnisse vermitteln, Natur- und Umweltkenntnisse ermöglichen. Kinder sollen ihren Bewegungsdrang ausleben können und körperlich fit werden oder bleiben. Das Spielen soll Spaß machen. Ich habe das Ziel, daß Kinder attraktive Spielmöglichkeiten draußen haben, weil immer mehr Aktivitäten im Hause stattfinden. In allen Institutionen wie Kindergärten, Schulen, Musikschulen, Sportvereinen wird zu wenig draußen vor den Türen angeboten! Draußen sein ist eine Lebensqualität. Bei den Urlaubsplanungen von vielen spielen Außenaktivitäten eine große Rolle, z. B. Skifahren, Schwimmen, Surfen, Spazierengehen, Radfahren. Diese Aktivitäten sollten m. E. auch im Alltag berücksichtigt werden.

Bei den Neuplanungen von Kinderspielplätzen werden Spielideen der Kinder unterstützt durch z. B. Bauwerksgeräte und Schiffe. Durch Bodenmodellierungen gibt es z. B. Pfützen und Abhänge. Geräte sollten multifunktional sein, dann kommt es nicht auf die Menge und Größe an. Wünschenswert sind Freiflächen und Gerätehäuser. Kinderspielplätze sind Identifikationsorte und Treffpunkte für alle Altersstufen, deshalb sind mindestens Sitzmöglichkeiten auch für Erwachsene erforderlich.

Mit geringem finanziellen Aufwand können in Institutionen anregungsreiche Sachen zum Spielen beschafft werden (Bälle, Tennis, Seile, Tücher, Kreide, Stelzen, Bretter, Röhren, Hüpfbälle, Kartons, Teppichfliesen).

Eine wichtige Rolle spielen die Aufsichtspersonen. Sie haben die Aufgabe, Material auszugeben, bei gelenkten Spielen mitzumachen, Spielideen der Kinder aufzugreifen, bei Konflikten zu helfen, müssen manchmal Schiedsrichter sein und die Spiele motivierend begleiten.

Das Projekt „Spieleauto Jumbo – Spielanregungen auf Kinderspielplätzen" von der Stadt Osnabrück besteht seit 1985 und ist personell mit einer ABM-Sozialpädagogin besetzt.

Es steht ein Kleinbus zur Verfügung, mit dem in der Zeit von 15 bis 18 Uhr jeden Tag in der Woche fünf ausgewählte Spielplätze angefahren werden. Im Spieleauto „Jumbo" befinden sich Kleingeräte (Hüpfbälle, Autoschläuche, Boccia-Kugeln, Bretter, Laufdollies, Sandspielzeug, Seile, Family-Tennis, Hula-Hupp-Reifen, Bälle, Frisbee, Kreide, Heulrohre, Tischtennis, Decken, Verkleidungssachen, Schwungtücher, ein Fallschirm und anderes mehr). Bei den ausgewählten Kinderspielplätzen handelt es sich um Plätze, die neben einem Sandbereich mit Spiel- und Klettergeräten auch einen Bolzplatz oder Rasenplatz haben. Einerseits wird dadurch ungestörtes Spielen in kleinen Gruppen ermöglicht, andererseits erlaubt dieses Platzangebot einer großen Anzahl von Kindern, Gruppenspiele und platzgreifende Spiele durchzuführen. Bei der Auswahl wurden soziale Aspekte (hoher Kinderanteil, beengte Wohnungen, wenig Freizeitangebote) und die Lage des Spielplatzes berücksichtigt. Die Kinderspielplätze liegen in Wohngebieten und sind gefahrlos zu erreichen.

Bei ungünstigem Wetter (Dauerregen, Frost unter -5 Grad) finden die Spielanregungen in nahegelegenen Turnhallen statt. Das Angebot wird von Kindern im Alter von 4 bis 14 Jahren auch in den Wintermonaten begeistert genutzt.

Auf den Kinderspielplätzen sind in der Regel zehn bis zwanzig Kinder anzutreffen, die sich über die Spielmaterialien sehr freuen und eigene Spielideen umsetzen. Es entstehen Sandburgen, Brücken, Vulkane. Die Kinder entwickeln Rollenspiele, mit Decken werden Buden an Klettergeräten gebaut, aus Autoschläuchen und Seilen bauen sich die Kinder Schaukeln. Die Kreativität der Kinder überrascht immer wieder. Die Sozialpädagogin bringt sich ein als Mitspielerin, Animateurin, Konfliktberaterin und Beobachterin. Sie unterstützt die Kinder dabei, ihre Spielideen umzusetzen. Kinderfreundschaften entstehen bei diesen Aktivitäten, die Kinder in der Nachbarschaft lernen sich erstmals durch dieses Angebot kennen. Soweit wie möglich werden Eltern und Erwachsene miteinbezogen, wenn diese die Kinderspielplätze besuchen. Insgesamt wird das Angebot im Wohngebiet als eine Bereicherung empfunden.

Die Familie – Ort erster Bewegungserlebnisse

In den ersten Lebensjahren stellt die Familie den wesentlichen Einflußfaktor auf die motorische Entwicklung des Kindes dar. Bereits die Wohnumwelt wirkt sich auf das Bewegungsverhalten von Kindern aus, und ebenso können Bewegungsreize vom Spielmaterial und von Einrichtungsgegenständen in der Wohnung der Familie kommen.

So regt allein das Bereitstellen von Material und Raum Kinder zu Bewegungsaktivitäten an. Im Säuglings- und Kleinkindalter ist die Stimulation, die von der unmittelbaren Umgebung ausgeht, Anlaß für aktive Erkundungen. Einen besonderen Stellenwert nehmen hier allerdings die personalen Beziehungen zwischen Eltern und Kindern ein, denn sie entscheiden darüber, ob ein Kind in seiner Entwicklung unterstützt oder aber eingeschränkt wird.

Bei einem überbehütenden Erziehungsstil wird der Bewegungsraum der Kinder meist eingeschränkt, während eine permissive Erziehungshaltung das Kind in seiner Selbständigkeitsentwicklung unterstützt und ihm Vertrauen in die Erweiterung seiner Bewegungsmöglichkeiten gibt (vgl. KEMPER 1982, SCHEID 1989).

Neben der Vermittlung unmittelbarer Bewegungsanregungen durch die familiäre Umwelt werden jedoch vor allem auch Einstellungen gegenüber Bewegung und Sport durch die Familie geprägt. So besitzen die sportlichen Interessen der Eltern oft eine Vorbildfunktion für Kinder, und auch ältere Geschwister stellen Verhaltensmodelle dar.

In einer empirischen Untersuchung konnte nachgewiesen werden, daß vor allem die von Eltern und Kindern gemeinsam betriebenen Bewegungsaktivitäten sich positiv auf die motorische Entwicklung von Kindern auswirken (ZIMMER 1981).

Es liegt auf der Hand, daß sportlich interessierte Eltern ihren Kindern auch außerhalb des familiären Wohnumfeldes Möglichkeit zu Spiel und Bewegung geben werden und dafür auch eigene Mühen und Anstrengungen in Kauf nehmen. Hierzu gehört der Besuch von Spielplätzen und Schwimmbädern ebenso wie die Teilnahme an organisierten Bewegungsangeboten durch die Vereine: Eltern-Kind-Gruppen werden hier immer häufiger von jungen Familien genutzt, da sie neben vielfältigen Bewegungserlebnissen auch die Möglichkeit geselliger Kontakte und der Kommunikation innerhalb der Gruppe der Eltern und der der Kinder geben.

Diese Form der gemeinsamen sportlichen und spielerischen Betätigung von Eltern und Kindern ist hervorgegangen aus dem Mutter-Kind-Turnen, einem ersten Angebot gleichzeitiger Betreuung von Erwachsenen mit ihren Kindern im Sportverein. Eltern sind hier einerseits Partner und „Spielgefährte" des Kindes, andererseits sind sie Helfer, Zuflucht und Vertraute, die in ungewohnten Situationen Beistand geben, Mut machen und bei Bedarf auch trösten können.

Bei gemeinsamen Betätigungen mit ihren Kindern haben Eltern die Chance, ihr Kind aus einer neuen Perspektive kennenzulernen, es im Spiel mit anderen zu erleben, ihm Vertrauen bei der Eroberung neuer Bewegungsräume und damit auch bei der Erweiterung seines Handlungsspielraumes zu geben.

Die folgenden Beiträge thematisieren die Bewegungsförderung von Kindern in den ersten Lebensjahren. Der Familie wird von K. HOLZAPFEL die Bedeutung einer „sportlichen Sozialisationsinstanz" beigemessen.

Im Mittelpunkt der anderen Beiträge stehen praktische Anregungen für das gemeinsame Spielen und Bewegen von Eltern und Kindern. G. STEIN stellt den pädagogischen Anspruch der Vermittlung gemeinsamer Spielerlebnisse und der Intensivierung der Beziehungen zwischen Eltern und Kindern in den Vordergrund und beschreibt die Möglichkeiten der Realisierung dieser Vorstellungen im Eltern-Kind-Turnen durch kreative Spielideen mit einem Würfel.

Eine „Wanderung" in der Turnhalle, bei der gemeinsam von Eltern und Kindern bestimmte Bewegungsaufgaben gelöst werden, steht im Mittelpunkt der Ausführungen von R. FÖRSTER.

Kleingeräte und Spielmaterialien sieht S. GENTES als Bindeglied zwischen den Familienmitgliedern und dem Übungsleiter an. Er macht Vorschläge, wie durch einen phantasievollen Einsatz der Geräte eine Förderung der Spiel- und Erlebnisfähigkeit erreicht werden kann.

Natürlich besitzen auch die Großgeräte einer Turnhalle eine hohe Anziehungskraft vor allem für die Kinder. A. BOCKHORST stellt vor, wie die Geräte zu einer Bewegungslandschaft gruppiert und in eine Bewegungsgeschichte einbezogen werden können.

Das Wasser stellt ein besonders stimulierendes Element für Kleinkinder dar. D. GRAUMANN zeigt auf, welche Wirkungen das Baby- und Kleinkinderschwimmen für die Entwicklung von Kindern haben kann.

Kurt Holzapfel

Die Familie als sportliche Erziehungsinstanz

Die Persönlichkeitsstruktur und damit auch die Interessenslage eines Kindes wird in der primären Sozialisationsphase entscheidend vom familiären Anregungsmilieu geprägt.

Materiale und soziale Umwelt (vgl. Abb. 1) determinieren dieses familiäre Anregungsmilieu.

Allein eine positive materiale Umwelt, die genügend Bewegungsmöglichkeiten bereitstellt, gewährleistet eine entwicklungsadäquate Bewegungsentwicklung.

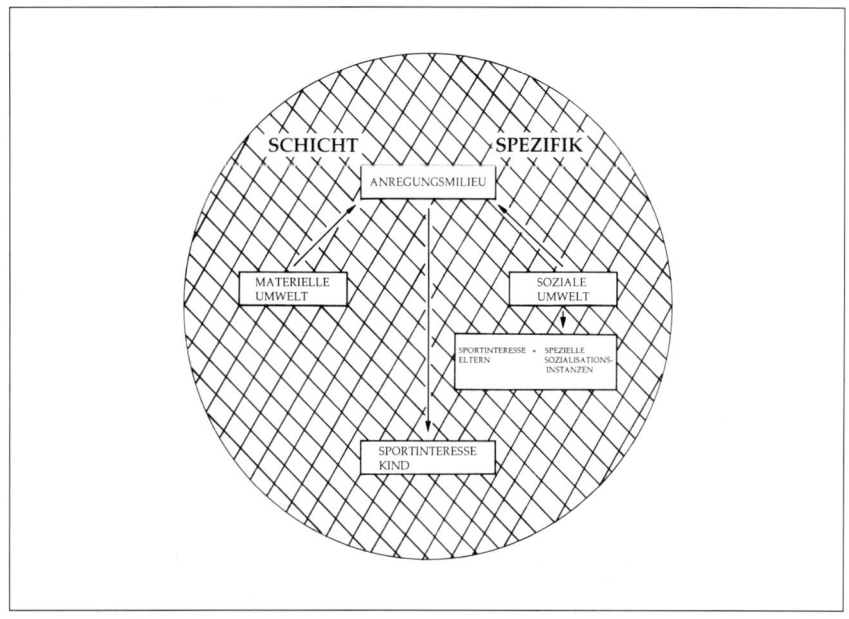

Abb. 1: Beziehungsgefüge Sportinteresse des Vorschulkindes in Abhängigkeit vom familiären Anregungsmilieu (HOLZAPFEL 1982)

Da aufgrund gesamtgesellschaftlicher Entwicklungen (vor allem der Einschränkung primärer Bewegungsräume) freies Bewegungserleben der Kinder nurmehr bedingt möglich ist, die Bewegung jedoch nach wie vor einer der unumstritten entscheidendsten Entwicklungsfaktoren in den ersten sechs Lebensjahren darstellt, kommt der **personalen** Umwelt (insbesondere der Familie) eine immer größere Bedeutung zu.

Eltern stehen in der Primärverantwortung, Kindern ausreichende Bewegungsräume zu ermöglichen. Betrachtet man jedoch allein den Aspekt der elterlichen Vorbildleistung (vgl. Abb. 2), ist davon auszugehen, daß nicht alle Eltern diese wichtige Funktion der Identifikation hinsichtlich bewegungsfreundlicher elterlicher Aktivitäten wahrnehmen.

Ein Hauptursachenfaktor für die Bewegungsapathie vieler Eltern liegt sicherlich in der Unwissenheit über die Bedeutung der Bewegung für die Entwicklung von Kindern.

Eine der wichtigsten Informationsquellen stellt der Kindergarten dar. Über ihn können Eltern in einer Anzahl angesprochen werden, die augenblicklich noch keine andere Institution unserer Gesellschaft erreichen kann.

| | Vater + Kind | | Mutter + Kind | | Vater + Mutter + Kind | |
	absolut	in %	absolut	in %	absolut	in %
regelmäßig 1mal/ Woche	11	3,7	15	5,0	12	4,0
häufig	23	7,7	23	7,7	20	6,7
ab und zu	174	58,2	178	59,5	170	56,9
niemals	29	9,7	43	14,4	41	13,7
keine Antwort	62	20,7	40	13,4	56	18,7
N	299	100	299	100	299	100

Abb. 2: Interfamiliäre Sportaktivitäten (N = 299 Elternpaare – HOLZAPFEL 1982)

Die Bedeutung der Erzieherin für die Bewegungsentwicklung ist damit ausgewiesen. Die Schwierigkeiten der Praktikabilität „vor Ort" und der wichtige Aspekt des Stellenwertes der Bewegungserziehung in der Ausbildung des Kindergartenpersonals sind bekannt. Angesichts der zunehmenden sportmotorischen **und** gesundheitlichen Deprivation unserer jüngsten Gesellschaftsmitglieder – trotz steigender Wahrnehmung der Vorsorgeuntersuchungen – muß dieser Erziehungsauftrag durch den Kindergarten jedoch ernster genommen werden.

Der Sport ist natürlich nicht aus der Pflicht zu nehmen. Er leistet seinen Beitrag (Institutionalisierung und Verbesserung der Übungsleiter-Aus- und Fortbildung im Elementarbereich, breitere familienfreundliche Vereinsangebote etc.). Der Sportverein hat jedoch nur begrenzte Möglichkeiten, Eltern anzusprechen und eine Affinität zur Bewegung herzustellen. So hat die Diskussion im Arbeitskreis zu folgendem Statement veranlaßt:

1. An der Verantwortung der Eltern für eine optimale (Bewegungs-)Entwicklung ihrer Kinder ist nicht zu rütteln.
2. Daraus resultiert die Forderung, daß alle möglichen gesellschaftlichen Informationsebenen (Kindergarten, Schule, Familienbildungsstätten...) Angebote theoretischer und praktischer Art für Eltern bieten müssen, um deren Sensibilisierung und Handlungskompetenz zu erreichen.
3. In die Ausbildung und alltägliche Erziehungsarbeit des Kindergartenpersonals ist eine andere bzw. zusätzliche bewegungsintensive Gewichtung zu bringen.
4. Der Sport hat seine Aktivitäten für den Elementarbereich zu intensivieren (vermehrte Ausbildungs- und Fortbildungsangebote auf allen Ebenen der Sportlehrerausbildung, Erweiterung der Vereinsangebote).

5. Alle am Bildungsprozeß beteiligten Personen und Institutionen (Lehrer, Ärzte, Gewerkschaften, Kirchen) haben sich verstärkt der Bewegungsproblematik im Vorschulalter anzunehmen.

Fazit:

Die momentane Situation kann nicht zufriedenstellen. Die pädagogische Begründung der Bedeutung der Bewegung für die Entwicklung der Gesamtpersönlichkeit (biologischer, psychologischer und sozialer Aspekt) ist allein nicht ausreichend. Vielleicht schaffen finanzielle Argumente (jährlich müssen ca. 60 bis 70 Millionen DM für die Rehabilitation für Bewegungsmangelerkrankungen ausgegeben werden) eine Interessenverknüpfung aller der in der Sporterziehung im Elementarbereich verantwortlichen Personen und Institutionen.

Gisela Stein

Spielideen für Eltern-Kind-Gruppen

Die pädagogischen Ansprüche, die wir an das Eltern-Kind-Turnen stellen, unterscheiden sich ganz wesentlich von denen im Kleinkinderturnen. Mit der Anwesenheit von Vater oder Mutter verändert sich der Schwerpunkt der Turnstunde völlig, denn Eltern-Kind-Turnen will für die junge Familie mehr bewirken als die alleinige Förderung der Kinder. Die Erwachsenen sollen nicht nur als Hilfsgeräte oder Hilfeleistende eingesetzt werden, vielmehr sollen sie aktiv an der Stunde beteiligt sein und gemeinsam mit ihren Kindern Erlebnisse haben, bei denen sich ihre Beziehungen intensivieren können.

Hier aber liegt das Problem! Wie ist es zu schaffen, die Erwachsenen so in die Stunde einzubinden, daß auch ihre Interessen und Bedürfnisse berücksichtigt werden?

Hin und wieder genügt ein methodischer Trick, um die Ziele und Inhalte des Eltern-Kind-Turnens zu verwirklichen. Spiele mit dem Würfel scheinen mir ein geeignetes Mittel zu sein, um die Erwachsenen aus der Reserve zu locken:

Spielidee:

* **Würfelspiel**e
„Wir alle wollen uns bewegen"
(Singspiel zur Förderung motorischer Grundfertigkeiten)

Material:
1 Farbwürfel, 6 Blatt farbiges Papier (je eines zu einer Farbe des Würfels passend).

Auf jedem Blatt sind drei Bewegungsgrundfertigkeiten oder Bewegungsaufgaben aufgelistet, z. B.:

grünes Blatt	**blaues Blatt**	**lila Blatt**
rennen	kullern	recken
schleichen	hampeln	tanzen
hinken	hüpfen	Zugfahren

schwarzes Blatt	**rotes Blatt**	**gelbes Blatt**
krabbeln	strampeln	fliegen
streicheln	kitzeln	hampeln
trippeln	stampfen	kuscheln

Spielablauf:
Um die in der Mitte liegenden farbigen Blätter bilden Eltern und Kinder einen Kreis. Sie gehen auf der Kreislinie und singen:
„Wir alle wollen uns bewegen, kräftig uns're Glieder regen;
schau den Würfel an, schau den Würfel an,
was er uns wohl sagen kann." (Melodie: Ein Vogel wollte Hochzeit machen).
Während des Singens hat ein Kind gewürfelt, und alle rufen laut die Farbe, die oben liegt. Auf der passenden Farbkarte wird abgelesen, wie sich nun alle bewegen müssen. Zu dieser Bewegung wird der Refrain gesungen:
„Jetzt ist rennen dran, jetzt ist rennen dran, jeder rennt so schnell er kann."
(Wiederholung)
Das Spiel beginnt von vorn, nachdem das „Würfelkind" den Würfel weitergegeben hat. Wiederholt sich eine Farbe, so kann auf die 2. oder 3. Bewegungsanweisung ausgewichen werden.

* Das 50-Fragen-Spiel

Material:
Ein Spielplan mit den Zahlen von 1 bis 50 (aus Teichfolie o. ä.), mehrere Würfel, pro Familie ein Spielstein, 50 kleine Karteikarten, die auf der einen Seite fortlaufend mit den Zahlen 1 bis 50, auf der anderen Seite mit den unterschiedlichsten Aufgaben beschriftet sind, je nach der Auswahl der Aufgaben, außerdem Groß- und Kleingeräte und diverses Spielmaterial.

Spielablauf:
Die 50 Karteikarten werden entlang der Hallenwand mit der Zahl nach oben in nichtnumerischer Reihenfolge ausgelegt. In der Halle werden die Großgeräte aufgebaut und das notwendige Spielmaterial verteilt. Jede Familie setzt ihren Spielstein um die gewürfelte Augenzahl auf dem Spielplan vor, sucht sich die zum jeweiligen Standpunkt gehörende Karte und liest die dort beschriebene Aufgabe. Eltern und Kinder suchen sich das Material in der Halle, das zum Lösen der Aufgabe notwendig ist, und verweilen bei der Aufgabe so lange sie

möchten. Dann wird wieder gewürfelt, der Spielstein vorgesetzt und die neue Karte gesucht.
Das Spiel ist zu Ende, wenn alle Familien bei 50 angekommen sind, kann aber auch nach einer verabredeten Zeit abgebrochen werden.

Nachfolgend einige Aufgaben-Beispiele:

Bereich Motorik:
- Helft Euch gegenseitig beim Hüpfen über die Bank.
- Der Erwachsene macht einen hohen Liegestütz, die Kinder rollen einen Ball unter dieser „Brücke" durch.
- Einer von Euch schließt die Augen und läßt sich über die Kastentreppe führen. Danach wird gewechselt.
- Der Erwachsene zieht ein Seil wie eine Schlange hinter sich her, das Kind versucht, auf den Schwanz der Schlange zu treten. Wechseln!

Bereich Wahrnehmung:
- Welche Farbe hat der Luftballon, der mit Zucker (Mehl, Reis, Erbsen usw.) gefüllt ist?
- In den Bonbondosen sind Murmeln, Reiskörner und Nägel. Könnt Ihr heraushören, was sich in welcher Dose befindet?

Musischer Bereich:
- Singt zusammen ein Lied. Aber laut, denn alle sollen es hören!
- Malt gemeinsam ein Haus und eine Sonne.
- Holt ein Stück Toilettenpapier und faltet daraus ein Hütchen.

Konzentration und Geschicklichkeit:
- Baut aus Bauklötzchen einen möglichst hohen Turm.
- Legt gemeinsam ein Puzzle.
- Klammert drei Staubtücher an die Zauberschnur.
- Die Eltern helfen den Kindern, 10 Perlen auf eine Schnur zu fädeln.

Kommunikation:
- Versucht, einige Eltern und Kinder zu überreden, mit Euch in einer langen Schlange über die Geräte zu gehen.
- Malt mit einem Schminkstift allen einen bunten Punkt auf die Nase.
- Findet heraus, wer in seiner Hosentasche ein kleines Auto versteckt hat.

Ferner können einfache Rätsel gelöst werden, es darf Glücks- oder Pechkarten geben, mit denen man drei Felder vorrücken kann oder auf ein bestimmtes Feld zurück muß, oder die Teilnehmer können die Person herausfinden, die die größten Füße hat. Grundsätzlich sollte aber immer darauf geachtet werden, daß alle Aufgaben so formuliert sind, daß die Erwachsenen und die Kinder gleichermaßen gefordert sind.

Reginald Förster

Besondere Aktionen im Eltern-Kind-Turnen

Eine entscheidende Grundvoraussetzung für das Eltern-Kind-Turnen ist das Vorhandensein einer positiven Übungsstundenatmosphäre. Es sollte also dafür gesorgt werden, daß ein ungezwungener, vertrauensvoller Umgang miteinander möglich ist.

Gemeinsame, aus dem gewöhnlichen Rahmen fallende Erlebnisse tragen verstärkt dazu bei, innerhalb der Gruppe Kontaktängste abzubauen, ein Zusammengehörigkeitsgefühl zu entwickeln, die Kontakte auch außerhalb der Turnstunde zu intensivieren. Sie unterstützen die Schaffung der gewünschten „positiven Arbeitsatmosphäre".

Bei der Planung einer solchen besonderen Aktivität können und sollen die Übungsleiter die Eltern und die Kinder miteinbeziehen. Plakate malen, Bastelarbeiten u. ä. können zum Teil in den Stunden vorher in der Gruppe durchgeführt werden. Zu größeren Arbeiten können sich Übungsleiter und Eltern auch außerhalb der Übungsstunde treffen, da der Kontakt zwischen den Eltern, ohne Kinder, mitunter auch ganz reizvoll sein kann. Gute Anlässe für solch besondere Aktionen ergeben sich aus den Terminen des Jahresablaufs, wie Fasching, Ostern, Weihnachten, Ferienbeginn, Herbstanfang etc.

Praxisbeispiel: Aufgabenwanderung
Damit die Kinder von dieser „Wanderung", neben der Erinnerung an sie auch etwas „Greifbares" mit nach Hause nehmen, erhalten sie am Ende jeder Station eine kleine „Belohnung" (z. B. Teile zu einem Hampelmann oder Blätter zu einer Blume), die sie zum Schluß an der Bastelstation gemeinsam zusammenbauen.

* Die Wanderung

Beginnen wollen wir unsere Reise in der Umkleidekabine, wo wir uns aus alten Zeitungen Hüte falten, damit uns der kühle Wind nicht so um die Ohren pfeift.
Da das Wandergebiet, in das wir wollen, weit weg ist, fahren wir das erste Stück mit der Eisenbahn.
Ein Tau bildet in unserem Fall die Eisenbahn.
Nachdem alle in den Wanderexpreß eingestiegen sind und sich mit einer Hand gut festhalten, fahren wir nun los.
– Wir stellen die Räder dar, die sich zu Beginn langsam und dann immer schneller drehen,
– wir fahren durch einen Tunnel (machen uns dabei ganz klein),
– fahren Kurven, über eine Holperstrecke etc.

Im Gang zwischen Umkleidekabine und Turnhalle stoßen wir plötzlich auf ein Stück morastige Fahrstrecke (Tapeten, die auf den Boden geklebt sind).

Damit die Eisenbahn nicht steckenbleibt, steigen alle Fahrgäste aus und gehen dieses kurze Stück durch den Morast zu Fuß. Da der Boden ganz aufgeweicht ist, werden die Fußabdrücke sichtbar (wir malen die Umrisse unserer Füße auf die Tapete). Auf der anderen Seite steigen alle wieder in den Zug ein und fahren das letzte Stück zum Wandergebiet.

Dort angekommen verlassen wir den Zug und entdecken nun in kleinen Gruppen das Wandergebiet.

Bei der Gestaltung der Stationen wurde versucht zu gewährleisten, daß es allen Kindern möglich ist, zu ihrer kleinen Belohnung zu kommen. Das heißt, die Aufbauten bieten in der Regel verschiedene Möglichkeiten (einfachere und schwierigere) an.

Die Landschaft gestaltet sich wie folgt:

„Die finstere Grotte"

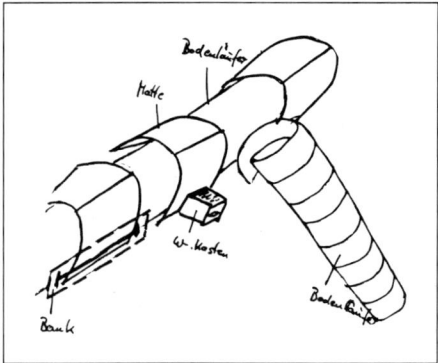

Material: – 2 Bodenläufer
– 4–6 Bodenmatten
– 2 Bänke oder Kästen

Am Höhleneingang gibt es auf einem Plakat Bewegungsideen zur Station:
– wir krabbeln vorwärts/rückwärts durch die Höhle,
– alleine/mit unserem Wanderfreund,
– sitzen in der Höhle und brummen wie ein Bär,
– rufen uns durch die Höhle etwas zu.

„Die Zauberwand"

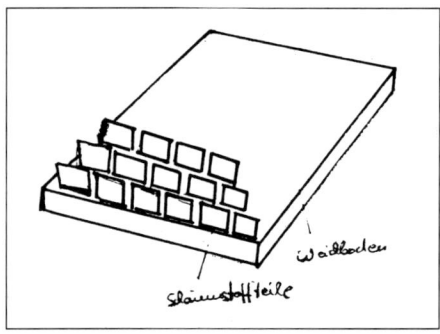

Material: – 1 Weichboden
– Schaumstoffteile

An der Zauberwand finden sich auch wieder einige Ideen:
– wir bauen uns ein Haus,
– wir springen durch die Zauberwand,
– durch die Mauer springen mit dem Partner an der Hand.

„Der Purzelhang"

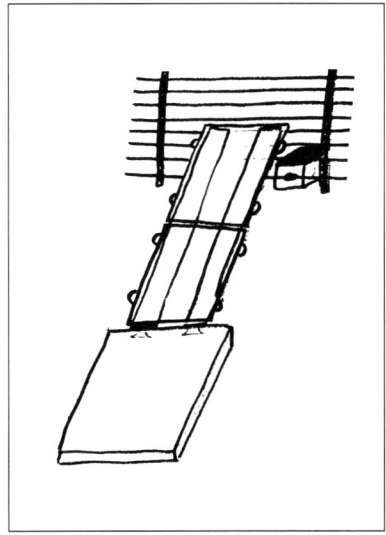

Material: – 2 Bänke
– 2 Bodenmatten
– 1 Weichboden
– 6 Springseile (zum Befestigen der Matten)
– 1 Sprossenwand
– 1 Würfelkasten (als Aufstiegshilfe)

Bewegungsideen zum Purzelhang:
– wir purzeln wie ein Baumstamm,
– rollen wie ein Riese,
– wir rollen mit unserem Partner als Paket,
– beim Rollen klein machen wie ein Zwerg.

„Der Balancierbaum"

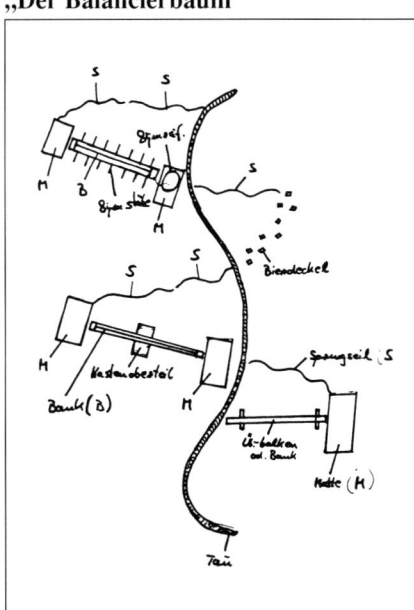

Material: – 1 Tau
– 2 Bänke
– 3–5 Matten
– 1 Kastenoberteil
– 1 Übungsbalken
– 8–10 Seile
– 1 Gymn. reifen
– 15–20 Bierdeckel
– 10 Gymn. stäbe

Bewegungsideen zum Balancierbaum:
– alleine balancieren,
– mit dem Partner an der Hand balancieren,
– vormachen – nachmachen,
– Partner als Hindernis.

Als abschließende Station gibt es dann noch die Bastelstation. Die Stationen können zusätzlich dekoriert werden, was den Reiz, sich daran zu bewegen, entsprechend erhöht.

Stephan Gentes

Förderung der Kommunikations- und Erlebnisfähigkeit durch Spiele mit Kleingeräten

Der Gebrauch von Handgeräten im Eltern-Kind-Turnen fördert die Kommunikation zwischen Kindern und Eltern.

Die Geräte sind ein Bindeglied zwischen Familiengliedern, Übungsleitern, der ganzen Eltern-Kind-Gruppe, und sollten grundsätzlich im Bereich der Bewegungserziehung in eine kreative Spielgestaltung eingebunden werden.

Um vielseitige Bewegungserfahrungen machen und eigene Bewegungsideen entwickeln zu können, erfordert der Einsatz von Handgeräten im Eltern-Kind-Turnen einen häufigen Wechsel der Organisations- und Vermittlungsformen.

Neben dem Kennenlernen der spezifischen Eigenschaften der Handgeräte und den vielseitigen Möglichkeiten des Einsatzes im Eltern-Kind-Turnen (z. B. als Hindernis, als Instrument für bestimmte Tätigkeiten, als Orientierungshilfe, als Merkmal zur Kennzeichnung bestimmter Gruppen usw.), eignen sie sich für Bewegungsanregungen im Alltag der Eltern und Kinder, da sie meist leicht herzustellen oder billig zu erwerben sind.

Damit Kinder und Eltern mit Kleingeräten vielseitige Bewegungserfahrungen sammeln und Bewegungsideen entwickeln können, sollten folgende Anregungen für die methodische Arbeit der Übungsleiter/innen Berücksichtigung finden (vgl. auch LORENZ/STEIN 1988, 78):

– Eltern und Kindern Zeit lassen, das (Klein-)Gerät und seine Eigenschaften kennenzulernen und zu experimentieren,
– individuelle Bewegungsgestaltungen nach Geschichten, Spielthemen und Bewegungsgeschichten ermöglichen,
– gefundene Bewegungsformen durch Lieder, Sprechreime, Geräusche u. a. weiterentwickeln und verändern,
– durch Bewegungsaufgaben (-fragen) individuelle Bewegungsantworten finden lassen,
– Bewegungsideen aufgreifen und in das gemeinsame Tun einbeziehen und weiterentwickeln,
– die Kontaktaufnahme und Kommunikation innerhalb der Gruppe kann durch den Wechsel zwischen Einzel-, Partner- und Gruppenaufgaben unterstützt werden,
– durch Bewegungsvorbilder (vormachen – nachmachen) den Teilnehmern Anregungen geben,
– die Kombination oder parallele Verwendung mehrerer Kleingeräte führt zu größerer Kreativität und Gestaltungsvielfalt.

Die hier vorgestellten Beispiele über den variablen Einsatz von Klein- bzw. Handgeräten im Eltern-Kind-Turnen sollen als Ideensammlung verstanden werden. Sie erheben keinen Anspruch auf Vollständigkeit. Vielmehr werden wesentliche Schwerpunkte exemplarisch vorgestellt. Hierzu gehören:
– Materiale Erfahrungen mit Kleingeräten (Hören, Sehen, Fühlen, Bewegen),
– Bewegung und Spiele mit Kleingeräten,
– Singen und Spielen mit Kleingeräten,
– Bewegungsgeschichte (mit Musik) mit Kleingeräten.
  Dabei handelt es sich nicht um geschlossene Stundenvorschläge mit einem ausgearbeiteten didaktisch-methodischen Vermittlungsrahmen.

* Partnerweise:
– Das Kind (oder ein Elternteil) liegt auf dem Bauch. Die Mutter/der Vater (oder Kind) streicht mit einem beliebigen Kleingerät über die Wade oder den Rücken des Kindes (Elternteils).
  Aufgabe: Erraten, was für ein Gerät es ist (Erkennen der Eigenschaften des Kleingerätes z. B. weich, hart, warm, kalt usw.).
– Gerät auf den Boden fallen lassen, über den Boden oder die Wand reiben und erraten, was für ein Gerät es war.
– Ein Elternteil (oder das Kind) legt behutsam einen Tennisball auf den Rücken des Kindes (oder Elternteils), ohne daß dieses (dieser) es spürt.

* Gruppenweise:

– Mit geschlossenen Augen durch eine Reifengasse gehen. Durch die Gasse eine Zauberschnur spannen, mit deren Hilfe sich das Kind (oder Elternteil) durchtasten kann.
– Die Eltern legen mit Seilen verschiedene Formen auf den Boden. Die Kinder sollen die Formen mit geschlossenen Augen ertasten oder erlaufen. (Ältere Kinder versuchen, die Figur nachzulegen oder aufzumalen.)
– Eltern (oder Kinder) legen mit Seilen oder Zauberschnüren verschiedene Figuren. Die Kinder (oder Eltern) dürfen nur kurz hinschauen und versuchen, die jeweilige Figur nachzubauen (Figur kann auf Karten vorgegeben werden).

* Spiele mit Kleingeräten:

Vorbereitung: Kleingeräte in der doppelten Anzahl der Teilnehmer in der Halle verteilen, Zettel, Schreibgeräte und Klebeband bereitstellen.
– Bei Musik wird gelaufen, bei Musik-Stop wird das Kleingerät aufgerufen, zu dem alle laufen sollen. Z. B. anfassen, draufsetzen, Kunststück ausführen lassen usw.
– Die Eltern und Kinder suchen sich paarweise einen Übungsvorschlag für ein

Kleingerät heraus und schreiben oder malen diese Übung auf zwei Zettel.

Diese Zettel werden an die jeweiligen Geräte geklebt.

Aufgabe: Alle laufen in der Halle; wenn die Musik unterbrochen wird, gehen sie paarweise zu einem Kleingerät und machen die dort beschriebene Übung. Sie versuchen diejenigen zu finden, die die gleiche Übung machen.

Den Käfig leerklauen

4 Bänke werden im Quadrat aufgestellt. Im Innenraum liegen viele Kleingeräte (Schatzstükke). Bis auf 2 bis 4 „Wächter" stehen alle auf den Bänken um den „Käfig". Sie versuchen, die Schatzstücke zu stehlen, ohne von den Wächtern erwischt zu

werden. „Gefangene" werden zu Wächtern und tauschen mit diesen den Platz (bei kleineren Kindern empfiehlt es sich, daß Eltern und Kinder die Aufgabe paarweise durchführen).

Variation: Knochenklauen

Aufbau wie oben. 2 „Hunde" (Kind und Elternteil) sitzen mit geschlossenen Augen im Käfig. Alle anderen sitzen um den Käfig herum. Ein Paar schleicht sich zu den „Hunden" und klaut einen „Knochen" (Kleingerät: Tennisball, Bohnensäckchen u. ä.). Alle halten die Hände auf dem Rücken und rufen: „Bello, ein Knochen ist weg!" Die „Hunde" müssen nun raten, wer den Knochen gestohlen hat und hinter dem Rücken versteckt hält.

* Weitere Spiele:

– Tennisring mit einem Fuß im Sitzen hochheben und dem Partner übergeben.
– Spielerische Gymnastik: Autofahren (Tennisring = Lenkrad) vorwärts und rückwärts. Im Sitzen: Ein- und Aussteigen = Ring in beiden Händen – Füße drüberheben, Scheibenwischer nachmachen = beide Hände mit Ring nach links und rechts drehen usw.
  Im Stehen: Benzin einfüllen = Ring in beiden Händen auf dem Rücken – vorbeugen (Ring stellt die Tanköffnung dar) usw.
– Die Kinder (oder Eltern) stehen mit dem Gesicht zur Wand. Alles ist still. Die Eltern (oder Kinder) rollen den Ring weg. Sobald die Kinder (Eltern) dies hören, drehen sie sich um und holen den Ring.
– Mit Tennisringen einen Turm bauen und einen Ball darauf legen.

Froschstaffel

Papierschnipsel oder Konfetti (= „kleine Fliegen") in der Halle verteilen.
  Ein Tennisring ist unser „Froschmaul". Alle sammeln (evtl. verschiedene Paare oder Gruppen bilden) die Schnipsel (Fliegen) mit dem „Froschmaul" ein (z. B. durch Zusammendrücken des Tennisringes vor dem Mund) und legen sie in ihr Haus (z. B. Reifen). Wer sammelt die meisten „Fliegen"?

Memory

Verschiedene Zettel mit Symbolen malen und unter einen Ring legen.
Aufgabe: Elternteil und Kind laufen gemeinsam in der Halle, heben einen Ring auf und suchen die dazugehörigen Partner. Wer erwischt die meisten Paare?

Die Ampel

Die Halle wird in drei Felder aufgeteilt. Das Mittelfeld ist die „Straße". Ein Kind oder Elternteil wirft ein Bohnensäckchen, dessen Seiten mit rotem/grünem Papier beklebt sind. Alle stehen in einem Außenfeld. Bei Rot: Stehenbleiben, bei Grün: Straße überqueren.

Die Riesenschlange

Der Leiter oder ein Elternteil läuft durch die Halle und schlängelt ein Gymnastik-
band hinter sich her. Alle anderen versuchen, auf die „Schlange" zu treten.

Flöhe hüten

Mit einer Zauberschnur wird ein großer Kreis auf dem Hallenboden markiert. Alle
Kinder (Flöhe) laufen und hüpfen im Kreis. So oft sie wollen, hüpfen sie kurz aus
dem Kreis heraus. Sie passen aber auf, daß sie nicht von den „Flohhütern" (Eltern)
gefangen werden. Hat ein Flohhüter einen „Floh" gefangen, werden die Rollen
getauscht.

Das Tipp-Spiel

Die Kinder und Eltern stehen im Kreis und haben eine zusammengebundene
Zauberschnur in beiden Händen (für die Kinder etwa hüfthoch). Ein Eltern-Kind-
Paar steht im Kreis und versucht, Hände an der Zauberschnur anzutippen. Die
anderen versuchen, die Berührung zu verhindern, indem sie die Hände schnell
wegziehen und die Zauberschnur loslassen. Gelingt das Antippen, werden die
Plätze gewechselt.

* Singen und Spielen mit Kleingeräten

Mein Wagen hat vier Räder (siehe auch Hamburger Turnerjugend 1986, 31)

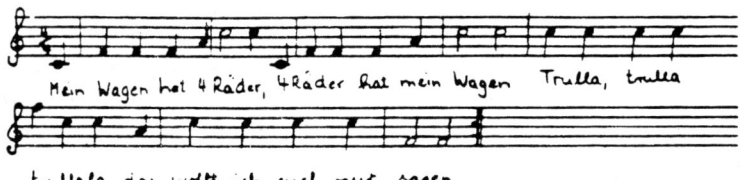

2. Mein Wagen hat zwei Wischer (z. B. Bänder hin- und herschwenken)
3. ... vier Blinker ... (z. B. gelbe Bohnensäckchen zeigen)
4. ... zwei Lampen ... (z. B. rote und weiße Bälle tragen)
5. ... ein Lenkrad ... (z. B. Gymnastikreifen als Lenkrad)
6. ... 'nen Auspuff ... (z. B. Turnstab zwischen die Beine nehmen)
7. ... 'ne Hupe ... (z. B. Tennisring mit der Hand eindrücken)
   (weitere Ideen finden lassen)

* Bewegungsgeschichte (mit Musik) mit Kleingeräten

Musik: Tierzirkus Fidulafon 1212 – 5 Tiere (Elefanten, Affen, Pferde, Bären,
Tiger)

Eine Leerkassette wird mit einer selbsterfundenen Bewegungsgeschichte be-
sprochen. Die Musik dazu wird in den Sprechpausen zur Bewegungsausführung

eingespielt. (Sie kann natürlich auch „live" erzählt werden.) Die Bewegungen der Tiere werden erläutert.

Beispiel

Tiere im Urwald

„Hallo liebe Kinder, Mamas und Papas,
heute will ich Euch eine kleine Geschichte erzählen von den Tieren aus dem Urwald.

Lauscht meiner Geschichte und spielt die Tiere, denn Ihr befindet Euch jetzt im tiefen Urwald."

„Doch aufgepaßt, von weitem höre ich schon die Elefantenfamilie. Hintereinander haben sie sich mit Seilchen am Rüssel eingehangen und stampfen mit schweren großen Schritten durch Gras.

Also hopp, hopp, macht ganz schnell einen langen Rüssel, nehmt ein Seilchen und hängt Euch hintereinander ein."

--- MUSIK---

„Doch kaum ist die Elefantenfamilie bei den Kokosnußbäumen angelangt, taucht plötzlich eine ganze Horde Affen auf. Mit ihren langen Hängearmen spielen sie mit runden Kokosnüssen. Sie werfen, prellen und rollen. Es ist ein kunterbuntes Treiben. Na Kinder, findet Ihr in Eurem Urwald auch etwas Rundes wie die Kokosnüsse? Ihr könnt es doch noch viel besser als die Affen. Oder?"

--- MUSIK ---

„Und erst die Pferde, Zebras und Giraffen. Im Galopp kommen sie angehüpft über Stock und Stein, über Sträucher und Äste. Auf einigen Zebras sitzen sogar kleine Negerkinder und schwingen die Peitsche. Welch ein Zirkus, welch ein Treiben. Na, wollt Ihr es auch einmal versuchen?"

--- MUSIK ---

„Aber auch die großen Bären wollen wir nicht vergessen. Fröhlich kommen die pelzigen Tiere angewackelt, klemmen sich eine Kokosnuß zwischen die Bäuche und fangen an zu tanzen. Wie die Tanzbären im Zirkus. Toll, könnt Ihr das auch? Zu zweit tanzen, zwischen dem Bauch eine Kokosnuß eingeklemmt, die nicht runterfallen darf? Na, ich bin mal gespannt!"

--- MUSIK ---

„Doch hört, raschelt da nicht etwas im Gebüsch? Ganz leise schleicht sich ein Tigerbaby heran und versucht, alle Tiere im Urwald zu erschrecken. Es reißt sein Maul auf und zeigt seine Tatzen. Ganz nahe schleicht es sich an die anderen Tiere und faucht ihnen plötzlich ins Ohr. Aber keine Angst, eigentlich ist es ein braves Tigerkind, das sich nur einen Spaß erlauben will, die anderen Tiere zu erschrecken."

--- MUSIK ---

Andrea Bockhorst

Bewegungslandschaften

„Briefe kommen mit der Post"

Vorbemerkungen:

Mit dem vorliegenden Beitrag soll gezeigt werden, wie vielseitig Kinderturnen sein kann. Die hier vorgestellte Stunde ist in eine Bewegungsgeschichte eingebettet, die den Teilnehmern den äußeren Rahmen für ein ansonsten offenes Spiel- und Bewegungsangebot bietet. Die Geschichte führt in eine Bewegungslandschaft, die sowohl den Eltern und Kindern grundlegende Bewegungserfahrungen vermitteln und einen Beitrag zur Selbständigkeit und Kooperation leisten soll. Die einzelnen Gerätearrangements der Bewegungslandschaft haben innerhalb der Bewegungsgeschichte ihren Sinn und Zweck. Sie sollen individuelle Bewegungsanreize schaffen, die bei Groß und Klein die Bewegungsfreude wecken, die motorischen Grundfertigkeiten fördern und in spielerischer, kindgemäßer Form an das Turnen heranführen.

Geräte/Materialien:

Alle Groß- und Kleingeräte der Turnhalle.
Folgende Materialien müssen mitgebracht werden:
– Postsäcke oder Decken
– Papiertragetaschen oder große Papiertüten
– Buntstifte, Scheren, Klebestifte, Zettel und Aufkleber

Besondere Hinweise:

Arbeitsmappen zum Thema Briefe, Briefeschreiben und der „Weg des Briefes" sowie alte Postsäcke, Aufkleber u. ä. sind bei der Post erhältlich. Die hier vorgeschlagene Bewegungslandschaft ist eine Möglichkeit der Gestaltung der Turnhalle. Wichtig ist, daß innerhalb der eigenen Stunde Eltern und Kinder ihre Ideen und Vorstellungen und ihre bisherigen Erfahrungen mit dem Aufbau von Klein- und Großgeräten ausleben und ausprobieren können.
Der ÜL sollte eingreifen:
– wenn die Gruppe noch unerfahren mit dem selbständigen Aufbau von Geräten ist,
– wenn die Halle schlecht ausgestattet ist und es Probleme mit der Verteilung der Geräte gibt,
– wenn überhaupt keine Ideen umgesetzt werden können.

Durchführung

Idee dieser Stunde ist es, die Kinder den Weg eines Briefes erleben zu lassen. Um die Kinder besser auf dieses Thema einzustimmen, besprechen alle:

– Was benötigen wir, um einen Brief zu schreiben?
– Was geschieht mit dem Brief?
   Die Kinder malen Briefmarken, kleben sie auf ihren Umschlag und beschriften/bemalen ihn. Die Eltern schreiben die Namen der Kinder auf den Umschlag und helfen beim Schneiden.
Gemeinsam wird überlegt, wie ein Postamt aussehen könnte.
Nach den Vorschlägen der Kinder und Eltern bauen wir in mehreren Kleingruppen:
– Briefkasten
– Postauto
– Postamt (Briefwaage, Stempelmaschine, Röhren und Schächte) ... und ab geht die Post!
Zunächst müssen die Kinder in ihre Umschläge.
Die Eltern „falten", knuffen und knuddeln die Kinder.
Zum Schluß „Rohrpost": Kinder hinstellen, Arme hoch und Umschlag überstülpen!
Kinder erproben ihre Bewegungsmöglichkeiten.

Die Eltern haben jetzt die Aufgabe, den Brief auf seiner Reise als Absender, Briefträger, Postangestellter und Empfänger zu begleiten!

Die Eltern transportieren ihre „Briefe" zum Briefkasten. Vom Briefkasten geht es mit dem Postauto ins Postamt und dort beliebig durch alle Stationen. Die Reihenfolge kann wiederholt werden (freies Spielen und Bewegen an den Geräten). Ein Rollentausch zwischen Eltern und Kindern ist möglich.
Zum Schluß werden die Briefe nach Hause befördert. Abtransport auf Postsäcken zurück zum Ausgangspunkt.
Abbau der Bewegungslandschaft: Jede Kleingruppe baut die Station ab, die sie zu Beginn aufgebaut hat.

Aufbauten:

Die folgenden Aufbauten sollen nur als Anregung dienen.
Sie müssen je nach Teilnehmergruppe, Größe der Gruppe, Räumlichkeiten und den zur Verfügung stehenden Geräten verändert werden. Der Brief durchläuft folgende „Stationen":
– Briefkasten, Postauto (Mattenwagen);
– Postamt, bestehend aus: Stempelmaschine, Briefwaage, Förderband;
– Reparaturstelle: Umgedrehter kleiner Kasten, in dem Klebeband liegt, mit dem die Eltern notwendigerweise ihren Brief wieder zukleben können.
   Auch einige Ersatzumschläge können hier für Notfälle bereit liegen!
– Postsäcke für den Rückweg.

Dieter Graumann

Baby- und Kleinkinderschwimmen

Wirkungen des Babyschwimmens

In der heutigen Zeit akuten Bewegungsmangels schon im frühen Vorschulalter bietet das regelmäßige Baby- und Kleinkinderschwimmen eine Reihe positiver Entwicklungsreize. An mehreren Universitäten wurden in jüngster Vergangenheit Untersuchungen durchgeführt, die sich mit den Auswirkungen des Wasseraufenthalts auf den kindlichen Organismus beschäftigten. Für Babys und Kleinkinder ergaben sich überwiegend positive Aspekte, die den Leiter der Universitätsklinik München, Prof. Dr. Klaus Betke, folgende Worte finden ließen: „Für das Kleinkind ist das Schwimmen ebenso wichtig wie das Impfen." Allerdings sollte das Wasser bei Vorschulkindern auf 30 °C, bei Kleinkindern sogar auf 32 °C erwärmt sein.

Die Wirkungen des Babyschwimmens liegen
– in der Verbesserung der kindlichen Motorik,
– in der gleichmäßigen Entwicklung fast aller Organsysteme des Kindes,
– in der Förderung sozialer Verhaltensweisen und
– in der frühen Formung der kindlichen Persönlichkeit.

Motorik

Das Wasser, das etwas kühler ist als die Körpertemperatur des Kindes, regt das Baby zu vermehrter und intensiverer Bewegung an. Diese Bewegung fördert die kindliche Motorik und beeinflußt den Gleichgewichtssinn des Kindes äußerst positiv.

Organ-Entwicklung

Das Baby bildet durch seine Aktivität im Wasser seine gesamte Skelettmuskulatur gleichmäßig aus. Kreislauf und Atmung werden durch das vertiefte Atmen gegen den Wasserdruck entscheidend verbessert. Die Ausprägung der physiologischen Doppel-S-Form der Wirbelsäule wird durch die Gymnastik im Wasser unterstützt. Die Ausformung der Hüftgelenke wird durch die Bewegung in der Schwerelosigkeit des Wassers gefördert.

Durch regelmäßiges „Schwimmen" wird Haltungs- und Organleistungsschwächen frühzeitig vorgebeugt.

Soziale Entwicklung

Die Kinder genießen das Gemeinschaftserleben und den engen Kontakt mit Mutter und/oder Vater im warmen Wasser. Sie können schon früher als auf dem Land mit Schwimmhilfen eigenständige Kontakte zu anderen Kindern und deren Eltern aufnehmen und Ziele wie Spielsachen aus eigener Kraft ansteuern und ergreifen. Die Babys gewöhnen sich an das Spielen in der Gruppe und äußern deutlich ihre Freude darüber.

Kindliche Persönlichkeit

Die wachsende Eigenständigkeit im Wasser durch das schrittweise Lösen von den Eltern fördert in hohem Maße das Selbstbewußtsein des Babys und unterstützt gleichermaßen die geistige Entwicklung durch die Erweiterung des Erlebnisbereichs.

Beim Babyschwimmen sollte der Wortteil „schwimmen" nicht zu eng gesehen werden. Von der Geburt bis zum Alter von etwa 3,5 Jahren ist das gezielte Lernen einer Schwimmtechnik noch nicht möglich. Vielmehr sollen die Kinder neben einer zielgerichteten Wassergewöhnung vorwiegend die medizinischen und entwicklungsfördernden Vorteile des Wasseraufenthaltes nutzen. Sie setzen sich freudvoll mit dem Element Wasser auseinander, indem sie sich und ihre Eltern bespritzen und sich von der Kante ins Wasser hineinfallen lassen, ohne sich vor evtl. kurzzeitigem Tauchen zu fürchten. Mit sehr viel Übung können sich Kleinkinder mit den instinktiven Reflex-Schwimmbewegungen, die dem Radfahren ähnlich sind, ohne Schwimmhilfen für kurze Zeit über Wasser halten.

Das Tauchen ist im Babyalter abzulehnen. Zwar besitzen die meisten Babys den Atemschutzreflex, bei 8 bis10 % der Kinder jedoch geht er sehr früh verloren. Diese würden beim Tauchen Schaden nehmen. Erst mit ca. 15 Monaten, wenn die Kleinkinder in ihrer Sprachentwicklung vorankommen und sich mit ihren Eltern durch Mimik und Sprache gut verständigen können, lernen sie das Tauchen schnell und völlig problemlos.

Spielvorschläge für Kinder

Die folgenden Beiträge wurden weniger unter dem Gesichtspunkt zusammengefaßt, daß hier eine abgrenzbare Thematik vorliegt. Vielmehr sind die Spielideen und Spielvorschläge unabhängig von Institutionen wie Kindergarten und Verein und können überall dort verwirklicht werden, wo pädagogisch angeleitete Bewegungsspiele stattfinden.

Im Vordergrund des Beitrages von J. FUNKE-WIENEKE steht der Neck- und Herausforderungscharakter von Ring- und Raufspielen. An zahlreichen Beispielen macht er deutlich, wie Geschicklichkeitsproben und das Kräftemessen in kindgemäße Spiele eingebunden werden können.

Alltagsmaterialien sind aus der Sicht von S. und M. GEBHARDT sehr geeignet, die natürliche Spielfähigkeit von Kindern im vorschulischen Alter zu erhalten. In Verbindung mit einer phantasieanregenden Geschichte setzen sie Materialien, die in jedem Haushalt vorhanden sind bzw. in der Natur vorgefunden werden, ein und schaffen damit bewegungsanregende Spielanlässe.

Die Förderung der Wahrnehmungsfähigkeit und der Grundtätigkeiten betrachtet G. KAUFMANN als Voraussetzung zum Erwerb motorischer Fertigkeiten. Er stellt eine Reihe von Spielvorschlägen zusammen, die verschiedene Wahrnehmungsbereiche ansprechen.

D. FRENSER geht von der Phantasiewelt der Kinder aus und spricht bei ihren Spielideen vor allem die Vorstellungsfähigkeit und die Kreativität an.

Ein komplexes Spielvorhaben wird von R. LIEBISCH und G. DANNHAUER vorgestellt: Zirkus spielen besitzt für alle Kinder eine große Faszination und enthält viele Möglichkeiten zur ganzheitlichen Förderung. Neben dem Ausprobieren von neuen Bewegungshandlungen ist auch das Experimentieren mit Material und körperlich-mimischem Ausdruck möglich. Das Üben von Fertigkeiten erfolgt in für Kinder einsichtigen sinnhaften Zusammenhängen. Hier können sie selbst mitgestalten und planen und neben motorischen Fähigkeiten vor allem auch musikalische und künstlerische Grundfähigkeiten entwickeln.

Im Wasser haben Bewegungsspiele eine besondere Qualität, da sie zugleich materiale Erfahrungen über die Eigenschaften des Wassers vermitteln als auch den Bezug zum Partner oder zur Gruppe fördern. D. GRAUMANN gibt Beispiele für Tauch-, Fang- und Abschleppspiele, spielerische Staffelformen etc.

Jürgen Funke-Wieneke

Ringen und Raufen

Auf der Grundlage meines Aufsatzes „Ringen und Raufen" aus der Zeitschrift „Sportpädagogik" (Friedrich Verlag, Velbert 1988, Nr. 4, S. 13 ff.) legte ich dar, daß es schwierig sei, in der Entwicklungspsychologie Erkenntnisse über die Bedeutsamkeit des Miteinander-Ringens und -Kämpfens zu finden. Ich gab deshalb drei Szenen aus meinem eigenen Erleben als Kind, Vater und Lehrer und deutete diese Szenen aus. Dabei glaube ich Hinweise für die Annahmen zu finden, daß
- Ringen ein wichtiges Kinderthema ist (das auch schon ab dem Kindergartenalter wirksam wird).
- Ringen stattfindet, weil Kinder
  o sich necken und Ulk machen
  o sich über die tatsächliche Kraft und Beschützerfähigkeit von Erwachsenen vergewissern
  o sich aneinander messen
  o unbegreifliche Dinge wie Prügeln oder Brutalitäten in Medien begreifen wollen
  o auf diese Weise unverfänglich Körperkontakte eingehen können
  o Ausdruck innerer Spannungen und Konflikte suchen
  o den Weg in eine verbale Auseinandersetzung nicht finden oder beschreiten können;
- Ringen sowohl bei Jungen wie bei Mädchen als Thema vorkommt, es aber auch Kinder gibt, die damit wenig oder überhaupt nichts zu tun haben.

Für eine Thematisierung des Ringens unter pädagogischer Absicht gab ich vor, daß es niemals zwingend vorgeschrieben sein sollte, daß einer ringen muß; daß immer der spielerische, der Neck- und Herausforderungscharakter im Vordergrund stehen soll; daß zur Verantwortung für den Partner erzogen werden muß und daß die Chancen zur Selbsterkenntnis, zum Reden und sich austauschen gesucht werden sollten.

PRAXISANREGUNGEN

Kampfspiele um etwas
(Bälle, Gegenstände)

* Schwänze stehlen
Im Hosenbund eingeklemmte Parteibänder (Schwänze) sollen gegenseitig herausgezogen werden (Gruppenspiel jeder gegen jeden).

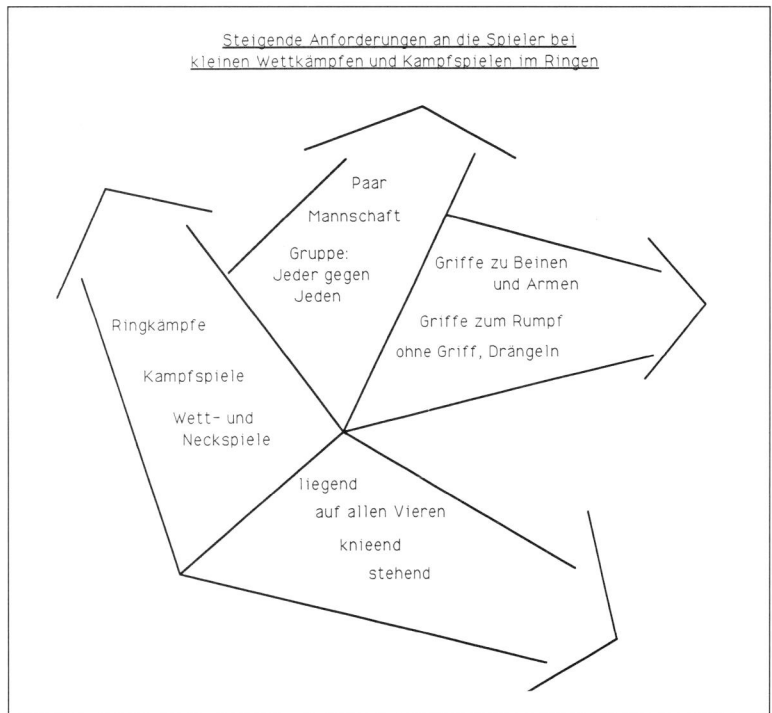

Die gestohlenen Schwänze sollen in der Hallenmitte niedergelegt werden, so daß Kinder, die keinen haben, sich wieder einen abholen können (vielen Dank für diese Anregung zur Vermeidung von Tränen und zur Erhöhung des Spielglücks an die Kollegin, die uns dies beschrieben hat!).
Alternativen:
Die gestohlenen Schwänze werden zu dem eigenen hinten gehängt.
Die gestohlenen Schwänze werden vorn im Hosenbund gesammelt und dürfen nicht mehr weggenommen werden.
Spieler ohne Bändchen scheiden aus.

* **Wäscheklammern zupfen**
  Seitlich werden in Hüft-(Knie-; Knöchel-)Höhe zwei Wäscheklammern an der Kleidung befestigt. Die Spieler sollen sich diese Klammern gegenseitig abzupfen. (Paarweise gegenüber.)

* **„Musikalische" Bälle**
  Matten in der halben Zahl der beteiligten Spieler liegen frei im Raum. Auf jeder Matte ein Ball. Die Spieler bewegen sich zwischen den Matten in beliebiger

Weise zur Musik. Auf Musikstop darf sich, solange die Musikpause dauert, jeder Spieler auf einen Ball legen und ihn mit dem Körper als seinen Besitz abschirmen. Spieler ohne Ball dürfen die Ballschützer herunterziehen, um ihrerseits den Ball belegen zu können.
Griffhinweis: An der Hüfte ziehen.

* Schatzverteidigung
2 bis 3 Schatzhüter auf einem Viereck aus 2 Turnmatten hüten 3 Bälle. 3 bis 4 Angreifer versuchen, in den Besitz der Bälle zu gelangen und sie von der Matte herunterzubekommen. Spielende nach vollkommenem Ballverlust der Schutzhüter.
Bewegungsvorschrift: Auf allen vieren bzw. kniend – Griffe nur am Rumpf -.

Kampfspiele gegeneinander

* Linienziehen
Paarweise stehen sich Spieler an einer Linie gegenüber. Sie versuchen, sich mit Handfassung gegenseitig über die Linie zu ziehen (statt der Linie auch Ball oder Keule).

* Linienschieben
Wie Linienziehen, aber in umgekehrter Absicht:
Die Spieler versuchen, die Linie zu überschreiten. Fassung an der Schulter oder Rücken an Rücken.

* „Sumo"
Partner auf einer Turnmatte (oder in einem aus Seilchen ausgelegten Kreis, oder sonst einem umgrenzten Areal) versuchen, sich gegenseitig dazu zu bekommen, das Areal zu verlassen (ziehen, schieben, ausweichen). Verloren hat, wer zuerst mit irgendeinem Körperteil außerhalb des Spielfeldes gelandet ist.

* „Mannschaftssumo"
Zwei Riegen stellen je für sich eine Reihenfolge unter sich her (Ringer 1 bis n). Gekämpft wird wie im vorhergehenden Spiel. Es kämpfen jetzt Gegner mit gleicher Zahl gegeneinander (einzeln, paarweise nacheinander). Die Riege mit den meisten Einzelsiegern gewinnt.
Schiedsrichter erforderlich. Die Reihenfolge kann geheim bestimmt (Überraschungseffekt beim Aufruf zum Kampf) oder offen ausgehandelt werden (Beurteilung der Stärke des Gegners).

* Hinausdrängen
Mehrere Spieler auf einem Viereck aus 2 Turnmatten. Jeder kämpft gegen jeden. Versucht, Euch von der Matte zu drängen. (Angelegte Arme, auf Knien bzw. allen Vieren.)

* Podest verteidigen

Auf einem weiträumig mit Matten umlegten Podest (Weichbodenmatte) befinden sich Verteidiger, die verhindern sollen, daß Angreifer das Podest erobern.
Griffanwendung: Nur am Rumpf.
Bewegung: Auf allen Vieren.
Variante: Auch als Kissenschlacht durchführbar.

* Ringtauziehen

Ein Ziehtau wird zum Ring verknotet (auf Intaktheit des Seils und guten Knoten achten). Der Ring wird um eine Zentrumsfläche (Matte oder ähnliches) gelegt. Die Spieler ergreifen den Ring und versuchen, Mitspieler auf die Zentrumsfläche zu ziehen (jeder gegen jeden).
(Verschiedene Variationen der Ausgangslage vor Ergreifen des Seils auf Kommando.)

Kampfspiele als Rollenspiele

* Glucke und Geier

4 bis 6 Spieler stellen sich hintereinander und formen durch Auflegen der Hände auf die Schulter eine Schlange. Der Kopf der Schlange heißt Glucke. Er breitet die Arme aus und versucht, durch geschicktes Hin- und Herlaufen den Geier (einen weiteren Einzelspieler) daran zu hindern, seine ausgebreiteten Arme zu umlaufen und an den Schwanz der Schlange (zu den Küken) zu gelangen.

* Hahnenkampf

Paarweise versuchen einbeinig hüpfende Spieler, sich durch Anrempeln mit angelegten Armen aus dem Gleichgewicht zu bringen, so daß der zweite Fuß den Boden berührt.

* Prellböcke (Lokomotiven)

Wie Hinausdrängen (s.o.), jedoch erfolgt das Spiel im Stehen und jeder Spieler trägt einen Ball als Kontakt- und Schiebefläche vor sich her.

* Krokodile

Aus Turnmatten wird ein Fluß gebildet (aneinanderreihen, Schmalseiten stoßen an). Ein Spieler (Krokodil) bewegt sich auf allen Vieren im Fluß. Die restlichen Spieler sollen von einer Seite zur anderen durch den Fluß gelangen (laufen, krabbeln), ohne vom Krokodil geschnappt (gehalten, zu Boden geworfen) zu werden. Wer dies nicht erreicht, wird zum (Hilfs-)Krokodil.

Kampfspiele als Kraft- und Geschicklichkeitsproben

* Daumendrücken

Paarweise gibt man sich die Hand wie bei einer Begrüßung. Jedoch werden die Daumen hochgestellt und aneinander gelehnt. Nun versuchen die Spieler, über den Daumen des anderen zu kommen.

* Armdrücken

Paarweise bäuchlings gegenüber auf einer Matte. Einen Unterarm aufstellen und an den Unterarm des Partners dicht anlehnen. Handfassung. Nur durch kräftiges Drücken den Arm des anderen in die Seitenlage auf die Matte zwingen.

* Linienstehen

Paarweise wie Seiltänzer sich auf einer Linie gegenüberstellen. Vordere Fußspitzen aneinander. Nun durch Berühren der Oberarme den Partner aus dem Gleichgewicht bringen, so daß er die Linie verlassen muß.

* Füße treten

Paarweise in Oberarmfassung gegenüber. Mit dem eigenen Fuß auf den Fuß des Partners kommen (kurze, spielerische Berührung!).

* Niederhalten

Paarweise auf einer Turnmatte. Ein Partner bäuchlings, der andere quer bäuchlings über ihm. Der Untere soll versuchen, auf alle Viere zu kommen.
Variante:
Der Untere auf dem Rücken. Er soll versuchen, sich in die Bauchlage umzudrehen.

Weitere Spiele und didaktische sowie sicherheitstechnische Hinweise finden sich in dem oben erwähnten Heft der „Sportpädagogik". Eine Teilnehmerin erwähnte eine anregende Broschüre mit Spielen und Anleitungen vom
Judoverband NRW, Friedrich-Alfred-Str. 75, 4100 Duisburg

Abschließende Bemerkungen

Wichtig erscheint bei kleinen Kindern, daß sie gern mit Erwachsenen (zu mehreren) kämpfen (Neckkämpfe).

Bodennahe Kämpfe (auf allen Vieren, im Liegen) sind in der Regel ungefährlicher als Stehkämpfe. Deshalb immer prüfen, ob eine Anleitung zum bodennahen Kämpfen (zuerst) angebracht ist.

Griffe an dem Rumpf sind weniger gefährlich als Griffe zu den Extremitäten. Deshalb entsprechende Bewegungsauflagen geben.

Silke und Manfred Gebhardt

Spielvorschläge mit Alltagsmaterialien

Turnen, Sport und Spiel mit Kindern soll vielseitig und ereignisreich sein. Ein Anspruch, der gerade von Übungsleiterinnen und Erzieherinnen im Kleinkinderturnen der Vier- bis Sechsjährigen ständig neue Ideen und Anstöße fordert. Nicht selten fehlt es aber auch in Vereinen und Kindergärten an Geräten und Materialien, die eine kreative und bedürfnisgerechte Stundenplanung ermöglichen. Auf der anderen Seite haben bereits viele Vorschulkinder ihre natürliche Spielfähigkeit verloren. Nicht das Kind bestimmt das Spiel, sondern normierte Spielgeräte lenken das Kind, das sich anpaßt und fast unmerklich Bewegungsmöglichkeiten aufgibt.

Das Arbeiten mit Alltagsmaterialien bietet nicht nur eine preiswerte oder kostenlose Alternative, um pfiffige Bewegungszeiten durchzuführen. Materialien wie zum Beispiel Bettfedern, Kastanien, Handtücher, Bierdeckel, Kartons, Watte oder Schaumstoff garantieren zudem kreative Bewegungsvielfalt, vermitteln den Kindern neue und ungewohnte Spielerlebnisse und fördern die ganzheitliche Körper-

und Bewegungserfahrung. Die Erkundung des Materials kann zu spielerischen Bewegungsanlässen mit hohem Aufforderungscharakter genutzt werden. In besonderem Maße werden dabei die Entwicklung der Koordination, der Wahrnehmungsfähigkeit und des sozialen Lernens unterstützt.

Die exemplarisch vorgestellten Beispiele mit Kastanien, Kartons, Federn und Handtüchern sind ein kleiner Ausschnitt aus der großen Vielfalt der Möglichkeiten. Die Spielvorschläge sind in ihrer Grundidee leicht faßbar und regen Lehrpersonen und Kinder zum situativen Verändern und Ausprobieren an. Um die Erlebniswelt der Kinder zu erschließen, kann das Erzählen und Fortspinnen einer Geschichte hilfreiche gedankliche Anhaltspunkte schaffen (vgl. LORENZ/STEIN 1988, 67).

Im folgenden Beispiel dreht sich alles um Maximilian Waldschrat, der mit Familie und Freunden glücklich und zufrieden im Zauberwald lebte. Im Sommer wurde fröhlich getanzt und gesungen, im Herbst ging's lustig zu beim Sammeln und Verpacken von Vorräten (Materialien: Kastanien und Kartons). Mit Smörebröd, dem Gletscherschrat, versetzen sich die Waldschrate phantasievoll in die Eiswelt Gletscherschratiens. Mit Natascha, der Filzlaus, erlebt Maximilian Waldschrat lustige und aufregende Abenteuer im verschneiten Winterwald (Materialien: Federn und Handtücher).

Die folgenden Kurzbeschreibungen skizzieren einige praktische Möglichkeiten mit den ausgesuchten Materialien und geben Hinweise zu den Materialien selbst.

Turnen und Spielen mit Kastanien

Am Ende des Sommers und im Herbst wird die Natur Fundgrube und Lieferant für unsere Turnstunden. Die Lust am Spielen mit Kastanien beginnt bereits beim gemeinsamen Sammeln in der Gruppe oder mit den Eltern.

Kicken: Nur mit den Füßen werden die verstreut in der Halle liegenden Kastanien zu den Sammelplätzen in den Hallenecken gekickt.

Figurenlegen: Wir legen unsere Kastanien zu lustigen Gesichtern, Figuren, Häusern oder Tieren aus. Manchmal entstehen kleine Hüpfparcours, die springend durchmessen werden können.

Transport: Auf alle erdenklichen Arten (Kopf, Nase, Schulter etc.) werden die Kastanien zum großen Sammelplatz balanciert.

Zauberer Paßaufwienix: Die vernaschten Waldschratkinder stibitzen allzu gerne von den gesammelten Vorräten, die der Zauberer Paßaufwienix bewacht. Wer beim Diebstahl aus der Vorratskiste mit dem Zauberstab berührt wird, muß seine Beute sofort zurücklegen. Doch noch während der Zauberer einen Räuber fängt, wird hinter seinem Rücken munter weitergestohlen, und meist sind die flinken Waldschratkinder am Ende Sieger.

Turnen und Spielen mit Kartons

Haben Kartons als Verpackungsmaterial ausgedient, werden sie meist achtlos weggeworfen. In den verschiedensten Größen, manche mit bunter Folie beklebt, sind sie ein unerschöpfliches Spielmaterial.

Förderband: Wie auf einem Förderband gelangen alle großen und kleinen Kartons zu dem Sammelplatz in der Hallenmitte.

Eisschollen: In Gletscherschratien werden alle Kartons zu Eisschollen. Pinguine springen darüber, Eisbären überqueren sie mit eingefrorenen Beinen auf allen Vieren, von Zirkuseisbären werden sie überradelt.

Iglu: Mit Kartons lassen sich komfortable Iglus und Mauern bauen. Dort, wo die Mauer Löcher hat, kann man sich von beiden Seiten die Hände reichen, „Hallo" sagen oder Kastanien durchkullern und zuschubsen.

Gletscher: Mancherorts türmen sich die Eisschollen zu riesigen Gletschertürmen. Wenn sie einstürzen, heißt es „der Gletscher kalbt".

Verpackung: Natürlich dienen die Kartons den Waldschraten auch als Verpackungen für familiengerechte Winterportionen. Mit Kastanien gefüllt, werden sie zu Rasseln, mit denen man viel Lärm machen und gemeinsame Rhythmen probieren kann.

Turnen und Spielen mit Federn

Bevor das alte Kopfkissen zum Sperrmüll wandert, dient es erst noch als Fundgrube für unser luftig leichtes Spielmaterial. Schöne bunte Daunen kauft man im Blumen- oder Spielwarengeschäft.

Schneesturm: Federn werden zu Schneeflocken, die man mit den Händen oder viel Puste hochwirbeln kann. Maximilian und Natascha beginnen eine richtige Schneeballschlacht.

Karussell: Schneeflocken fahren gerne Karussell. Wir legen die Federn bei ausgestreckten Armen auf die offene Handfläche und drehen uns mit zunehmender Geschwindigkeit. Damit die Passagiere nicht fallen, wird die Handfläche gegen die Luftströmung gedreht.

Streicheln: Beim gegenseitigen Streicheln verlieren sich Hemmungen und Berührungsängste, wenn es flauschig und angenehm kitzelt.

Fahrstuhl: Die Federn werden von einer Hand weggeblasen und mit der anderen wieder aufgefangen. Während die Feder schwebt, einmal schnell umdrehen.

Schneemann: Ein Kind, das sich nicht bewegen darf, wird mit vielen Schneeflocken zum Schneemann verwandelt.

Turnen und Spielen mit Handtüchern

Handtücher sind Spielgeräte, die jeder zu Hause hat und die sich beliebig in Blätter, Schlitten oder fliegende Teppiche verwandeln lassen.

Blätter: Die Blätter flattern im Wind. Zu zweit kann man in schnellem Lauf sogar den Wind einfangen. Auch Schneeflocken kann man auf den Blättern tanzen lassen, ohne daß welche verloren gehen.

Wintersport: Auf ideenreiche Weise vergnügen sich Maximilian und Natascha im Winterwald. Zwei Blätter dienen als Schneeschuhe, auf denen es sich prima gleiten läßt. Zusammengerollt erhalten sie ein Paar Ski, die man auch im Tandem benutzen kann. Viele Skifahrer stehen am Lift an und warten, bis sie hinaufgezogen werden. Das Sprungseil wird zum Liftseil. Auf dem Blatt sitzend kann man trefflich rodeln, vorausgesetzt, daß ein paar gute Freunde ziehen.

Bei allen Spielvorschlägen sollte unbedingt darauf geachtet werden, daß die Rezepte nicht einfach „nachgekocht" werden. Es muß immer genügend Raum für das freie Spiel und eigenes Erfinden bleiben!

Günter Kaufmann

Kleine Spiele für Kinder

Grundlage für die Auswahl der folgenden Spiele war die Orientierung an bestimmten Fähigkeiten und Grundtätigkeiten, die die Voraussetzung für alle sportlichen Bewegungsformen darstellen. Hierzu gehören z. B. die Wahrnehmungsfähigkeit, die Steuerungs- und Reaktionsfähigkeit, die Orientierung im Raum, das Gleichgewicht, und die

Grundtätigkeiten: Gehen/Laufen
Rollen/Wälzen
Werfen/Fangen
Balancieren
Klettern
Springen/Hüpfen u. a.

Stundeneröffnung:

– Musikunterbrechungsspiel/Atom-Spiel mit unterschiedlichen Aufgabenstellungen:
zur Musik durch die Halle laufen; bei Musikstop:
– auf Zehenspitzen, auf einem Bein, ...
– auf eine Linie legen, mit einem Partner Formen bilden, ...

Schulung der Wahrnehmungsfähigkeit:

1. Optische Wahrnehmung:
– Parkplatz suchen – alle Kinder suchen auf ein Farbzeichen einen Parkplatz der entsprechenden Farbe
– Spiegelbild – Kinder machen das Spiegelbild des Übungsleiters oder eines Partners nach
– Formen u. Farben – Kinder suchen die vom Übungsleiter gezeigte Form/Farbe im Raum

2. Akustische Wahrnehmung:
– Geräusche erkennen – Der Übungsleiter erzeugt mit unterschiedlichen Gegenständen Geräusche, die Kinder sollen sie mit geschlossenen Augen erkennen
– Tierstimmen raten – die Kinder erhalten Karten mit Tiersymbolen und sollen sich mit Hilfe der Laute finden (auch mit geschlossenen Augen)
– Geräusche verstecken – der Übungsleiter versteckt sich mit einem bestimmten Geräusch, Kinder versuchen, ihn mit geschlossenen Augen zu finden.

3. Taktile Wahrnehmung:

– Klebriges Popkorn – Die Kinder laufen/hüpfen als klebrige Popkörner auf kleinem Raum durcheinander.
Wenn sie sich berühren, kleben sie zusammen.

– Griff ins Unbekannte – In einem verdeckten Karton liegen Alltagsmaterialien, die durch Betasten erraten werden sollen.

– Führen u. folgen – Kinder werden mit geschlossenen Augen von einem Partner durch den Raum geführt.

4. Kinästhetische Wahrnehmung:

– Luftmatratze – Kinder pumpen sich mit einem „Blasebalg" wie eine Luftmatratze auf. Zum Schluß wird der Stöpsel wieder herausgezogen.

5. Schulung der Gleichgewichts- und Anpassungsfähigkeit:

– Reise durchs Weltall – In einem Raumschiff machen wir eine Reise zu verschiedenen Planeten:
Wasserplanet, Blumenplanet, Eisplanet, Schlammplanet, Planet der Zauberer.

– Baumstammrollen – Bei einem großen Sturm werden in einem Zauberwald ganz viele Bäume umgeworfen.

– Reifenspiele:
Der Storch
Sprechvers:
– „Der Storch der steht so ganz allein
auf seinem langen Storchenbein.
Er klappt den Schnabel auf und zu
und wechselt auf den andren Fuß.
Er breitet seine Flügel aus
und fliegt zu einem andern Haus."
Alle Kinder stehen dabei in einem Reifen und machen die vom Übungsleiter oder einem Kind vorgegebenen Bewegungsformen mit.

Der Tausendfüßler – Tickititack der Tausendfüßler wickelt wackelt geradeaus
bei jedem Schritt wackeln tausend Füße mit
und so kommt er bald zum Tausendfüßler-Haus
Tiggedi taggi tiggi tagg dum dum dum (3x)
und jetzt klopft er an
Tickititack, aua hier ist die Tür verschlossen und kein
Platz zum Drehn und Stehn
welch ein Entschluß, unser Tausendfüßler muß nun mit
allen Füßen rückwärts gehn

Tiggedi ... (3x)
Und jetzt fällt er um.
*Die Kinder sitzen (stehen) hintereinander und bewegen
sich gemeinsam fort.*

Schulung der Grundtätigkeiten:

Mattenspiel: 4 bis 6 Kinder haben jeweils eine Bodenmatte und bewegen sich zu
Musik durch die Halle.
Die Matte kann getragen, auf dem Kopf balanciert, im Vierfüßlergang, ...
transportiert werden.
Bei Musikstop:
– Auf der Matte hüpfen, sich gegenseitig von der Matte schubsen.
– Die Matte aufrollen, einen Partner in die Matte einwickeln.
In diese Spielform lassen sich alle Grundtätigkeiten einbeziehen.

Erst nachdem die Kinder in den grundlegenden Wahrnehmungs- und Bewegungs-
fähigkeiten und in den Grundtätigkeiten geübt sind, sollten fertigkeitsbezogene
Übungsformen angeboten werden.

Dagmar Frenser

Phantasiespiele

Ziel der folgenden Spiel- und Bewegungsideen ist die Förderung der Phantasie
und Kreativität von Kindern und der Vielfalt ihrer Ausdrucks- und Kommuni-
kationsmöglichkeiten.

* **Einstimmungsspiel**
Die Kinder laufen in der Halle nach Musik; dabei zunächst mit den Augen,
später durch Berührungen anderer Kontakt aufnehmen
– Berühren ohne Gebrauch der Hände
– verschiedene Körperteile behutsam antippen

* **Der „wippende Klumpen"**
Gemeinsam bilden alle Kinder ein in sich geschlossenes, lebendiges Gebilde.
Einer löst eine Bewegung aus, stößt dabei andere leicht an, diese nehmen die
Bewegung auf und führen sie weiter aus, bis sich der ganze „Klumpen" bewegt.

* **Vierländerspiel**
Die Halle wird in vier Länder gekennzeichnet. Jedes Land hat seine Besonderheiten, die auf verschiedenen Kärtchen abgebildet sind. Bei Musikstop wird die

Karte des jeweiligen Landes umgedreht, und die Bewohner des Landes machen die entsprechenden Bewegungen.

* Zwerge und Riese

Ein Riese liegt im Zwergenland und schläft. Die Zwerge sind guter Dinge und hüpfen und laufen um den Riesen herum. Plötzlich wacht der Riese auf und will die Zwerge fangen. Die Zwerge können sich in Sicherheit bringen, indem sie in eine Höhle kriechen. (Ein Kind macht eine Höhle.) Langsam wird der Riese wieder müde und schläft ein.

* Popcorn

Die Kinder stellen Maiskörner dar, die auf einer großen Herdplatte liegen. Langsam fangen sie an zu „poppen". Einige „poppen" aneinander und „poppen" nun gemeinsam. Zum Schluß wird Honig über das Popcorn gegossen und alle kleben aneinander.

* Zauberwürfel

„Schaut genau den Würfel an,
in was er euch verzaubern kann!"
In Tiere, Fahrzeuge, Sportler, Orchester usw.

* Das Orchester

Die Kinder stellen Instrumente dar und ahmen entsprechende Geräusche nach. Nun erfolgt eine Konzertprobe, die vom Konzertmeister dirigiert wird.

* Autowaschanlage

Die Kinder bilden eine Gasse und ahmen die Bürsten und andere Geräte einer Waschanlage nach. Stark verschmutzte Autos fahren durch die Waschanlage.

* Das verflixte Radio

Ein Kind ist das Radio, der andere der Hörer. Das Radio wird eingeschaltet. Das verflixte Radio hat aber nur eine bestimmte Stelle zum Ausschalten. Der Hörer muß diese Stelle finden.

• Fensterputzer

Ein Kind ist der Fensterputzmeister, der andere der Lehrling. Zwischen ihnen ist eine riesige Fensterscheibe. Der Lehrling putzt dem Meister alles nach.

* Der ausgedrückte Schwamm

Ein Partner führt folgende Spielhandlungen aus, der andere vollzieht sie nach:
– wie eine Küchen-(Toilettenpapier)-Rolle rollen
– wie ein Schwamm ausgedrückt werden
– wie ein Handtuch ausgeschüttelt werden
– wie eine Feder schweben
– wie ein Ball hüpfen
– wie ein Toastbrot aus dem Toaster springen.

* **Der Baum**
  Alle Kinder bilden zusammen einen Baum. Jedes fühlt sich als bestimmter Teil dieses Baumes: Ast, Zweig, Stamm, Blatt, Wurzel. Ein Windstoß setzt den Baum in Bewegung, seine Teile bewegen sich im Luftzug.

* **Einfrieren und Auftauen**
  Wir haben uns im Raum geirrt, aus der Turnhalle ist plötzlich ein Kühlhaus geworden. Wir können der Kälte nicht mehr entweichen und beginnen langsam einzufrieren, bis der ganze Körper steif und unbeweglich ist.

* **Marionettenspieler**
  Ein Marionettenspieler bewegt seine Marionetten durch „magische" Fäden.

* **Der Mückenschwarm**
  Eine Gruppe von Spaziergängern befindet sich auf einer gemächlichen Wanderung. Plötzlich gerät sie in einen Mückenschwarm. Es sticht und juckt überall am Körper und sie versuchen, sich mit Händen und Füßen gegen die Mücken zu wehren.

* **Aufgaben:**
  Dargestellt werden sollen: „Auf der Börse" und im „Sommerschlußverkauf".

* **Menschenmaschinen**
  Die Teilnehmer sollen folgende Maschinen darstellen:
  – Bodybuilding-Studio
  – Schaufensterpuppen
  – Gartenzwerge
  – Flaschenabfüllmaschine
  – Schrottpresse

Reinhard Liebisch/Gabi Dannhauer

Wir spielen Zirkus

Zirkus übt gerade auf Kinder eine große Faszination aus. Wenn Kinder Zirkus spielen, ist ihre **gesamte Persönlichkeit** beteiligt, ihr Körper, ihre Gefühle und ihr Intellekt.

Zirkusspielen führt durch seinen hohen Aufforderungscharakter zum Erlernen und Wiederholen von vielseitigen motorischen Handlungen und verbessert dadurch die **motorische Leistungsfähigkeit** der Kinder. Kleine „artistische Kunststücke" beherrschen, Anerkennung in der Gruppe erfahren, im „Rampenlicht" stehen, unterstützt das **Selbstvertrauen**. Zirkusspielen fördert die **Kreativität** durch das Entwickeln von Ideen und das Schlüpfen in Rollen, es fördert die Selbständigkeit durch eigenständiges Üben, Verantwortung übernehmen, Nummern gestalten.

Die **soziale Handlungsfähigkeit** wird z. B. verbessert durch gemeinsames Planen, Rücksichtnahme auf andere und die Erfahrung, sich aufeinander verlassen zu können.

Zirkusspiel bietet die Möglichkeit, Bewegung ganzheitlich in die Lebenswelt der Kinder einzubeziehen. Es werden **Verbindungen zu anderen Lernbereichen** hergestellt, z. B. durch Musizieren, Schminken, Malen. Und vor allem: **Zirkusspielen macht Spaß!**

Im folgenden werden Anregungen gegeben, wie mit dem Bewegungsrepertoire der Kinder und darauf aufbauend Zirkusspielen angeboten werden kann. Dabei sind die Inhalte entsprechend dem Entwicklungsstand und der Leistungsfähigkeit der Kinder auszuwählen. Die Kinder sollen bei der Gestaltung von Zirkusnummern weitgehend mitplanen und mitentscheiden. Die Höhepunkte einer Nummer sollten generell am Ende stehen.

Raubtiere: Sprung durch den Feuerreifen

Raubtiere

Tiernummern sind Höhepunkte einer jeden Zirkusvorstellung. Tiere nachzuahmen hat für Kinder einen hohen Reiz, regt ihre Phantasie an und motiviert sie zu spontanen Bewegungshandlungen. Als Einstieg eignen sich u. a. Bilder und Lieder, die Tiere zum Inhalt haben, Zoo- und Zirkusbesuche. Zunächst stellen die Kinder verschiedene Tiere dar und beschreiben sie, – danach gezielt Raubtiere. Tiger z. B. schleichen, springen, spielen miteinander, brüllen, fauchen, zeigen die Zähne, lecken die Tatzen ... Die pantomimische Umsetzung bleibt den Kindern überlassen. Die Kinder nennen nun Elemente, die sie schon bei Raubtiervorführungen gesehen haben oder erfinden neue:

Raubtiere springen durch einen Reifen von Podest zu Podest, balancieren über Wippen und Stege, laufen auf den Hinterbeinen, machen „Männchen", laufen nebeneinander, drehen sich im Kreis, rollen sich um die Längsachse. Der Dompteur reitet auf einem Tiger oder steckt den Kopf in den Rachen eines Tieres usw.

Die Kinder erproben die Vorschläge. Falls man für eine Aufführung plant, wird gemeinsam eine Raubtiernummer festgelegt. Dabei sollten auch lustige Elemente berücksichtigt werden (ein Tiger wird am Schwanz aus der Manege gezogen, der letzte Löwe in der Manege schiebt den Dompteur in den Laufgang, bleibt allein

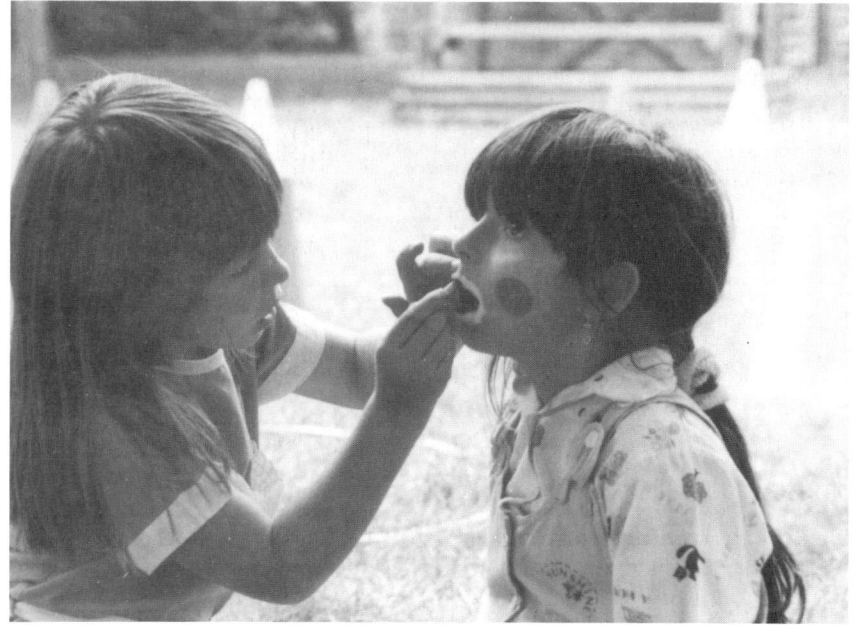

Auch das Schminken gehört zum Zirkusspielen.

zurück und verbeugt sich usf.). Als Verkleidung dienen Gesichtsmasken aus Pappe, Gips oder Schminke sowie Stoffe, die wie Felle gemustert sind. Besonders gefährliche Elemente werden durch Trommelwirbel musikalisch untermalt.

Zauberei

Aus dem Spielen mit dem Schwungtuch kann leicht eine attraktive Zaubernummer entstehen. Die Kinder befinden sich unsichtbar für die Zuschauer unter einem großen Schwungtuch in der Manege. Das Ganze soll einen Stein darstellen. Der Zauberer erweckt nun den Stein zum Leben, läßt ihn wachsen, hin- und herbewegen, verwandelt ihn in verschiedene Fabeltiere. Dazu läuft geheimnisvolle Musik.

Zauberer: „Abrakadabra, Stein verwandle Dich in ein Ungeheuer!"

Roboter

Die Roboter (hohe Teil- und Ganzkörperspannung) tanzen auf Robotermusik mit abgehackten Bewegungen in der Manege, werden ferngesteuert, geraten außer Kontrolle, und der Zirkusdirektor versucht sie wieder einzufangen usf. Sie werden in die Manege transportiert, aufgestellt und nach ihrer Darbietung wieder hinausgetragen; dazu Sphärenmusik, die mit Schleuderhörnern erzeugt werden kann.

Jonglieren mit Chiffontüchern

Chiffontücher vermitteln durch ihr langsames Flugverhalten schnelle Erfolgserlebnisse und motivieren durch ihre bunten Farben.

Bewegungserfahrungen sammeln: z. B. freie Bewegungen mit dem Chiffontuch erproben, sich dabei auch partnerweise nachahmen; das Chiffontuch hochwerfen und mit verschiedenen Körperteilen auffangen; das Chiffontuch beim Laufen über dem Kopf halten und plötzlich loslassen, ein Partner, der hinterherläuft, fängt es auf (auch als Gruppenform im Kreis). In Vierergruppen Folgen überlegen, die gleichzeitig ausgeführt werden sollen, z. B.: das Tuch hochwerfen, klatschen, oder sich im Kreis drehen, oder den Platz tauschen und das Tuch wieder fangen. Dabei verschiedene Aufstellungsformen wählen (Linie, Kreis, Reihe), mit einem oder mit zwei Chiffontüchern pro Kind probieren.

Jonglieren mit Chiffontüchern: Die Tücher beim Fangen und Werfen von oben greifen. Zur Vorbereitung zunächst ein Tuch bogenförmig von einer Hand in die andere werfen, dann zwei Tücher erst gleichzeitig, später abwechselnd hochwerfen.

Jongliergrundmuster mit zwei Tüchern: In jeder Hand befindet sich ein Tuch. Das erste Tuch mit der rechten Hand diagonal nach oben links werfen. Wenn dieses Tuch den höchsten Punkt erreicht hat, wird das andere Tuch mit der linken Hand diagonal nach rechts oben geworfen. Nun zuerst das mit rechts geworfene Tuch mit der linken Hand und etwas später das mit links geworfene Tuch mit der rechten Hand auffangen.

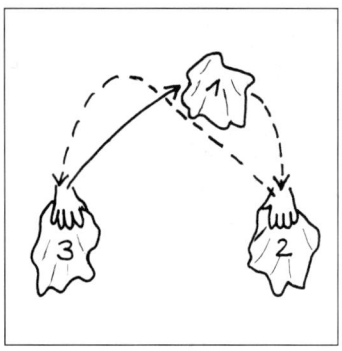

Abb. 1: Jonglieren mit 3 Bällen (Tüchern)

Jonglieren mit drei Chiffontüchern: Dabei wird das Jongliergrundmuster in Folge angewendet (s. Abb. 1). Es beginnt die Hand, in der sich zwei Tücher befinden.

Exemplarischer Vorschlag für eine Aufführung: In die Manege laufen und das Tuch über dem Kopf flattern lassen; im Kreis laufen, das Tuch loslassen und das vom Vorderkind fangen; das Tuch im Stehen hochwerfen, in die Hocke gehen und wieder auffangen; in der Mitte zusammenkommen und dort alle Tücher gemeinsam durch ständiges Hochwerfen und Fangen in der Luft halten; sich nebeneinander aufstellen, alle werfen ihr Tuch gleichzeitig senkrecht hoch, tauschen den Platz mit dem Nachbarn und fangen dessen Tuch; mit zwei Tüchern jonglieren; mit drei Tüchern jonglieren (eventuell dabei auf einem Rollwipp oder Therapiekreisel stehen); je ein Tuch hochwerfen und mit Verbeugung auf dem Rücken landen lassen.

Akrobatik

In der Akrobatik können soziale Komponenten wie z. B. Rücksichtnahme und gegenseitiges Helfen hautnah erfahren werden. Vorbereitende Bewegungsaufgaben zur Körperspannung und Anpassung an den Partner: Nach Musik bewegen, auf Musikstopp wie versteinert stehenbleiben (Körperspannung überprüfen); zu viert mit den Körpern einen Buchstaben, eine Zahl, eine geometrische Figur bauen; zu dritt Denkmäler darstellen. Schon dabei entstehen oft Figuren, die in Akrobatiknummern aufgenommen werden können. Bei der Akrobatik sind unbedingt folgende Regeln zu beachten, um Verletzungen vorzubeugen:

1. Vorsichtig sein und dem unteren Kind nicht weh tun!
2. Nie auf die Wirbelsäule treten oder knien, sondern nur auf das Becken und/oder den Schultergürtel!
3. Langsam auf- und absteigen, nicht springen!
4. Sich gegenseitig helfen und sichern!
5. Barfuß oder in Gymnastikschuhen und auf Matten üben!

Akrobatik: Bankpyramide

Akrobatik: Bei den einfachen Akrobatikformen sollte, wenn möglich (Körper-
gewicht und Kraft der Kinder beachten), jedes Kind auch mal die untere Position
einnehmen.
Kind A liegt in Bauchlage; Kind B legt, setzt, stellt sich vorsichtig auf Kind A.
Wasserbett: mehrere Kinder nehmen nebeneinander die Bankstellung ein, ein
weiteres legt sich darauf; das „Bett" beginnt langsam zu schwanken.
Bank: Kind A geht in Bankstellung (Körperspannung), Kind B macht Hockwenden (auf den Schultern von Kind A stützen).
Bank auf Bank: Das obere Kind kann versuchen, ein Bein nach hinten auszu-
strecken oder die Hände zu lösen; dabei befinden sich die gesamten Unterschenkel
auf dem Rücken des unteren Kindes. Ein drittes Kind leistet zunächst Hilfestellung. Das obere Kind kann sich auch auf zwei Kindern, die in Bankstellung sind,
abstützen.
Stehen auf der Bank: Ein Kind steht auf einem (oder zwei anderen), das (die)
in der Bankstellung ist (sind); dabei darauf achten, daß die Wirbelsäule nicht
belastet wird (Hilfestellung). Das untere Kind sollte mindestens im Grundschulalter sein. Wenn Grunderfahrungen mit solchen einfachen Akrobatikformen gemacht wurden und die Regeln beachtet werden, können nach Abbildungen andere
Formen erprobt, bzw. neue Stellungen erfunden werden (s. Abb. 2 und 3).

Abb. 2 und 3: Akrobatik

Jonglierteller

Jonglieren mit Tellern ist einfacher als es aussieht und hat für die Kinder einen
großen Neuigkeitsgehalt.

Erste Erfahrungen mit Teller und Stab sammeln: Teller flach auf der Finger-
spitze oder auf anderen Körperteilen balancieren; Teller auf dem Stab balancieren;
Stab mit Teller auf der Handfläche ausbalancieren.

Das Andrehen des Tellers erlernen: Der Stab wird senkrecht gehalten, der
Teller hängt an der Stabspitze. Durch leicht kreisende Bewegungen aus dem
Handgelenk wird der Teller in Rotation versetzt und durch schnelleres Kreisen
solange beschleunigt, bis er waagerecht dreht. Die Hand stoppt nun plötzlich ab,
und der Teller sollte dann – Übung macht den Meister – genau mit seinem Mittelpunkt auf die Stabspitze laufen. Eine erleichterte Form ist es, den Teller mit dem
Mittelpunkt auf die Stabspitze zu setzen und dann mit der freien Hand anzudrehen.

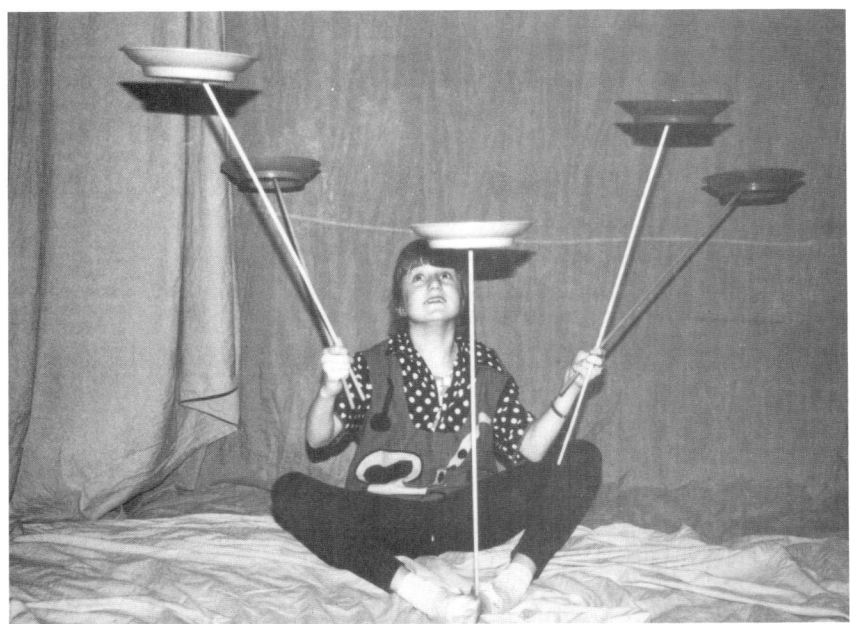

Jonglieren mit Tellern: Geschafft – fünf auf einen Streich!

Bewegungserfahrungen mit dem drehenden Teller: Ausprobieren, wie lang der
Teller sich dreht; den Stab aus der Senkrechten neigen; sich setzen, legen, wälzen
und dabei den Teller ausbalancieren; dasselbe auch mit einem Teller in der linken
und rechten Hand; den drehenden Teller mit der Fingernagelspitze vom Stab ab-
nehmen und auf dem Fingernagel drehen lassen; den Teller hochstoßen und so
wieder mit Stab auffangen, daß er auf dem Stab weiterdreht; ausprobieren, wie
viele Stäbe mit Tellern man in seinen Händen halten kann (die Teller werden von

anderen Kindern angedreht); beim Tellerjonglieren gleichzeitig sein Gleichgewicht auf Balancierflächen wie Rollwippe, Therapiekreisel, Laufrolle usw. halten; neue Varianten finden.
    Bei einer Aufführung sollten die Kinder die Teller gut andrehen können.

Dieter Graumann

Spiele im Wasser

Für die Spiele im Wasser wurden folgende inhaltliche Schwerpunkte ausgewählt:
– Rhythmische Sprechreime
– Bewegungsgeschichten
– Spiele mit einem Partner
– Spiele ohne Sieger
– Spiele in der Gruppe
– Fang- und Abschlagspiele
– Tauchspiele
– Spielerische Sprungformen
– Staffelformen
– Mannschaftsspiele mit Bällen

Praktische Beispiele

* Rhythmische Sprechreime:
„Pitsche, patsche, mit Geklatsche stehen wir im warmen Wasser, und wir werden immer nasser."
„Eins, zwei, drei, vier, runter mit dir!
Montag, Dienstag, Mittwoch, Donnerstag, Freitag, Samstag, Sonntag."
Die Kinder stehen im Kreis mit Handfassung und hüpfen beim Aufzählen der Wochentage gleichzeitig auf und ab. Dabei kann sich der Kreis auch links oder rechts herum in Bewegung setzen. Beim Aufruf des letzten Wochentages, des Sonntags, wird gebadet, d.h. getaucht. Als Variation kann auch an mehreren Wochentagen getaucht und dann weitergehüpft werden.

* Korkengreifen
Der Spielleiter verteilt eine große Anzahl farbig bemalter Flaschenkorken im Becken. Je nach Aufgabenstellung ergeben sich für den Anfängerschwimmunterricht reizvolle, bewegungsreiche Spiele:

– Wer bringt die meisten Korken?
– Wer bringt mir als erster sechs Korken?
– Wer bringt mir als erster fünf gleichfarbige Korken?
– Wer bringt mir vier verschiedenfarbige Korken?
– Wer pustet einen Korken zur gegenüberliegenden Beckenseite?
– Wer schafft es, einen Korken zur gegenüberliegenden Beckenseite zu bringen, ohne ihn zu berühren?

* Ballprellen

Die Spieler erhalten mehrere leichte Wasserbälle. Sie sollen versuchen, diese Bälle durch zielgerichtetes Prellen möglichst lange in der Luft zu halten.

* Autofahrt

Jeder Mitspieler hält einen kleinen Tauchring in seinen Händen. Er benutzt ihn wie das Lenkrad eines Autos, wenn er sich im Wasser nach den Anweisungen des Spielleiters bewegt. Natürlich sollen die Kinder dabei die Fahrgeräusche ihres Autos nachahmen und laut oder leise, hell oder dunkel brummen.
– „Wir fahren vor- und rückwärts."– „Wir fahren eine kleine, dann eine größere Links- und Rechtskurve."
– „In der Gruppe sucht jeder einen Weg, ohne einen Mitspieler zu berühren."
– „Jetzt gehen wir auf große Fahrt. Wir haben zunächst eine freie Strecke und kommen schnell vorwärts."
– „Wir biegen in eine kurvenreiche Landstraße ein."
– „Der Verkehr nimmt zu. Auf das Wort ‚Stop!' halten alle Fahrer, auf das Wort ‚Go!' starten sie wieder."
– „Die Straße ist wieder frei, aber das Pflaster ist schlecht: Alle hüpfen beim Fahren auf und nieder."
– „Jetzt endet die Straße. Es gibt keine Möglichkeit zum Wenden: Im Rückwärtsgang fahren wir die schlechte Wegstrecke zurück."
– „Auch die kurvenreiche Straße müssen wir noch ein Stück rückwärts fahren."
– „Wir wenden jetzt und unterqueren eine niedrige Brücke. Dabei machen wir uns ganz klein." (tauchen)

* Fester Stand

Zwei Partner stehen sich in etwa brusttiefem Wasser Auge in Auge gegenüber. Der Zehenabstand zwischen ihnen beträgt, abgestimmt auf ihre Körpergröße, etwa 30 bis 50 cm und wird im Laufe der Übung aber stetig vergrößert. Die Partner stützen sich mit gestreckten Armen gegenseitig an den Schultern ab. Aus dieser Stellung versuchen sie, Zentimeter um Zentimeter zurückzugehen, und gelangen so in eine zunehmende Schräglage. Wie lange können sie das Spiel treiben, ohne mit den Füßen wegzurutschen und ins Wasser zu fallen?

* Schiebekampf
Die Spieler stehen paarweise einander gegenüber und fassen ihren Partner an den Oberarmen. Nun versucht jeder, den anderen rückzuschieben. Wem gelingt es, seinen Mitspieler bis zur gegenüberliegenden Beckenwand zu schieben?

* Ziehkampf
Die Partner stehen einander gegenüber, fassen sich mit dem Unterarmgriff und versuchen, den Mitspieler bis zu einer bestimmten Markierung zu ziehen, indem sie mit kleinen Schritten rückwärts gehen.

* Fingerhakeln
Paarweise stehen die Spieler einander gegenüber, verhaken die Mittelfinger einer Hand (beide die rechte oder beide die linke Hand) und stellen jeweils die Gegenfüße mit den Außenkanten aneinander. Nun versucht jeder, den Gegner zu sich herüberzuziehen. Wem gelingt es, den Mitspieler aus dem Gleichgewicht zu bringen?

* Hahnenkampf
Alle Spieler verschränken die Arme vor der Brust und bewegen sich hinkend. Durch Rempeln versuchen sie, ihre Gegner aus dem Gleichgewicht zu bringen. Jeder Umgestoßene darf sich jedoch weiter am Spiel beteiligen, damit alle Spieler bis zum Schluß in Bewegung sind.

* Paarhaschen
Alle Mitspieler bewegen sich im Lehrschwimmbecken. Das Fängerpaar versucht mit einseitiger Handfassung, einen der sich frei bewegenden Mitspieler mit der Außenhand abzuschlagen. Der Abgeschlagene tauscht mit dem Fänger den Platz, der ihn zuerst berührt hat, und wird so zum neuen Fänger. Der bisherige Fänger ist frei.

* Blindenführer
Jeder Spieler sucht sich einen Partner. Einer von beiden spielt den Blinden: Er bindet sich ein Stück Baustellenband vor die Augen, wird von seinem Partner im Wasser geführt und muß bestimmte Stationen anlaufen. Sein Partner ist für die Steuerung verantwortlich. Er darf den „Blinden" nicht berühren, aber Bewegungskorrekturen verbal vornehmen, z. B. „Stop!", „Links!", „Rechts!" usw. Am Ende des Parcours erfolgt der Rollentausch.

* Leicht und schwer
Ein Spieler trägt seinen Partner auf den Armen. Er hebt ihn aus dem Wasser und stellt durch den Vergleich des Gewichts fest, daß der Mensch im Wasser wesentlich leichter ist als über der Wasseroberfläche.

* Storchenpaar

Zwei Spieler stehen einander gegenüber. Jeder faßt mit der rechten Hand das linke Bein seines Partners. Das Gespann versucht nun, durch das Wasser zu hüpfen: vorwärts, rückwärts, seitwärts, links und rechts umeinander herum. Zum Bewahren des Gleichgewichts legt jeder seinem Partner die linke Hand auf die rechte Schulter.

* Gruppenbildung

Die Spieler bewegen sich frei im Lehrbecken nach Musik oder nach rhythmischen Impulsen. Sobald der Spielleiter die rhythmische Begleitung unterbricht und eine Zahl ruft, bilden die Spieler Gruppen mit der entsprechenden Anzahl.

* Spiegel

Die Teilnehmer der Spielgruppe bewegen sich frei im Wasser. Auf das Kommando des Spielleiters: „Partner" sucht sich jeder einen Spielkameraden. Beide bewegen sich jetzt gemeinsam, wobei einem jeweils die Aufgabe zukommt, seinen Partner in seinen Bewegungen und Gesten zu imitieren. Auf den nächsten Zuruf: „Wechsel" tauschen die Partner die Rollen.

* Rollende Räder

Fünf oder sechs Spieler finden sich zu einer Gruppe zusammen. Sie bilden einen Stirnkreis mit Handfassung. Jeder Kreis nimmt am Lehrbecken Aufstellung. Dabei berührt ein Spieler mit seinem Rücken jeweils den Beckenrand. Aufgabe der Spieler ist es, sich so zu bewegen, daß ihr Kreis wie ein Rad an der Wand des Lehrbeckens entlangrollt und einer nach dem anderen kurz mit dem Rücken die Wand berührt.

* Auto-Waschanlage

Alle Mitglieder der Spielgruppe bilden eine Gasse. Sie stehen sich dabei in einer Entfernung von 2 m gegenüber. Nacheinander laufen jeweils die letzten der Reihe durch die Gasse, nachdem sie die Marke des Wagens angegeben haben, mit dem sie fahren. Von ihren Kameraden werden sie beim Durchqueren der Waschanlage naßgespritzt. Das Spiel wird fortgesetzt, bis alle Gruppenmitglieder durch die Gasse gelaufen sind.

* Flößen

Drei bis vier Kinder bilden um einen Meter versetzt eine Gasse. Die restlichen Teilnehmer lassen sich nacheinander flößen, indem sie in die Gasse hineingleiten und von den Helfern weitergezogen und -geschoben werden.

* Fischer, wie tief ist das Wasser?

Ein Kind hält sich als Fänger auf einer Seite eines klar umgrenzten Spielfeldes auf. Alle übrigen befinden sich auf der gegenüberliegenden Seite. Das Spiel wird durch folgenden Dialog cingclcitct:

Kind: „Fischer, Fischer, wie tief ist das Wasser?"

Fänger (antwortet mit einer beliebigen Zahl, z. B.): „Vier Meter!"
Kind: „Wie kommen wir 'rüber?"
Fänger: „Durch Delphinsprünge!"
Auf die vorgegebene Weise bewegen sich alle Kinder zur gegenüberliegenden
Seite des Beckens. Der Fänger versucht, möglichst viele abzuschlagen, die dann
zu Fängern werden.

* Steh, Bock! – Lauf, Bock!
Eine Gruppe ist aufgeteilt in Fänger und Läufer (z. B. drei Fänger und 12
Läufer). Die Läufer bewegen sich frei im Lehrbecken. Die Fänger versuchen,
sie mit den Worten: „Steh, Bock!" abzuschlagen. Der so Gefangene darf sich
nicht mehr weiterbewegen und steht mit „Zipfelmütze" (Hände auf dem Kopf)
auf der Stelle, bis ein noch freier Läufer ihn mit den Worten: „Lauf, Bock!"
befreit.

* Zerrkreis
Vier bis fünf Kinder stellen sich in Kreisform mit Handfassung auf. In der Mitte
des Kreises befindet sich ein Ball oder ein an der Oberfläche schwimmender
Tennisring. Durch kräftiges Ziehen versuchen die Kinder, den Kreis in seiner
Stellung so zu verändern, daß Ball oder Ring einen Mitspieler berühren. Er
bekommt dann einen Minuspunkt usw.

* Fleckhaschen
Ein Fänger versucht, seine Kameraden abzuschlagen, die sich im Lehrbecken
frei bewegen. Jeder Abgeschlagene wird zum weiteren Fänger, muß sich dabei
jedoch mit einer Hand an den Körperfleck fassen, an dem er abgeschlagen
wurde.

* Blitzhaschen
Ein oder zwei Fänger sollen versuchen, innerhalb einer bestimmten Zeit (z. B. in
1 Minute) möglichst viele Läufer abzuschlagen. Da die Läufer weiter im Spiel
bleiben, dürfen sie auch mehrmals abgeschlagen werden, aber nur, nachdem der
Fänger einen anderen Läufer abgeschlagen hat.

Kinderturnen im Verein

Das Kinderturnen hat im Deutschen Turnerbund und seinen Vereinen eine lange Tradition. Es entwickelte sich aus dem Selbstverständnis der Turnidee Jahns als umfassende und vielseitige Leibesübung für alle Altersstufen und Geschlechter. Vor mehr als 50 Jahren hat Hermann Ohnesorge, der damalige Direktor der Deutschen Turnschule, in Berlin das moderne Kinderturnen begründet. Er war überzeugter Anhänger der Erziehungsreformen des 18. und 19. Jahrhunderts und empfand die pädagogischen Werke und Ziele Pestalozzis, Fröbels, Montessoris u. a. als Erziehungsauftrag für sein Kinderturnen.

Zur Idee seiner ganzheitlichen Erziehung durch Bewegung schrieb Hermann Ohnesorge 1952: „Mit dem Kinderturnen übernimmt der DTB eine wesentliche und ergänzende Bildungsarbeit am deutschen Kind. Es ist nicht so und darf nicht so sein, daß man im Vereinskinderturnen in erster Linie die Nachwuchsmöglichkeiten für den Verein sieht, daß der Verein allein der Sammelpunkt der Begabten und Veranlagten ist, die eine besondere Förderung erfahren sollen; nein, unser Vereinskinderturnen soll eine Bildungsstätte einer leib/seelischen Erziehung sein, die sich würdig und ergänzend in den Erziehungskreis des Elternhauses und der Schule einfügt."

An diesen Prämissen haben sich die nachfolgenden Generationen verantwortlicher Kinderturnfunktionäre des Verbandes orientiert und entsprechende Grundsätze, Ziele und Inhalte für die praktische Arbeit in den Kinderturngruppen entwickelt und formuliert, wie es die nachstehenden Auszüge aus dem Lehrplan „Kinderturnen" des Deutschen Turnerbundes belegen:

– Kinderturnen bietet allen Kindern Bewegungs- und Erfahrungsmöglichkeiten.
– Kinderturnen ist vielseitig. Es ist sportartenübergreifend angelegt und schließt auch außersportliche freizeit-kulturelle Angebote mit ein.
– Im Kinderturnen werden Gelegenheiten geschaffen, daß Kinder lernen, sich vielfältig zu bewegen, gemeinsam in der Gruppe zu handeln und sich bewußt und verantwortlich mit sich selbst und ihrer Umwelt auseinanderzusetzen.
– Kinderturnen leistet damit einen Beitrag zur Entwicklung von selbständig und demokratisch handelnden Persönlichkeiten.
– Ausgangspunkt für die Gestaltung des Kinderturnens sind die Bedürfnisse und Fähigkeiten der Kinder sowie ihre konkreten Lebensbedingungen und nicht die überlieferten Normen einzelner Sportarten.
– Aufgabe aller am Kinderturnen Beteiligten ist es auch, gemeinsam für die Verbesserung der Lebensbedingungen aller Kinder einzutreten.
– Unter diesen Voraussetzungen kann Kinderturnen zu gesunder, lebenslanger Aktivität im Turnen, Sport und Spiel motivieren und befähigen.

Ganz sicher stellen diese abstrakt formulierten didaktischen Ansprüche hohe Anforderungen an die Lehrfähigkeit eines Übungsleiters.

Im folgenden Kapitel sind die Beiträge zusammengefaßt, die entweder das Kinderturnen im Verein selbst zum Thema machen oder in denen praktische Bewegungsangebote vorgestellt werden, die aufgrund ihrer organisatorischen Voraussetzungen (Großgeräte in Turnhallen etc.) am ehesten im Verein realisiert werden können. Natürlich sind auch viele andere der in diesem Buch zusammengefaßten Spiel- und Bewegungsanregungen unabhängig von der jeweiligen Institution, in der Kinder betreut werden (Spielen, Tanzen, Gesundheitserziehung etc.) und damit auch auf die Vereinsarbeit übertragbar. Ebenso können die in diesem Kapitel vorgestellten Spiel- und Bewegungsideen mit Großgeräten überall dort realisiert werden, wo Turnhallen mit Geräten zur Verfügung stehen.

Welche Rolle das Kinderturnen im Verein heute einnimmt, beschreibt M. BECK in ihrem Beitrag. Sie stellt den pädagogischen Ansatz, nach dem das Kinderturnen konzipiert wurde, heraus und formuliert die hier aufgestellten eindeutig pädagogisch und nicht sportspezifisch orientierten Zielsetzungen. Dieser Beitrag stellte eines der Hauptreferate des Kongresses dar, in ihm werden grundlegende Aussagen zu der von der Deutschen Turnerjugend vertretenen Kinder- und Jugendarbeit gemacht.

U. UNGERER-RÖHRICH legt Untersuchungsergebnisse über den aktuellen Stand der Vereinsangebote für Kinder vor und macht differenzierte Vorschläge, in welcher Weise die Kinderabteilungen erweitert werden können.

Ein Beispiel für Bewegungsangebote, die eine Turnhalle zur Voraussetzung haben, wird von H. LINDNER vorgestellt. Sie gibt Hinweise zur kindgerechten Nutzung von Großgeräten, indem sie diese in eine Gerätelandschaft einbaut. Bereits der Aufbau der Geräte wird in die Spielhandlung einbezogen, so daß diese – meist weniger beliebte Vorbereitung – von allen Teilnehmern einer Übungsstunde gemeinsam vorgenommen wird.

Auch P. PAULY stellt an einem Beispiel dar, wie Großgerätelandschaften für ein Rollen- und Darstellungsspiel genutzt werden können.

Margret Beck

Bewegungsräume – Purzelbäume
**Vielseitiges Kinderturnen im Verein –
Ein Beitrag zur Persönlichkeitsbildung**

1. Nachdenken aus aktuellem Anlaß

Bewegungsräume – Purzelbäume: der Titel dieses Beitrages will Phantasie anregen und Assoziation wecken an eigene Purzelbäume in kunterbunten Bewegungsräumen. Es will zum Optimismus verführen.

2. Um was es in diesem Beitrag geht

Der Deutsche Turner-Bund bezeichnet sich und die Turn- und Sportvereine, die sich ihm angeschlossen haben, gerne als die Kinderstube des deutschen Sports.

In diesem Beitrag wird der pädagogische Ansatz deutlich gemacht, der in der Deutschen Turnerjugend, der eigenständigen Jugendorganisation des DTB, entwickelt wurde. Die fachlichen und pädagogischen Ziele werden offengelegt, Vermittlungsweisen und Organisationsformen diskutiert. Da Pädagogik sich im zeithistorischen und gesellschaftlichen Kontext zu legitimieren hat, werden ihr sport- und jugendpolitischer Zusammenhang offengelegt und notwendige gesellschaftspolitische Schlußfolgerungen aufgezeigt.

An diesem Kongreß beteiligen sich Menschen, die sich in unterschiedlichen Institutionen und Organisationen für die Erziehung und speziell die Bewegungserziehung von Kindern verantwortlich fühlen. Aus Sicht der Turnbewegung sollte der Kongreß ein deutliches Signal setzen und allen ein Kooperationsangebot machen, die sich aus vielfältiger Sicht an der gemeinsamen Aufgabenstellung beteiligen und an der Verbesserung der Lebensbedingungen und Bewegungsmöglichkeiten der Kinder arbeiten wollen.

Dieses Referat steht nicht für sich. Viele der bei diesem Kongreß angebotenen Arbeitskreise stellen einen Ausschnitt der Arbeit der Turnerjugend dar. Referat und Arbeitskreise stehen im gleichen pädagogischen Zusammenhang und sollen sich sinnvoll ergänzen.

3. Kinder im Turn- und Sportverein: Zahlen und Tendenzen

Es kommt nicht besonders häufig vor, daß ein Verband seine eigene Aufgabe so grundlegend in Frage stellt, wie das Deutsche Sportjugend und Deutsche Turnerjugend hier tun: brauchen Kinder Sport? – wird gefragt. Diese fundamentale Problematisierung sollte aber nicht daran hindern, zur Kenntnis zu nehmen, in welchem Umfang Kinder bereits heute den organisierten Sport annehmen.

Ca. 40 % aller Kinder bis 14 Jahre in den alten Ländern der BRD sind Mitglied in einem Turn- und Sportverein, bei den 6jährigen sind es ca. 20 %. Die Kinder in den Turnvereinen bzw. Abteilungen stellen den Löwenanteil: ca. zwei Drittel der unter 6jährigen, ca. ein Drittel aller Kinder in den Vereinen gehören zur Turnerjugend (Quellen: Bestandserhebung des Deutschen Sportbundes in den Jahrbüchern des Sports und Jahrbücher des DTB).

Diese beeindruckenden Zahlen können in ihrer Tragweite noch besser erfaßt werden, wenn wir eine Zeitleiste anlegen und die beteiligten Vereine mitbetrachten:

Mehr als 3/4 der DTB-Vereine – das heißt mehr als 11.000 – bieten Kinderturnen an – bezogen wieder auf die alten Länder –, und die Tendenz ist steigend. Das sind insgesamt über 11.000 Vereine. So haben z. B. über 17 % der DTB-Vereine in den letzten vier Jahren eine Eltern-Kind-Gruppe neu eingerichtet (vgl. Abb. 1).

	in den letzten 4 Jahren eingerichtet	gibt es schon lange	gesamt
KLEINKINDTURNEN	13 %	45 %	58 %
KINDERTURNEN	7 %	71 %	78 %
ELTERN-KIND-TURNEN	17 %	35 %	52 %

Abb. 1: Kinderturnen in den Mitgliedsvereinen des DTB (Quelle: Ungerer-Röhrich, 1990, 7)

KINDER IN DEN TURN- UND SPORTVEREINEN

	1989	1984	1975	1967
BIS 6 JAHRE	18 %	9 %	5 %	1,5 %
6 - 14 Jahre	55 %	52 %	30 %	21 %

% der jeweiligen Bevölkerungsgruppe

Abb. 2: Kinder in den Turn- und Sportvereinen (Quelle: Jahrbücher des Sports)

Vor gut 20 Jahren waren noch 1,5 % der bis 6jährigen in einem Verein, und heute weist die Statistik 18 % aus. Bei den 6 bis 14jährigen stellen die Vereinsmitglieder gegenüber den Nicht-Vereinsmitgliedern heute schon die Mehrheit (vgl. Abb. 2).

Dabei darf allerdings nicht übersehen werden, daß die positive Gesamtbilanz vieles überdeckt – zum Beispiel, daß es auch quantitativ erhebliche geschlechtsspezifische Unterschiede, d. h. Benachteiligungen von Mädchen gibt, oder daß untere soziale Schichten und ausländische Kinder unterrepräsentiert sind.

4. Das Konzept der Turnerjugend: gesellschafts- und sportpolitische Prämissen

An anderer Stelle in dieser Dokumentation (Beitrag ZIMMER) ist der grundlegende Stellenwert von Bewegung für die Entwicklung von Kindern herausgearbeitet. Es wird dort auch aufgezeigt, daß die Lebensbedingungen, die Kinder heute vorfinden, die Befriedigung ihrer Bewegungsbedürfnisse immer weiter einschränken.

Es ist eine Konsequenz der Welt, in der es sich die Erwachsenen einrichten, daß Kinderinteressen zu kurz kommen oder sogar mit Füßen getreten werden. Vielfältige erlebnisreiche Beziehungen zu anderen Kindern und zu Erwachsenen auszugestalten ist erschwert, und der notwendige Bewegungsraum nicht vorhanden.

Anm.: *Das Problem wird in der Öffentlichkeit oft so diskutiert, daß die Erziehungsperson Mutter die Verantwortung für alle Defizite von kleinen Kindern zu tragen hat.*

Dazu ist an dieser Stelle eine Bemerkung nötig: So wichtig Aufklärung und Hilfe im Einzelfall auch sind – es sind insgesamt Konsequenzen aus den veränderten Lebensbedingungen zu ziehen, wenn eben Großmütter, Nachbarinnen, ältere Schwestern kaum mehr unterstützend zur Seite stehen:

Wenn sich Männer endlich gleichberechtigt an der Erziehungs- und Familienarbeit beteiligen würden – wie es einige ja bereits heute vorbildlich praktizieren –, dann hätten die Kinder schon fast das Doppelte an Zuwendung. Und wenn die Tarifparteien es als ihre Aufgabe sehen würden, die Arbeitswelt familien- und damit kinderfreundlich zu gestalten, dann hätten wir längst eine radikale Arbeitszeitverkürzung für alle, die dann mehr Zeit für alle Kinder bedeuten könnte, ohne die Frauen vom Berufsleben auszuschließen. Und wenn typische Frauenberufe – wie zum Beispiel Erzieherin in einer Kindertageseinrichtung – leistungsgerecht bezahlt würden, dann bestünde die reale Chance, im Interesse des eigenen Kindes individuelle Arbeitszeitverkürzung anzustreben.

Bewegungsmangel bleibt nicht ohne gravierende Folgen: Die Bundesarbeitsgemeinschaft zur Förderung haltungsgefährdeter Kinder und Jugendlicher stellt fest, daß 40 – 60 % der Schulkinder unter Haltungsschäden leiden und 20 % unter Schwächen des Herz-Kreislauf-Systems. 30 bis 40 % zeigen motorische Auffälligkeiten und Koordinationsschwächen. 20 bis 30 % gelten als übergewichtig. Und zunehmend sind psycho-soziale Verhaltensauffälligkeiten festzustellen.

Im einzelnen gibt es Veröffentlichungen mit anderen Ergebnissen, aber in der Tendenz sind alle gleich, und die Zunahme psychisch-sozialer Auffälligkeiten ist Erfahrung vieler, die mit Kindern zu tun haben.

Je mehr nun die Umweltbedingungen und die sozialen Lebensverhältnisse eine normale Bewegungsentwicklung verunmöglichen, umso mehr müssen sich die Sachwalter von Kinderinteressen in dieser Gesellschaft um die Schaffung und

Gestaltung von Bewegungsräumen kümmern. Die Arbeit von Kinderbetreuungseinrichtungen und Schulen sowie von Turn- und Sportvereinen wird also
immer wichtiger.

Die Voraussetzungen, daß der Sport einen höheren Beitrag zur Bewegungserziehung für alle Kinder leistet als bisher, sind seitens der Vereine tendenziell
besser geworden.

Die Sinngebungen, mit denen Menschen Sport treiben, haben sich erheblich
ausdifferenziert, und die Aspekte Gesundheit und Fitneß, Wohlbefinden und Kommunikation sind mit Sicherheit wichtiger geworden.

Abb. 3 stellt ein einfaches Modell dar, das sehr klar die Pole möglicher Sinngebungen beschreibt. Die einzelnen Begriffe beschreiben die jeweiligen Motive,
die im Vordergrund stehen, und erheben keinen Anspruch auf Ausschließlichkeit.
Leistungsbezogene Motivation z. B. gibt es auch im Freizeitsport, aber sie steht
nicht im Mittelpunkt.

Die Turn- und Sportvereine haben den sich verändernden Sport- und Bewegungsbedürfnissen schon vielfach Rechnung getragen.

Vereinssport, das läßt sich heute eben nicht mehr gleichsetzen mit Training und
Wettkampf – abgesehen davon, daß das in wesentlichen Teilen der Turn- und
Sportbewegung noch nie so war. Es soll nicht wegdiskutiert werden, daß es noch
immer zu viele Orte gibt, an denen sich ein kindgerechtes Vereinsangebot noch
nicht finden läßt. Die pädagogischen Konzepte sind vorhanden – sie setzen sich
jedoch nicht von alleine um, sondern nur durch tätiges Engagement.

5. Pädagogische Grundlagen

Als Gretchenfrage der Kinder- und Jugendarbeit in Theorie und Praxis erweist
sich immer wieder die Frage nach der Bewertung unterschiedlicher Interessensla-
gen: Was steht im Mittelpunkt – die Sache, also der Sport bzw. eine Sportart? Oder
das gesellschaftliche Interesse an möglichst reibungsloser Integration junger Leute in das System? Oder das Kind?

Turnen und Sport haben Anlaß, die Frage eindeutig zu beantworten. Gar manche
che Trainerin oder mancher Trainer, manche Funktionärin oder mancher Funktio-
när grübelt über die Frage, wie denn bei noch jüngeren Kindern für das Leistungstraining in der eigenen Sportart geworben werden kann. Es gibt Übungsleiterinnen
und Übungsleiter, deren Hauptziel es zu sein scheint, eine Rolle vorwärts in der
Grobform präsentiert zu bekommen und nicht, den Kindern durch das Rollen in
unterschiedlichsten Formen und in anregungsreicher Umgebung neue Erlebnis-
und Erfahrungsbereiche zu erschließen.

Die Antwort der Turnerjugend ist eindeutig und ohne Wenn und Aber: Mittelpunkt ist das Kind, ist nicht die Entwicklungslogik der Sportart, ist nicht der
Ehrgeiz der Funktionäre. Die Turnerjugend weiß, daß für viele diese Position zu
radikal ist, daß viele den Gegensatz nicht sehen oder meinen, daß im Zweifelsfall

die Pädagogik zu vernachlässigen sei. Auch im Leistungssport wird oft gute pädagogische Arbeit gemacht. Diese schließt aber nur einen kleinen Teil der Erlebnismöglichkeiten durch Sport ein und berührt nur einen kleinen Teil der älteren Kinder, die besonders begabt und besonders motiviert sind und noch dazu einen günstigen äußeren Rahmen vorfinden.

Bewegung brauchen aber alle.

Das Leitziel des Kinderturnens wird in der Turnerjugend folgendermaßen formuliert:

„Das gemeinsame Ziel von Eltern, ErzieherInnen, LehrerInnen, ÜbungsleiterInnen und anderen an der Erziehung der Kinder Beteiligten muß es sein, die Kinder so zu fördern, daß sie sich zu selbständig, bewußt, verantwortlich und demokratisch handelnden Persönlichkeiten entwickeln" (DTB 1984, S. 13).

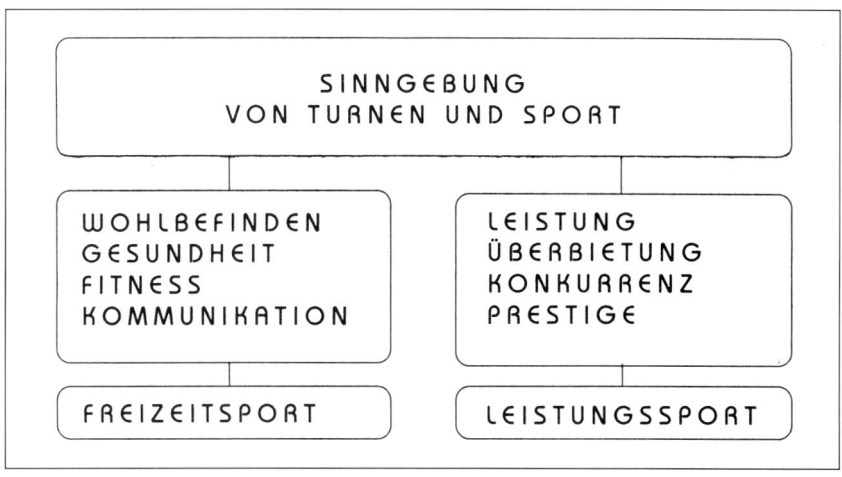

Abb. 3: Sinngebung von Turnen und Sport

Den Kindern können vielfältige Erlebnisse, verbunden mit intensiven Erfahrungen und prägenden Empfindungen vermittelt werden, die ihnen helfen
– Bewegungsmöglichkeiten zu erkennen, zu nutzen und zu gestalten
– sich vielseitig zu bewegen und zu spielen
– mit Materialien und Geräten geschickt und phantasievoll umzugehen
– ihre körperliche Leistungsfähigkeit zu verbessern
– sich gegenseitig anzunehmen und Rücksicht zu nehmen
– in einer Gruppe zu handeln. (Vgl. DTB 1984, 69)
Wie muß nun ein Angebot beschaffen sein, um diesen Zielen gerecht zu werden?

Die erste Forderung ist die nach der Vielseitigkeit.

Vielseitigkeit betrifft die Zielgruppen – Kinder sind nicht gleich und können auch in der Turnstunde nicht über einen Kamm geschert werden. Vielseitigkeit betrifft auch die Inhalte des Kinderturnens, betrifft ebenso die Geräte, die verwendet werden, und die Umwelt, in der geturnt wird. Vielseitigkeit bezieht sich auch auf die Methoden und Vermittlungsweisen.

Das Prinzip steht aus zwei Gründen im Mittelpunkt: zum einen ergibt es sich aus dem Ziel der Persönlichkeitsentwicklung. Das Kind ganzheitlich ansprechen heißt, es als Wesen zu behandeln, das aus Körper, Kopf und Gefühlen besteht. Das bedarf einer anregungsreichen Umgebung, vielfältiger Inhalte und unterschiedlichster Methoden. Zum zweiten ist Kinderturnen Gruppenarbeit, in der jedes Kind gleichermaßen zu seinem Recht kommen soll. Das geht nur unter Berücksichtigung des Prinzips der Vielseitigkeit – sei es durch Differenzierung, durch offenen Unterricht, Projekte, oder einfach durch Abwechlungsreichtum.

Zahlreiche Arbeitsgruppen dieses Kongresses sind Resultat einer so verstandenen Bewegungserziehung, entstammen der konzeptionellen Arbeit der Turnerjugend und der Vereinspraxis, z. B. „Wir spielen Zirkus", „Entwicklung der Spiel- und Erlebnisfähigkeit mit Kleingeräten bzw. mit Großgerätelandschaften", „Phantasiespiele", „Musikalische Bewegungsgeschichten" oder „Haltungsförderung mit Vorschulkindern".

Im folgenden werden Kriterien für Spiel- und Übungsformen genannt, die diesen Zielen entsprechen:

Es sind Spiel- und Übungsformen zu vermitteln, die
– innerhalb und außerhalb der Turnhalle durchgeführt werden können;
– Anregungen für den Wohnbereich und die Wohnung geben können.

Für diese ersten beiden Punkte ist der Begriff „Kinderturnen zum Mitnehmen" geprägt worden. Wenn die Kinder heute nicht mehr spontan bzw. auf der Straße und im Freien klettern, toben, balancieren, laufen, springen, robben lernen, dann hat Kinderturnen die Aufgabe, sie zu befähigen, vorhandene Bewegungsräume zu nutzen und sich neue zu erschließen.

Die beiden Punkte haben eine besondere Bedeutung im Eltern-Kind-Turnen. Das Kind hat mit Mutter oder Vater ein wöchentlich wiederkehrendes tolles Erlebnis. Gleichzeitig können die Eltern viel „mitnehmen" für den alltäglichen Umgang mit dem Kind, sie können lernen, das Bewegungsleben ihres Kindes im Alltag zu unterstützen und zu fördern. Dazu gehört eine Übungsleiterin oder ein Übungsleiter, der oder die sensibel Prozesse wahrnimmt, behutsam steuert und beratend zur Seite steht.

– Die Angebote haben sportlichen und außersportlichen Charakter und
– sie geben praktische Anregungen für die überfachliche Arbeit.

So wird zum Beispiel fast in allen Gruppen im Kinderturnen gesungen. Manche spielen Theater, da verknüpfen sich besonders gut fachliche und überfachliche Aspekte, also eine Geschichte hören, oder sogar sich eine ausdenken, dazu etwas malen, sich verkleiden, Kunststücke machen. Zirkus spielen ist in vielen Gruppen der „Renner".

Grenzen des traditionellen Sportverständnisses existieren im Kinderturnen also nicht. Mit diesem anderen pädagogischen Verständnis von Turnen und Sport wird es auch möglich, Ansätze, die in anderen gesellschaftlichen Bereichen entwickelt wurden, mit Gewinn zu integrieren.

So wird die Psychomotorik auch im Kinderturnen als Grundlage der Bewegungsentwicklung anerkannt.

Integration wird nicht als Sonderauftrag, sondern als Selbstverständlichkeit begriffen, sich auch und vielleicht gerade um benachteiligte Kinder zu kümmern. In der Praxis müssen natürlich noch viele Probleme gelöst werden. Aber daß es für alle Kinder gut ist, wenn behinderte und nichtbehinderte oder wenn Kinder unterschiedlicher Kulturen gemeinsam leben und lernen, das gehört zu unseren Essentials.

Ein Satz auch zur Modewelle Gesundheitssport: Sport ist immer so zu organisieren, daß er gesund ist; d. h. im engeren Sinne, daß er die funktionellen Reize setzt, die Kinder für eine gesunde körperliche und psychische Entwicklung brauchen – und zwar in allen Gruppen und nicht nur in Spezialgruppen.

6. Schlechte Gewohnheiten sind zählebig: Forderungen an die Praxis

Die Praxis in den Vereinen ändert sich nicht schon deshalb, weil Verbandsfunktionäre kluge Ideen zusammentragen. Auch in den Kinderbetreuungseinrichtungen und Schulen fehlt es nicht an engagierten Pädagoginnen und Pädagogen und an innovativen Ideen.

Die konzeptionellen Grundlagen liegen vor – nicht nur von der Turnerjugend, nicht nur von der Sportjugend. Es liegt nicht an den fehlenden Ansätzen, daß ein Sportverständnis, wie es hier entwickelt wurde, sich noch nicht durchgesetzt hat. Es liegt an den Institutionen, an den politischen Verhältnissen, an kulturhistorisch zu erklärender Ausgrenzung von Emotionen im Patriarchat, auch an der Sichtweise, daß Kinder eben keine vollwertigen Menschen sind, sondern erst dazu zu machen sind. Und es liegt natürlich am Mythos der Leistung, der sich zählebig hält. Es wäre spannend und wichtig, das genauer zu diskutieren.

An dieser Stelle können jedoch nur **pragmatische Forderungen** an die Beteiligten entwickelt werden. Dabei wird bewußt provoziert – wer auf leisen Sohlen kommt, wird nicht gehört. Wer Veränderungen für Kinder will, hat nicht viel Zeit!

– Das Riegenturnen gehört ins Museum

Die erste methodisch-didaktische Forderung richtet sich vor allem an Erzieherinnen und Erzieher bzw. Übungsleiterinnen und Übungsleiter:

Arbeitet mit offenen Bewegungssituationen und nicht mit geschlossenen Konzepten! Offene Bewegungssituationen ermöglichen ein ganzheitliches pädagogisches, auf das Kind bezogenes Arbeiten. Geschlossene Konzepte dagegen stellen das motorische Lernen von Fertigkeiten in den Mittelpunkt. Noch dazu arbeiten sie oft mit überkommenen Lehrwegen wie Vormachen/Nachmachen und mit Organisationsformen wie Riegenturnen. Das Riegenturnen gehört nun wirklich in das turngeschichtliche Museum.

– Frühe Spezialisierung ist schädlich
Orientiert Euch an der Ganzheitlichkeit der kindlichen Entwicklung und nicht an den Normen der Sportarten! Beispiele dafür sind die Integration von Musik und Bewegung; das Einbeziehen von Malen und Basteln, von Toben und Tollen im Freien und im Wasser.

– Gleichberechtigung ist Ziel, nicht Realität!
Auch im Sport müssen wir endlich zur Kenntnis nehmen, was die Forschung über geschlechtsspezifische Bewegungssozialisation herausbekommen hat. Mädchen und Jungen entwickeln ihr Bewegungsleben geschlechtstypisch, u. a. weil das, was sie tun, geschlechtsspezifisch wahrgenommen und bewertet wird. Hier muß eigenes Verhalten und Handeln sensibler wahrgenommen und hinterfragt werden. Männliche Wesen spielen Fußball, weibliche machen Gymnastik – das wird Kindern unabhängig von unserem Zutun in dieser Gesellschaft vermittelt. Es gibt noch keine Konzepte, wie dem gegengesteuert werden kann.

– Nicht schweigend dulden – aktiv verändern!
Es gilt, die Sprachlosigkeit zu überwinden. Viele Übungsleiterinnen verharren deshalb im Althergebrachten, weil sie fühlen oder glauben, daß dieses vom Verein oder von den Eltern erwartet würde. Das Richtige muß auch argumentativ vertreten und durchgesetzt werden!

– Der gute Wille alleine genügt nicht!
Alle, die Bewegungserziehung mit Kindern betreiben wollen, müssen mit hohem Standard ausgebildet sein und sich regelmäßig fortbilden. Der Fachübungsleiter, der Kinder gerne hat, hat zwar gute Voraussetzungen, aber er ist noch nicht geeignet für den Sport mit Kindern. Wer Fragen der Aus- und Fortbildung vernachlässigt, wird erleben, daß sich am traditionellen Verständnis von Sport nichts ändert.

– Schafft Bewegungsräume für Kinder!
Der Bewegungsraum Turn- und Sporthalle folgt heute noch den Normen des Wettkampfsports. Es sei gefährlich, Ringe als Riesenschaukel im Dschungel zu mißbrauchen, wird gesagt, und vielleicht ist es das ja von der Statik her gesehen sogar. Aber warum wird die Statik der Geräte in der Halle dann nicht so ausgelegt, daß der Bewegungsraum kindgemäß wird? Der Auftrag muß heißen, Hallen- und Gerätenormen so zu verändern, daß Maßstab auch das Kind mit seinen Bewegungsbedürfnissen wird. Dazu gehört selbstverständlich auch die angemessene Ausstattung mit entsprechenden Groß- und Kleingeräten.

7. Kurzgefaßt: Das ist Kinderturnen

– Kinderturnen bietet allen Kindern Bewegungs- und Erfahrungsmöglichkeiten.
– Kinderturnen ist vielseitig. Es ist sportartenübergreifend angelegt und schließt auch außersportliche freizeitkulturelle Angebote mit ein.
– In Kinderturnen werden Lerngelegenheiten geschaffen:
  – Kinder lernen, sich vielfältig zu bewegen,
  – sie lernen gemeinsames Handeln in der Gruppe und im Verein,
  – sie lernen, sich bewußt und verantwortlich mit sich selbst und ihrer materiellen und sozialen Umwelt auseinanderzusetzen.
– Kinderturnen leistet dadurch einen Beitrag zur Entwicklung von selbständig und demokratisch handelnden Persönlichkeiten.
– Ausgangspunkt für die Gestaltung des Kinderturnens sind die Bedürfnisse und Fähigkeiten der Kinder sowie ihre konkreten Lebensbedingungen und nicht die überlieferten Normen einzelner Sportarten.
– Aufgabe aller am Kinderturnen Beteiligten ist es auch, gemeinsam für die Verbesserung der Lebensbedingungen aller Kinder einzutreten.
– Unter diesen Bedingungen kann Kinderturnen zu gesunder, lebenslanger Aktivität in Turnen, Sport und Spiel motivieren und befähigen. (DTB 1984, 10)

8. Damit es bei dem Kongreß nicht bleibt

Der Kongreß hat seinen Auftrag erst erfüllt, wenn er auch politische Impulse setzt. Folgende Forderungen könnten von Osnabrück aus erhoben werden:
– Kindergärten und Kindertagesstätten und die Vor- und Grundschulen brauchen Bewegungs-, Toberäume und phantasievolle Freiflächen.
– Grundschulen müssen ihre Stundenplangestaltungen überdenken. Aktive Pausen und Bewegungszeiten müssen zum Standard werden.
– Spielplätze müssen anders gestaltet und auch zur Lerngelegenheit der Erwachsenen werden, wo sie lernen, angemessen mit den Bewegungsbedürfnissen ihrer Kinder umzugehen.
   Kooperation, das kann im ersten Schritt heißen, daß einzelne Personen an Lehrgängen der anderen Organisation teilnehmen. Das kann heißen, daß Vereine und Kinderbetreuungseinrichtungen kooperieren. Zu denken ist auch an die Zusammenarbeit von Verbänden bei der Entwicklung von Projekten und Durchführung von Modellen.
   Zusammenarbeit im Interesse der Kinder ist wünschenswert und politisch nötig. In der Kindergartendiskussion ist derzeit viel Leben. In einigen Ländern werden Kindergartengesetze und in vielen Kommunen der Ausbau der Betreuungseinrichtungen diskutiert.
   Die Bonner Koalition will einen Rechtsanspruch auf vorschulische Förderung konstituieren.

Das Deutsche Jugendinstitut bereitet zur Zeit ein großes Projekt vor mit dem Titel „Weiterentwicklung von Kinderbetreuungsangeboten als Teil der sozialen und regionalen Infrastruktur". Das Projekt und sein Ergebnis werden mit Sicherheit die Diskussion der folgenden Jahre bestimmen. Wann, wenn nicht jetzt, soll das Recht auf Bewegung auch in diesen Institutionen vertreten und durchgesetzt werden?

Die pädagogischen Konzepte und die organisatorischen Instrumente sind vorhanden.

Kinder brauchen Bewegung. Laßt uns gemeinsam etwas für Kinder bewegen!

Ulrike Ungerer-Röhrich

Kinderturnen im Verein

In der Mitgliederbestandserhebung des DSB für das Jahr 1988 werden ca. 1,2 Millionen Kinder bis 14 Jahre in den DTB-Vereinen geführt. Rund 3,3 Millionen Kinder sind in Sportvereinen insgesamt organisiert, das heißt, gut ein Drittel ist im „Turnen" aktiv. Bezogen auf die Bevölkerungsgruppe der Kinder (rund 8,8 Millionen) kann man sagen, daß von 100 Kindern immerhin fast 14 zum „Turnen" gehen.

In der Altersstufe bis zu 6 Jahren sind 70 % aller sportlich organisierten Kinder unter „Turnen" gemeldet, dies unterstreicht, daß der DTB die „Kinderstube" für viele Sportler darstellt. In der Gruppe der 7- bis 14jährigen Kinder sinkt der Anteil auf 27 %. Wie sieht es mit den Angeboten in den DTB-Vereinen für die Kinder aus? Der DTB hat vom Institut für Sportwissenschaft der TH Darmstadt eine Untersuchung zur Angebots-, Mitglieds- und Organisationsstruktur seiner etwa 15.000 Vereine durchführen lassen. Die Ergebnisse dieser Befragungen ermöglichen u. a., etwas über die Angebote für Kinder in quantitativer Hinsicht auszusagen.

Angebote für Klein- und Vorschulkinder

Von den DTB-Vereinen geben 57,6 % an, ein Angebot im Kleinkinderturnen zu machen. 52,4 % bieten Eltern-Kind-Turnen an. Aus den übrigen Sportarten wie Fußball, Leichtathletik oder Schwimmen gibt es kein zahlenmäßig vergleichbares Angebot für diese Altersgruppe.

Bei den Angeboten für Kinder bis zu 6 Jahren hat sich in den letzten vier Jahren viel getan. Dies zeigen die Zunahmen im Kleinkinderturnen und im Eltern-Kind-Turnen: Mit 13,1 % bzw. 17,6 % liegen diese neu eingerichteten Angebote an der Spitze aller in den vergangenen Jahren eingerichteten Angebote.

Um welche Vereine muß sich der Verband besonders kümmern, wenn er diesen positiven Trend fortsetzen möchte? Angebote für diese Altersgruppe gibt es am seltensten in kleinen Vereinen (bis 300 Mitglieder). 69,8 % dieser Vereine hatten noch nie entsprechende Angebote. In den mittelgroßen und großen Vereinen sind es noch 34,7 % bzw. 16,2 %, die keine Angebote im Kleinkinderturnen machen. Auch die Zahl der Turnmitglieder steht in Zusammenhang mit einem Angebot für diese Gruppe: Je weniger Turnmitglieder ein Verein hat, desto seltener findet man Angebote für Kinder.

Kooperation mit Kindergärten

Es wird wohl kaum zu realisieren sein, daß jeder Verein Eltern-Kind-Turnen oder Vorschulturnen – wie immer es konkret genannt werden mag – einrichtet. Aber die Vereine könnten mehr kooperieren. Nur 11,4 % der DTB-Vereine haben überhaupt mit einem oder mehreren Vereinen ein gemeinsames Angebot. Auch eine Kooperation mit Kindergärten wäre eine begrüßenswerte Initiative; nur 8,6 % der Vereine tun das bereits. Dabei würde man hier leicht die zukünftigen Mitglieder gewinnen können und außerdem der Misere im Bereich „Bewegung, Sport und Spiel" im Kindergarten etwas entgegenwirken können.

Angebote für Schulkinder

Mit dem Eintritt ins Schulalter nehmen die differenzierten Sportangebote deutlich zu, die Angebote aus dem Bereich Turnen dominieren aber immer noch. 78,2 % der Vereine bieten Kinderturnen an. Diese Zahl ist beachtlich! Natürlich sagt sie nichts über die Qualität der inhaltlichen Arbeit, aber verbessern kann man überhaupt nur dann etwas, wenn ein Angebot vorhanden ist. Wenn man die Zahl der Angebote im Kinderturnen anschaut, kann man nicht unzufrieden sein. Auch in anderen Sportarten wird in den DTB-Vereinen viel für den Nachwuchs getan. Bei den Jungen liegen Fußball (63,5 %) und Handball (57,6 %) an der Spitze. Für die Mädchen ist es Handball (50,2 %). Gemeinsame Angebote gibt es im Judo (58,4 %), im Tennis (51,8 %), im Schwimmen (48,2 %), in der Leichtathletik (48,1 %), sofern überhaupt ein Angebot in der Sportart unterbreitet wird.

Wie sieht es in der Zukunft mit Angeboten für Kinder aus? 23,9 % der Vereine wollen (weitere) Angebote für Kinder einrichten. Von den Vereinen, die (mindestens) ein Turnangebot für Schulkinder haben, planen 16 % weitere Angebote. 75 % wollen in diesem Bereich nicht expandieren. Vereine, die noch keine Angebote für Kinder machen, planen nur in 8 % der Fälle eine entsprechende Neueinrichtung.

Kooperation mit der Schule

Eine Möglichkeit, Kinder für den Verein zu gewinnen, kann über die Schule und die Sportlehrer führen. Die Zusammenarbeit zwischen Schule und Verein stellt sich folgendermaßen dar:

26,3 % der Vereine haben Sportlehrer in ihrem Verein als Übungsleiter,
13,5 % der Vereine bekommen talentierte Kinder über die Schule,
29,2 % informieren die Schüler über ihre Angebote,
 9,4 % der Vereine machen gemeinsame Angebote/Veranstaltungen,
19,7 % der Vereine haben Kinder und Jugendliche, die am „Jugend trainiert"-Wettkampf teilnehmen,
41,3 % der Vereine arbeiten mit keiner Schule zusammen.

Die Zusammenarbeit wird am ehesten in Großvereinen realisiert und natürlich nur von Vereinen, die Angebote für Kinder haben.
Weitere Impulse zu mehr Kooperationsmaßnahmen zwischen Schule und Verein sind gefragt.

Mitgliederentwicklung

Knapp die Hälfte der DTB-Vereine berichtet über Zunahmen im Kinderbereich. Verglichen mit den übrigen Altersgruppen wird die Mitgliederentwicklung bei den Kindern bis zu 14 Jahren am besten eingeschätzt. Abnahmen geben rund 15 % der DTB-Vereine an. Nach den Jugendlichen sind dies die höchsten Raten.

Differenziert man die Mitgliederentwicklung hinsichtlich der Vereinsgröße, so haben die mittelgroßen Vereine (301 bis 1000 Mitglieder) die höchste Zuwachsrate, die Großvereine die geringsten. Vereine in Gemeinden bis zu 20.000 Einwohner haben eine deutlich bessere Mitgliederentwicklung bei den Kindern als Vereine in größeren Gemeinden. Die vielfältigen Angebote verschiedenster Organisationen und Vereine für den Nachwuchs in größeren Gemeinden lassen viele Kinder möglicherweise Alternativen zum DTB-Verein wählen.

Verschiedene Aktivitäten der Vereine stehen mit einer Mitgliederzunahme bei den Kindern in Zusammenhang. Dies ist zunächst einmal ein Angebot für Kinder, vor allem die neu eingerichteten Angebote im Kinderturnen sind hier zu nennen. Unbedeutend ist dabei die Orientierung des Vereins, der das Angebot unterbreitet, als eher wettkampf- oder freizeitorientiert. Zusammenhänge gibt es auch zwischen einer Mitgliederzunahme und sporadisch angebotenen Veranstaltungen wie den Ferienspielen, entsprechend positiv wirkt sich auch die Kooperation mit Schulen aus. Schließlich scheinen auch die Kosten und das Vereinsklima eine wichtige Rolle im Zusammenhang mit der Mitgliederentwicklung zu spielen.

Heidi Lindner

An Geräten turnen ist nicht schwer – Geräte aufbauen dagegen sehr!

Vielseitige, abwechslungs- und erlebnisreiche, aber auch bewegungsintensive Turn- und Sportstunden an Geräten und Gerätekombinationen werden immer wieder gefordert. Dabei geht es nicht um das normierte Turnen zur erfolgreichen Teilnahme an Bundesjugendspielen oder Wettkämpfen, sondern vielmehr um die ganzheitliche Förderung der Bewegungsgrundtätigkeiten wie stützen, balancieren, klettern, springen, hangeln, schwingen, rollen usw.

Die dazu erforderlichen Bewegungsanreize sollen durch kindgerechte Geräte und Gerätekombinationen, z. B. Bewegungslandschaften, und Anregungen zu phantasievollen Spielhandlungen, z. B. Bewegungsgeschichten, geschaffen werden.

Häufig scheitert der Wunsch nach mehr Geräteeinsatz in den Sportstunden an der mangelnden praktischen Übung im Umgang mit den vorhandenen Geräten, einem übersteigerten Sicherheitsverständnis oder angeblichem Zeitmangel.

Die positive Motivation der Kinder, kindgerechte Organisationsformen und ein bißchen Übung sind notwendig, damit der Geräteauf- und -abbau für die Kinder zu einer selbstverständlichen Gewohnheit wird. Phantasievolle Geräteauf- und umbauten führen dann sehr schnell zu Unterrichtseinheiten mit mehr Spaß, wachsender Bewegungsfreude und -geschicklichkeit sowie Raum für eigene Ideen.

Die Förderung des Sozialverhaltens durch gegenseitige Rücksichtnahme und Hilfeleistung ist dabei eine besonders wichtige Begleiterscheinung.

In diesem Arbeitskreis wurden ausschließlich Geräte benutzt, die in jeder normalen Turnhalle zu finden sind – Kastenteile, Matten, Bänke, Weichböden und Hilfsmittel wie Kleingeräte und Rollbretter. Die Kinder sollten den Umgang und die Handhabung dieser Geräte zunächst erlernen, um sie dann mit anderen kombinieren zu können und größere Aufbauten zu gestalten.

Die Teilnehmer erprobten verschiedene Möglichkeiten, den Gerätetransport und -aufbau kindgerecht aufzubereiten und spielerisch zu verpacken. Dabei wurde der Auf- und Abbau in die Spiel- und Sporthandlung mit einbezogen oder durch methodische Hilfsmittel wie Bilder oder Puzzleteile gestaltet.

Beispiel 1:

* Bei den Fröschen

Die Spielhandlung führt die Teilnehmer von Einzelübungen über die Partnerarbeit zur Zusammenarbeit in Kleingruppen, und freie Organisationsformen wechseln mit ersten einfachen Gerätekombinationen.

Je nach individuellem Leistungsvermögen können die Kinder verschiedene Hüpf- und Sprungformen, Seilspringen, Stützsprünge an verschiedenen Geräten in unterschiedlichen Höhen, Aufknien, Aufhocken, Hockwenden, Aufrollen usw. versuchen, üben, allein oder mit Hilfe erlernen und/oder verbessern.

Spielgeschehen/
Bewegungsgeschichte

Bewegungsaufgaben

Jeder Frosch baut sich ein Blätterhaus.

– Jeder Teilnehmer erhält ein farbiges Seil und legt es auf den Boden.

Die kleinen Frösche erkunden die Umwelt.

– Wenn Musik erklingt, bewegen sich alle in der Halle, bei Musikstop ins Haus zurück.

Jeden Morgen testen sie vorsichtig die Wassertiefe im Teich.

– Handstützlauf ums Seil herum
– Stützhocksprünge über das Seil

Ganz vorwitzige üben schon morgens den „Froschhüpfersitz".

– Aus der Hockstellung durch die Arme zum Strecksitz.

Haben sie es geschafft, hüpfen sie vor Freude so sehr auf dem Blatt herum, daß es im hohen Bogen fliegt.

– Seilspringen

Wenn die Frösche größer werden, suchen sie ihre Familien, um gemeinsam ein Haus zu bauen.

– Farblich passende Seile werden zusammengelegt (ca. 6 Teilnehmer).

Hierin hüpfen sie über- und untereinander und umeinanderherum.

– Stützhocksprünge, Hockwenden über das Seil und den Partner.

Ab und zu besuchen sich auch zwei Familien. Dann bekommen sie oft Riesenhunger auf leckere Fliegen.

– Moosgummiringe auf dem Kopf transportieren oder in der Gruppe zuwerfen und fangen.

Dabei werden die Frösche immer größer und brauchen bald neue Häuser in ihrer Teichecke.

– Kleingruppen holen die Geräte und stellen sie in ihre Hallenecke.

1. Familie: Kleine Kästen
2. Familie: Kastenteile u. Matten
3. Familie: Matten
4. Familie: Kastentreppe aus vier Kästen und Weichboden

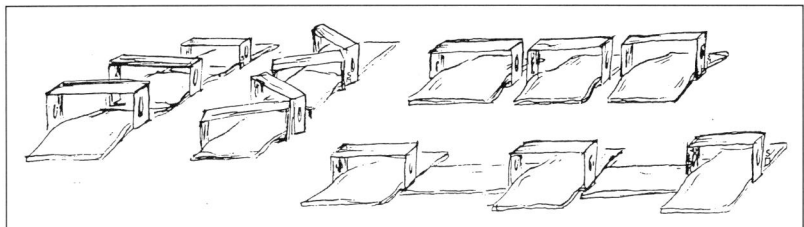

Abb. 1

Abb. 2

Die Blätterhäuser bleiben als Trainingsplatz für die Hinterbeine.

Alle feiern ein Fest und hüpfen dabei lustig zur Musik umher. Zwischendurch huschen alle schnell in ihre Häuser, lauschen, ob der Storch kommt.

Die Frösche sind neugierig und wollen ihre Nachbarn besuchen.

– Seile bleiben – ein Seil liegt zum Springen in der Mitte

– Hüpfen und springen an allen Geräten, wenn Musik erklingt. Bei Musikstop sucht jeder einen Platz auf einem Gerät.
– Fangenspielen: Gefangene werden Störche und fangen mit.
– Wer nicht gefangen werden will, muß z. B. aufknien, auf einem Bein stehen usw.

– Geräte der anderen ausprobieren.

Endlich ist es soweit – der große Tag –   – Wieviele passen auf die Kasten-
die Hochzeit der Frösche findet statt.   treppe?

                             – Partner- und Sprungübungen an der
                               Kastentreppe

Natürlich mit großem Froschkonzert...
„ Q u u a a k"

Beispiel 2:

* Knall, knall, knall, wir fliegen jetzt ins All

    Start: Alle Kinder knien nebeneinander im Kreis und klatschen beim Start-
    sprung auf den Fußboden.
    „Knall, knall, knall, wir fliegen jetzt ins All.
    Der Countdown läuft – 10, 9, 8, ...0 – START! huuui... (laut)."
Die ersten Startversuche werden vom Oberkommandanten (Übungsleiter) kurz
vor dem Startschrei abgebrochen, denn niemand darf ohne Astronautentest ins
Weltall fliegen:
Astronautentests:
    – Schnelligkeitstest
    – Hüpftest
    – Schwindeltest
    – Gleichgewichtstest
    – Flugübungen vorwärts, rückwärts, seitwärts, Sturzflug...
    – Landeübungen laut, leise, auf dem kleinsten Planeten des Universums...
    – Notpropeller bauen im Stand, im Sitzen, in Bauch- oder Rückenlage
    – Notpropeller zu zweit, dritt...
Der dann folgende Start gelingt bestimmt, es sei denn die Kinder haben noch
eine Idee, was wir vergessen haben.
Gelingt der Start, so beginnt die erste Flugphase:
Flugphase: Mehrere Kinder steigen hintereinander in die Raumschiffe, halten
sich an den Hüften und gehen zum Flugspruch vorwärts, dabei immer schneller
werden:
„Seht, seht, seht,
wir fliegen jetzt zum.....-Planet.
Schneller, schneller, schneller –
es wird schon immer heller! – Landung! (schreien)."
Landung: Alle purzeln dabei wild durcheinander und beginnen sich zu bewegen, so, wie es der Planet vorgibt.
Planeten: Kriech-, Hüpf-, Trampel-, Tanz-, Heul-, Schrei-, Roll-, Lach-, Kit-
zelplanet usw.

Planetengruppen: Wasserplaneten mit Ruder-, Surf-, Schwimm-, Tauch-, Kraulplanet usw.

Tierplaneten, Roboterplaneten, Rutschplaneten, Schaukelplaneten, Spielplaneten, Ballplaneten usw.

Phantasieplaneten

Raumschiff 1: – Kastenteil für 2 bis 3 Astronauten:

– Die Raumschiffe werden aus den Hallen (Geräteraum) auf den Flugplatz (Halle) gerollt (getragen).
– Maschinen abstellen (leises Abstellen der Kastenteile auf den Boden).
– Aus- und einsteigen in verschiedensten Situationen und Variationen wird geprobt – steigen, hüpfen, springen, hockwenden, durchkriechen durch ein seitlich gelandetes Raumschiff.
– Vorsichtig bewegen sich die Raumschiffe auf dem Flugplatz ohne aneinanderzustoßen.
– Vorwärts und rückwärts rollen (tragen) sowie seitwärts und an Parklinien (Hallenwänden) halten.
– Erste Flugversuche werden organisiert, in einer Richtung über den Flugplatz (Halle) und ggf. nacheinander bzw. nebeneinander. Höhenflug und Tiefflug sowie Seitwärtsflüge, Steig- und Landeanflüge werden simuliert. Der gefährliche Flug durch eine Wetterfront darf natürlich nicht fehlen.
– Kopplungsversuche von zwei oder mehreren Raumschiffen. Nach dem Abschalten der Maschinen (abstellen) verschiedene Ein- und Ausstiege proben sowie durch alle gekoppelten Raumschiffe durchsteigen.

Alle Hüpf- und Sprungformen lassen sich an Kastenteilen durchführen, zusätzlich können noch Balancier-, Kletter- und Geschicklichkeitsaufgaben einbezogen werden.

Raumschiff 2: – Matten für 4 bis 6 Astronauten:

Die vorangegangenen Übungsbeschreibungen lassen sich mit den neuen Raumschiffen ebenso durchführen.
– Rund- bzw. Kreisel- oder Karussellflüge werden geprobt.
– Aus den Raumschiffen werden Schutzschilde gebaut (Matten aufstellen und festhalten), einzelne Mannschaftsmitglieder werden aufgerufen und erhalten Trainingsaufgaben. Dabei darf das Schutzschild nicht umfallen.
– Notlandungen werden geübt: Die Matte wird angehoben und auf Kommando auf den Boden fallengelassen. Welche Mannschaft liegt, steht, kniet zuerst im Raumschiff?
– Fitneßprogramm für Astronauten auf Langstreckenflügen – Kerze, Brücke, Schaukelübungen als Vorübung zur Rolle vorwärts, Baumstammrollen, Rollen – mit Hilfe des Partners aufstehen usw.

Spiel- und Übungsformen rund um die Matte und erste Bodenturnübungen lassen sich kindgerecht verpacken.

Raumfähre 3: – Bank für 6 bis 10 Astronauten:
- Mannschaftswechsel von einem Raumschiff (Bank) ins andere unter verschiedensten Bedingungen – laufen, hüpfen, kriechen, robben, im Nebel usw.
- Die Raumfähre kann auf dem Rücken (Schmalseite der Bank) fliegen.

Hier werden die vielfältigen Übungen an der Langbank geübt.

Transportschwierigkeiten mit Bänken lassen sich durch den Einsatz von Rollbrettern beheben, allerdings muß auch das geübt werden.

- Die Raumfähre (Schmalseite oben) auf ihrem Transporter (2 bis 3 Rollbretter). Vorwärts-, rückwärts und seitwärts bewegen durch schieben, ziehen, nur mit den Füßen/rollern, im Sitzen …

Abb. 3

Raumschiff Enterprise: – Weichboden für 8 bis 16 Astronauten:
Den Weichboden benötigt man sehr oft für größere Gerätekombinationen, schiefe Ebenen usw. Der Transport und der Umgang mit dem Weichboden muß geübt werden, denn es werden sehr viele kräftige Hände gebraucht, um ihn zu bewegen.

- Verantwortungsbewußte Astronauten gehören zur Crew, und was der Kommandant (anfangs Übungsleiter, später ein Teilnehmer) sagt, wird gemacht.

- Erstes vorsichtiges Abheben, dabei müssen **alle** immer noch ins Raumschiff (auf die Matte) gucken können.
- Vorsichtige Vorwärts-, Rückwärts-, Seitwärts- und Drehbewegungen.
- Notantrieb: alle sitzen um die Matte herum, stecken die Füße unter die Matte und versuchen, sie so anzuheben.
- Ein Astronaut darf liegend ein Stück mitfliegen.
- Eine gute zuverlässige Mannschaft versucht einen Höhenflug (Matte über den Kopf zu heben).
- Notlandeübungen: Jede Mannschaft stellt sich zu viert hinter der Matte (Breitseite) auf. Jeweils 4 Teilnehmer heben die Matte an. Übungsleiter achtet darauf, daß die Matte nicht vorzeitig kippt und sich niemand auf der anderen Seite befindet. Die 4 Teilnehmer stellen sich mit dem Bauchnabel an die Matte, die Arme hoch ausgestreckt und dann – Mutprobe – fallen sie mit der Matte und einem lauten Knall auf den Boden.

Abb. 4

- Auch für das Raumschiff Enterprise werden Transporter eingesetzt. Je nach Festigkeit der Matte den Weichboden auf mehrere Rollbretter legen und damit einzelne Astronauten im Sitzen, Liegen und Stehen über den Flugplatz (Halle) transportieren.

Nach der Ausbildungszeit – mehrere Unterrichtsstunden – sind die Astronautenmannschaften sicherlich in der Lage, mit Hilfe der Raumschiffe und Raumtransporter auch das Material, die Geräte für aufwendigere Aufbauten, wie z. B. schiefe Ebenen an Sprossenwänden mit mehreren Bänken, Matten und Weichböden, zu transportieren und zusammenzubauen – irgendwann in Rekordzeit, das versteht sich von selbst.

Pia Pauly

Großgerätelandschaften –
Kindgerechte Nutzung der Großgeräte

Eine Großgerätelandschaft besteht aus mehreren Gerätekombinationen, die verschiedene Bewegungsangebote beinhalten. Den Kindern wird viel Raum gegeben, sich selbständig damit auseinanderzusetzen und Erfahrungen im Umgang mit sich selbst (personale Erfahrungen), mit anderen (soziale Erfahrungen) zu sammeln.

Die Bewegungsangebote beinhalten zum einen den Bereich der Grundtätigkeiten, die in vielfältiger Weise geübt, variiert und kombiniert werden, so daß sich das Bewegungsvermögen erweitern kann und viele Bewegungs- und Körpererfahrungen gemacht werden können. Zum anderen kann die Gerätelandschaft eine in sich geschlossene thematische Einheit bilden, die den Kindern ein vielfältiges Rollen- und Darstellungsspiel ermöglicht. Die phantasievolle Gestaltung der Gerätelandschaft und die damit verbundenen Assoziationen ermöglichen den Kindern die Übernahme und das Spielen von Rollen, die sie im Alltag nur selten oder nie einnehmen können.

Nachstehend werden die Bereiche
– Erweiterung des Bewegungsvermögens und
– Rollen- und Darstellungsspiele in einer Großgerätelandschaft
thematisiert.

Zur physischen und psychisch-emotionalen Einstimmung „fliegen" wir zunächst mit unseren Raketen auf die unterschiedlichsten Planeten, bevor wir unser eigentliches Ziel, den „Grünen Planeten" erreichen. Mit einem kleinen START-SPRUCH wird der Start mit der Rakete erleichtert.

Die erste Station ist der RÜCKWÄRTS-PLANET. Alle Planetbewohner bewegen sich nur rückwärts.

Der Weiterflug führt uns an vielen kleinen Sternen vorbei, an denen wir im Slalomlauf vorbeikommen – manchmal sind wir auch gezwungen, darüber zu springen oder drunter durch zu laufen.

Die zweite Station ist der HINDERNIS-PLANET. Unser Partner stellt oder legt sich uns immer in den Weg – er ist unser Hindernis. Weiter geht es in Doppelraketen und Schattenlauf. Die dritte Station ist der ZEITLUPE-PLANET. Auf diesem Planeten ist die Anziehungskraft ungeheuer groß, so daß wir sehr viel Muskelkraft brauchen, überhaupt erstmal aufzustehen! Nach unserem letzten Start führt uns die Reise über die Milchstraße – wir springen von Stern zu Stern und landen schließlich auf dem „Grünen Planeten".

Zur Erweiterung des Bewegungsvermögens und zum Kennenlernen der Gerätestationen und deren Bewegungsmöglichkeiten, werden zunächst folgende Bewegungsaufgaben gestellt:

– mit dem Partner die Landschaft erkunden;
– im Vierfüßlergang die Geräte überwinden;
– die Geräte rückwärts überwinden;
– mit dem Partner als Hindernis die Geräte überwinden;
– mit dem Partner im ständigen Körperkontakt die Geräte überwinden.

Nachdem wir nun mit der Landschaft, den Gefahren, aber auch Bewegungsmöglichkeiten vertraut sind, können wir zu einzelnen Spielmöglichkeiten übergehen. Folgende Anregungen bieten sich an:

– Bewegen wir uns wie die Bewohner des GRÜNEN PLANETEN – wie leben diese denn?

– Was passiert, wenn wir als Erdenbewohner den Bewohnern des GRÜNEN PLANETEN begegnen? – wie verhalten wir uns bzw. die Bewohner sich?

– Wir bilden eine Seilschaft, um den Gipfel besteigen zu können; zu diesem Zweck haben wir einen Bergführer dabei – natürlich auch eine Brotzeit und vieles andere mehr – auf so einer Bergtour kann viel passieren.

Die Spielmöglichkeiten erweitern sich bei Hinzunahme von Handgeräten und Materialien.

Bewegungserziehung in Kindertagesstätten

Kindertageseinrichtungen stellen die 1. Form institutionalisierter Erziehung außerhalb des Elternhauses dar. Als familienergänzende Einrichtungen können sie in hohem Maße auf die Lebensgewohnheiten der Kinder einwirken. Ihrer pädagogischen Konzeption und ihren bewegungspädagogischen Bemühungen muß daher eine besondere Bedeutung beigemessen werden.

Ebenso wie im Elternhaus werden hier grundlegende Einstellungen zum eigenen Körper geprägt und das Bewegungsverhalten von Kindern entscheidend beeinflußt. Darüber hinaus können die Kindertageseinrichtungen die in der Familie vorhandenen Möglichkeiten ergänzen sowie ggf. ausgleichen.

Obwohl der Kindergarten in seiner Bedeutung für die kindliche Entwicklung allgemein anerkannt ist, entsprechen die materialen und personellen Voraussetzungen meist nicht den Anforderungen, die für eine gute pädagogische Arbeit notwendig und sinnvoll wären. Dies trifft vor allem für die Bewegungsmöglichkeiten der Kinder zu. Eine von der Deutschen Sportjugend durchgeführte Bestandsaufnahme „Zur Situation der Bewegungserziehung in Kindergarten und Verein" (1979) zeigt besondere Schwachstellen und Mängel hinsichtlich der räumlichen und materialen Ausstattung der Kindergärten. Spezielle Bewegungsräume waren entweder gar nicht vorhanden, oder sie waren zu klein und konnten dem Bewegungsdrang der Kinder nicht gerecht werden. Manchmal mußte für die Bewegungserziehung der Gruppenraum ausgeräumt oder schmale, kalte Flure benutzt werden. Die Geräteausstattung war meistens unzureichend und wenig phantasievoll.

Diese äußeren Voraussetzungen waren für die meisten Erzieherinnen der Grund dafür, Bewegungsangebote nur auf feststehende Zeiten zu begrenzen (im Idealfall fand dann wöchentlich 1x eine „Turnstunde" von 30 bis 45 Minuten statt).

Die Erzieherinnen fühlten sich selbst in ihrer Ausbildung nicht genügend qualifiziert für die Durchführung von Bewegungsangeboten. Wenn dieser Bereich überhaupt Inhalt ihrer Ausbildung war, dann diente er mehr ihrer eigenen sportlichen Beanspruchung und weniger der Vorbereitung auf die zukünftigen Aufgaben einer Erzieherin.

Diese Ergebnisse der Bestandsaufnahme im Kindergarten treffen weitgehend auch heute noch zu. Zwar hat sich in den letzten Jahren hinsichtlich der didaktischen Konzeption der Bewegungserziehung im Kindergarten zumindest in der Fachliteratur eine deutliche Wende von funktions- und fertigkeitsorientierten Ansätzen hin zu situations- und kindorientierten Konzepten vollzogen, die Realisierung dieser meist allgemein akzeptierten Zielvorstellung einer in den Kindergartenalltag integrierten Bewegungserziehung (die die wöchentliche Turnstunde nicht überflüssig macht, sondern um situative Bewegungsanlässe und freie Bewegungsgelegenheiten ergänzt und erweitert) in der Praxis bereitet jedoch

Schwierigkeiten. Dies wird immer noch an den unzulänglichen Rahmenbedingungen und der unzureichenden Vorbereitung der Erzieherin durch ihre Ausbildung festgemacht. Das Bewußtsein der Erzieherin bezüglich des Stellenwertes von Bewegung, Spiel und Sport ist deutlich ausgeprägt, sie fühlt sich jedoch häufig überfordert von den vielfältigen Ansprüchen, die von außen an die Kindergartenerziehung gestellt werden. Immer mehr Fachleute wollen nämlich mit immer mehr fachspezifischen Anliegen bereits im Kindergarten Fuß fassen, von der musikalischen Früherziehung bis zum Schwimmkurs; bereits im Kindergartenalter sollen Talente gesichtet und entsprechend gefördert werden.

Geht man jedoch weniger von den von außen kommenden Anforderungen, sondern mehr von den Kindern selber aus, dann gehört das Sichbewegen zu deren grundlegenden Betätigungs- und Ausdrucksformen. Ansatzpunkt ist also nicht ein Fachgebiet Sport oder Bewegungserziehung, dessen Zielen sich der Kindergarten verpflichtet fühlen müßte, sondern vielmehr das Kind mit seinen Bedürfnissen, Interessen und elementaren Ausdrucksformen (ZIMMER 1991, 8).

Die folgenden Beiträge greifen verschiedene Problembereiche der Bewegungserziehung im Kindergarten auf. U. KRAUS und K. HAUCKE berichten von einem Projekt, in dem Bewegung als Prinzip ganzheitlicher Entwicklungsförderung im Kindergarten gilt. In diesem Projekt wurde eine Rahmenkonzeption „Bewegungserziehung im Kindergarten" erarbeitet, deren Entwicklung und wesentliche pädagogische Grundkonzeption vorgestellt werden.

Die eingeschränkten Bewegungsräume im Kindergarten sind Thema des Beitrages von J. HOPPE. Hier wird aufgezeigt, wie die Einengung des alltäglichen Bewegungsraumes von Kindern Verhaltensauffälligkeiten geradezu herausfordert und welche Möglichkeiten die Erzieherin hat, Bewegungsräume zu gestalten und sie Kindern zur selbständigen Nutzung zugänglich zu machen.

Welche Bedeutung die Förderung der Selbständigkeit bei der Bewegungsentwicklung eines Kindes gerade in den ersten Lebensjahren einnimmt, beschreibt S. HERM in ihrem Beitrag über die Möglichkeiten der psychomotorischen Förderung in der Kinderkrippe.

Bewegungsmangel als Ursache vieler Bewegungsauffälligkeiten sind für K. SCHAFFNER der Anlaß, ein bewegungsfreundlicheres Modell eines Kindergartens zu entwickeln. Am Beispiel der Gestaltung eines Elternabends zeigt sie, wie die „Füße" zum Gegenstand origineller und kreativer Bewegungsspiele werden können.

Unter schwierigen räumlichen Bedingungen wird der Kindergarten häufig zum „Sitzkindergarten". A. MARONA setzt sich dagegen für einen „Bewegungskindergarten" ein und gibt Anregungen zur Organisation eines täglichen Bewegungsangebotes. Auch G. REGEL und A. WIELAND sehen die psychomotorische Förderung als eine Möglichkeit, verlorengegangene Spielräume, Spiel- und Sozialformen möglichst kindgerecht zu ersetzen. Sie stellen in ihrem Beitrag an einem Beispiel die „Spielidee" als beziehungs- und bedeutungsstiftendes Element vor.

Ulrike Kraus/Karl Haucke

Integrierte Bewegungserziehung im Kindergarten

Vorbemerkung

Nachfolgend werde ich ein Projekt vorstellen, das das Kultusministerium Nordrhein-Westfalen und das Ministerium für Arbeit, Gesundheit und Soziales NRW gemeinsam mit Frau Prof. Dr. Renate Zimmer als sportpädagogische Begleitung durchführen. Es erfolgt eine kurze Skizzierung des Projektanliegens sowie eine Beschreibung der „ersten" gewonnenen Erkenntnisse.

Mit meinem Beitrag möchte ich Sie auf eine landes(sport)politische Initiative Nordrhein-Westfalens aufmerksam und zugleich neugierig machen: auf die von beiden Landesministerien vorgesehene Veröffentlichung der „neuen" Rahmenkonzeption zur „Bewegungserziehung im Kindergarten".

1. Einleitung

Bewegungserziehung im Kindergarten ist im Kindergartengesetz Nordrhein-Westfalens verankert. So wird im § 2 – „Auftrag des Kindergartens" – als eine von vielen Aufgaben des Kindergartens genannt:

„dem Kind Grundwissen über seinen Körper zu vermitteln und seine körperliche Entfaltung zu fördern" (MAGS 1986, 18).

Die Idee der Bewegungserziehung im Kindergarten ist in Nordrhein-Westfalen keineswegs neu.

Anfang der 70er Jahre hat das Ministerium für Arbeit, Gesundheit und Soziales ein „Didaktisches Konzept für den Sport im Kindergarten" herausgegeben, das als Grundlage für die Arbeit der Erzieherinnen und Erzieher gedacht war. Autorin dieses Konzepts war Lieselott Diem.

Kernpunkte dieses Konzepts waren die Beschreibung bedeutsamer Elemente für „Sport und Spiel" im Kindergarten, der Hinweis auf Vermittlungsmöglichkeiten einzelner „Inhalte" bzw. „Fertigkeiten" sowie die ausführliche Darstellung geeigneter „Übungsangebote".

Diese Übungsangebote waren stark fertigkeitsorientiert, wobei die Umsetzung einzelner Übungen den Kindern nicht viel Freiraum ließ. Das bedeutete, Elemente wie Kreativität oder Improvisation waren äußerst selten, und es fiel auf, daß die Übungsinhalte nur selten auf reale Alltagssituationen der Kinder zurückzuführen waren (vgl. MAGS 1975).

Vor dem Hintergrund der in den letzten 10 Jahren gewonnenen Erkenntnisse auf dem Gebiet der Vorschulpädagogik wurde von seiten der Erzieherinnen und Erzieher sowie der Träger von Kindergärten der Wunsch immer stärker, den Bereich „Bewegungserziehung im Kindergarten" in veränderter Form zu thematisieren.

Dieser Wunsch war und ist um so verständlicher, als in nordrhein-westfälischen Tageseinrichtungen für Kinder vom Grundsatz her situationsorientiert gearbeitet wird.

In der Kindergartenpädagogik geht es um die allseitige Förderung des Kindes in der Gruppe. Das freie Angebot des Kindergartens als Ergänzung zur Familienerziehung soll dabei den Anspruch eines jeden Kindes auf eine umfassende Förderung absichern.

Diese Maßnahmen sollten bei einer neuen Bearbeitung bzw. Aufbereitung des Themenfeldes „Bewegungserziehung" berücksichtigt werden und folglich in die konzeptionelle Neugestaltung einfließen.

2. Welches sind die konzeptionellen Grundlagen?

Es ist unumstritten, daß Kinder bereits sehr früh ein ausgeprägtes Bewegungsbedürfnis haben, dessen Befriedigung die gesamte Entwicklung des Kindes entscheidend beeinflussen und Fehlentwicklungen verhindern kann.

Kinder reagieren auf Bewegungs- und Spielsituationen mit Freude und Lust. Durch das Ausleben seiner Bewegungsbedürfnisse wird das Kind in seiner Spontaneität, Kreativität und Phantasie angeregt.

Bewegungserziehung im Kindergarten müßte demzufolge einen sehr hohen Stellenwert besitzen; sie sollte offen sein für alle Bewegungsmöglichkeiten und nicht einseitig auf den Erwerb bestimmter Fertigkeiten ausgerichtet. Den Kindern sollten Freiräume zur Verfügung stehen, in denen sie sich in spontaner Weise, ohne oder mit Geräten, bewegen können, um so die Befähigung zu eigener Bewegungsgestaltung, zum Improvisieren und Kreativ-Sein zu entwickeln.

Durch ein gezieltes, vielseitiges Angebot erhalten Kinder die Möglichkeit, grundlegende Bewegungsformen aufzubauen und damit auch die Basis für spätere sportliche Aktivitäten zu schaffen.

Versteht sich der Kindergarten als eine Institution, die sich die ganzheitliche Erziehung und Förderung von Kindern zur Aufgabe macht, dann dürfen Körper- und Bewegungserfahrungen nicht auf festgelegte Zeiten beschränkt sein, sie müssen zum integrierten Bestandteil des Kindergartenalltags werden. Anreize bzw. Aufforderungen zur Bewegung sollten von den Kindern spontan und nicht erst in der Turnstunde am nächsten oder übernächsten Tag ausgelebt werden können.

Aus diesen Aussagen wird deutlich, daß in dem neuentwickelten Konzept das Kind mit seinen Bedürfnissen, Interessen und elementaren Ausdrucksformen im Vordergrund steht. Diese Überlegungen stellen die Grundlage eines Projektes dar, das zur Zeit gemeinsam vom Kultusministerium und vom Ministerium für Arbeit, Gesundheit und Soziales in Nordrhein-Westfalen durchgeführt wird. Ziel des Projektes ist die Entwicklung einer Rahmenkonzeption von Bewegungserziehung für den Kindergarten, in der die Bewegung als Prinzip ganzheitlicher Entwicklungs-

förderung verstanden wird. Diese Rahmenkonzeption zeichnet sich durch drei Merkmale aus. Sie ist
– situationsorientiert
– ganzheitlich
– kindorientiert.

„Situationsorientiert" umschreibt in diesem Zusammenhang die Bereitschaft der Erzieherinnen, spontan auf Bewegungsbedürfnisse von Kindern zu reagieren, den Kindern Angebote zu machen, die ihrer Vorstellungswelt entsprechen, und die sie gleichzeitig in ihrer Entwicklung umfassend fördern. Dies setzt voraus, daß die Erzieherin die Kindergruppe genau beobachtet, die alltäglichen Vorgänge innerhalb der Gruppe reflektiert sowie von den aktuellen Problemen der Kinder Kenntnis hat. Es wird folglich die Aufgabe der Erzieherinnen sein, aus dem Erlebnisbereich der Kinder erkennbare Situationen aufzugreifen bzw. weiter auszugestalten. Impulse können sich also aus der aktuellen, alltäglichen Situation ergeben, von den Kindern selbst kommen oder aber von der Erzieherin ins Spiel gebracht werden.

„Ganzheitlich" bedeutet, daß bei den Bewegungssituationen und -angeboten nicht die motorischen Fertigkeiten und Fähigkeiten allein im Vordergrund stehen, sondern daß die gleichzeitige Förderung von sozialen, emotionalen, kognitiven und motorischen Prozessen angestrebt wird.

„Kindorientiert" spricht die Fähigkeit der Erzieherin an, selbstbestimmte Aktivitäten der Kinder zu akzeptieren, ihnen Raum für die Entfaltung ihrer eigenen Ideen zu geben und sich gleichzeitig mit eigenen Anweisungen zurückzuhalten.

3. Das Projekt „Bewegungserziehung im Kindergarten"

Die Projektarbeit verläuft in drei Phasen:
1) Konzeptionelle Arbeit
2) Erprobung und Umsetzung in der Kindergartenpraxis
3) Auswertung

Das Projekt befindet sich zur Zeit in der 3. Projektphase. Erste Ergebnisse der Phasen 1 bis 3 werden nachfolgend etwas ausführlicher dargestellt.

Zu Phase 1

Im Mittelpunkt dieser ersten Phase stand die Erarbeitung einer Rahmenkonzeption. Bei der Erarbeitung der Materialien wurde besonders großen Wert darauf gelegt, daß sich die in der Rahmenkonzeption enthaltenen „praktischen Beispiele" nicht nur bei idealen räumlichen Voraussetzungen umsetzen lassen, sondern daß auch der räumlichen Enge im Innen- und Außenbereich der Einrichtungen Rechnung getragen wird.

Die konzeptionellen Grundlagen sind unter Einbeziehung der Erzieherinnen und ihrer praktischen Erfahrungen und Erkenntnisse erstellt worden. Der intensive

Diskurs zwischen Erzieherinnen und sportpädagogischer Begleitung des Projekts unterstreicht das Anliegen, mit der Rahmenkonzeption nicht Praxisbeispiele vorgeben zu wollen, sondern „gelebte" Kindergartenpraxis zu berücksichtigen bzw. wiederzugeben.

Zu Phase 2
Die Erprobung bzw. Umsetzung der konzeptionellen Rahmenvorgaben bzw. Empfehlungen erfolgte im Zeitraum April 1990 bis Dezember 1990 in fünf Kölner Kindertagesstätten. Ende Dezember wurde diese Phase beendet.

Die Umsetzungsphase wurde bewußt so lange gewählt, um die verschiedenen Arbeitsmöglichkeiten in der Sommer- bzw. Herbst- und Winterzeit ausschöpfen zu können.

Die einzelnen Kindertageseinrichtungen wählten die Schwerpunkte ihrer Arbeit entsprechend ihren Interessen selbst.

Orientierungshilfen stellten sicherlich die vielfältigen Beispiele aus der Rahmenkonzeption mit praktischen Beispielen dar. Sie wurden jedoch ausschließlich als Anregungen verstanden und nicht als Vorgaben interpretiert.

In der Sommerzeit haben drei Einrichtungen das Schwergewicht ihrer Arbeit auf die Neugestaltung ihres Außengeländes gelegt, eine Einrichtung hat den Schwerpunkt „Elternarbeit" gewählt und dabei ein Sommerfest vorbereitet und durchgeführt, und eine weitere Einrichtung veränderte die Innenräume. Gleichzeitig verfolgten alle Kindertageseinrichtungen das Ziel, durch die ihnen zur Verfügung gestellten praktischen Anregungen ihre Räumlichkeiten neu zu gestalten, um sie vielfältiger als bisher nutzen zu können. In der Herbst-/Winterzeit wurden in den meisten Kindertageseinrichtungen Themen und Beispiele aus dem musisch-tänzerischen Bereich aufgegriffen und umgesetzt.

Zu Phase 3
In der abschließenden dritten Phase geht es in erster Linie um die Auswertung der bisher gewonnenen Erkenntnisse und Erfahrungen. Auch hier werden die Erfahrungen der Erzieherinnen in die Auswertung einfließen und bei der endgültigen Abfassung der Rahmenkonzeption Berücksichtigung finden. Der Diskurs findet also auch in dieser Projektphase seine Fortsetzung. Darüber hinaus wird eine Veröffentlichung des Projektberichts zur Dokumentation der Projektarbeit sowie der Rahmenkonzeption inklusive der Handreichungen vorbereitet.

4. Ein abschließendes, vorläufiges Fazit

Es war von Anfang an beabsichtigt, den Ergebnissen der Projektarbeit, d. h. der neu zu entwickelnden Rahmenkonzeption ein hohes Maß an Verbindlichkeit zu verleihen und den Bezug zur praktischen Arbeit in den Kindertagesstätten herzustellen. So wurden die konzeptionellen Arbeiten sowie die praktische Umsetzung in den Einrichtungen durch zwei Gremien, die eigens für die Projektdauer eingerichtet worden sind, begleitet.

Es ist dies erstens der „Arbeitsausschuß Bewegungserziehung im Kindergarten", in dem neben Mitarbeiterinnen der am Projekt beteiligten Ministerien die von der Landesarbeitsgemeinschaft der öffentlichen und freien Wohlfahrtspflege benannten Trägervertreterinnen über die Grundzüge der Projektgestaltung beraten und beschließen. Die Einbindung gerade der zuletzt genannten Gruppe sichert die Akzeptanz der entwickelten Rahmenkonzeption durch die Träger und ebnet den Weg für Fortbildungsmaßnahmen in Anlehnung an die neue Rahmenkonzeption.

Das zweite Gremium ist der „Arbeitskreis Bewegungserziehung im Kindergarten", in dem die Erzieherinnen der beteiligten Einrichtungen, Fachberater (-beraterinnen) der beteiligten Träger sowie Vertreterinnen und Vertreter der beiden Ministerien, der Sportjugend NW, des Sozialpädagogischen Instituts sowie Frau Professorin Dr. Zimmer (als sportpädagogische Begleitung) ihre Eindrücke und Erfahrungen zur Konzeption, zur Handreichung sowie zur praktischen Umsetzung austauschen.

Nur auf diese Art und Weise konnte und kann garantiert werden, daß die praktische Arbeit auf der Grundlage der neuen Rahmenkonzeption von langer Dauer sein wird.

Jörg Reiner Hoppe

Bewegungsräume in Kindertagesstätten

Wie die Praxis in Kindertagesstätten aussieht

In einem gerade eben erstellten Leitfaden für die neuen Kindergarteneltern ist zu lesen: „Jede Kindergartengruppe turnt an einem anderen Tag. Geben Sie Ihrem Kind eine Turnhose und ein Turnhemd mit." Das bedeutet, daß ein Kind nur einmal in der Woche und in Turnkleidung unter Aufsicht turnen und während der übrigen Zeit nicht sich zum Rennen, Hopsen und Bewegen im Turn- und Mehrzweckraum aufhalten darf.

So wird in Kindertagesstätten und -horten Kindern tagtäglich die Befriedigung fundamental wichtiger Bedürfnisse vorenthalten.

Ursachen und Folgen

Leider vollzieht sich Kindergartenpädagogik häufig noch nach dem Modell: Eine Erzieherin, ein Gruppenraum und eine Gruppe. Kinder gehen vielfach nicht in einen Kindergarten, sondern einen Gruppenraum eines Kindergartens, vielleicht noch einen Nebenraum und eine angrenzende Toilette. Erzieherinnen machen sich oft nicht klar, was es für ein Kind und sie bedeutet, selber in einem Gruppenraum 1 $^1/_2$ qm – wie in Hessen – zur Verfügung zu haben. 150 cm lang und 100 cm breit ist in diesem Bundesland das Maß, das die Gesellschaft den Kindern zubilligt. Aber nicht als freie Bewegungsfläche, denn es gehen noch die anteiligen Flächen für Schränke, Tische, Stühle, Regale ab und, was oft nicht bedacht wird, für Verkehrswege. Was für Kinder als freier Bewegungsraum bleibt: etwa 50 bis 70 cm in dem besagten Bundesland. Die Folgen für Kinder und Erzieherinnen sind gravierend.

„Erziehungsbedürftige", noch nicht fertig sozialisierte Kinder, die manchmal noch ungeschickt, hastig, schnell und quicklebendig, expressiv oder auch laut sind, müssen sich ständig zusammenreißen. Zusammenreißen ist der passende Ausdruck, weil sie allzu schnell mit anderen Kindern zusammenstoßen. Sie müssen sich auch „verhalten" lernen. Sie kommen ständig in den Nah- und Intimbereich von anderen Kindern, der etwa bei dem ausgestreckten Arm eines Menschen anfängt. Sie müssen ihre Bewegungsbedürfnisse unterdrücken. All das hat negative Folgen: Verhalten, Zusammenreißen führt zu Anspannung, Überreizung, Aggression und zu Problemen beim konzentrierten Arbeiten. In Untersuchungen in Kindertagesstätten ist nachgewiesen, daß mit der Personendichte die Häufigkeit von Aggressionen zunimmt. Es ist nicht übertrieben, wenn man behauptet, daß eine solche Situation Verhaltensauffälligkeiten im Kindergarten produziert.

Die Erzieherin versucht mit allerlei Mitteln, die Lebendigkeit der Kinder zu kanalisieren: Viele Beschäftigungen, Spielangebote und Rituale haben den Sinn, Bewegungsfreiheit der Kinder einzuschränken; sogar bei bestimmten Bewegungs- und Kreisspielen geht es darum. Ein anderes Mittel sind eine Fülle von Regeln und Verboten. Die Erzieherin bekommt, auch wenn sie es nicht will, die Rolle eines Dompteurs zugeschrieben. Mit ihrem Blick und mit ihrer Stimme, z. B. in gehobenem Ton „Andreas! Was machst Du da!" hält sie die Kinder wie ein Löwenbändiger in Schach. Sie muß verhindern, den Kindern – symbolisch gesprochen –, den kleinen Finger zu reichen, denn sie nehmen dann gleich die ganze Hand! Ein unangepaßtes auffälliges Kind kann gleichsam als Zündschnur wirken und das hochentzündliche Gemisch zur Explosion bringen. Die Arbeit, die die Erzieherin verrichtet, ist extrem anstrengend, und sie ist nach der Arbeit entsprechend geschafft, wenn sie auf die Bedürfnisse und Anliegen der Kinder eingehen will.

Was ist zu tun?

1. Ein Kindergarten ist mehr und größer als ein Gruppenraum

Zum Kindergarten gehören Flur, Eingangsbereiche, Mehrzweckräume, Turnräume, Waschräume, Abstellkammern und letztlich auch das Außengelände (s. 3.). Es ist eine große Entlastung für ErzieherInnen, wenn Kinder für ihre Spielaktivitäten alle diese Räume benutzen können. Dadurch wird die Personendichte verringert und auch die aufgezeigten negativen psychischen Folgen für alle Beteiligten. Beispiele zeigen, daß eine große Ruhe eintritt, wenn Kinder lange Zeit ruhig spielen und arbeiten können. Die Erzieherin bekommt die Möglichkeit, wieder einzelne Kinder und kleine Gruppen in ihrem Spiel bewußt wahrzunehmen und darüber hinaus auch auf ihre Beziehungswünsche einzugehen. Dadurch, daß Kinder einen größeren Aktionsradius erhalten, stören sie sich nicht so häufig. Kinder genießen es auch, allein zu sein. Es wird vermieden, daß Kinder durch die geringsten Bewegungen in den „Intimbereich" eines anderen eindringen. Sie bekommen Raum, um aufzuatmen und auch expressive und ausgreifende Bewegungen auszuführen, ohne als Bedrohung und aggressiv empfunden zu werden.

2. Umgestaltung des Tagesablaufes

Viele Kinder kommen schon mit aufgestauten Bewegungsbedürfnissen in die Einrichtung. Sie werden vielfach aus engen Wohnverhältnissen mit dem Auto oder auf dem Fahrrad zum Kindergarten gefahren. Die übliche Einteilung des Tagesablaufes von Freispiel, angeleiteter Beschäftigung und dem Öffnen der Türen um 11.00 Uhr ist den Bedürfnissen der Kinder nicht angemessen. Den Bewegungsbedürfnissen von Kindern ist höhere Priorität zu verleihen, z. B. indem sie schon früher nach draußen oder schon gleich, wenn sie in den Kindergarten kommen, den Bewegungsraum mit seinen Möglichkeiten erfahren können (s. 4.).

3. Das Außengelände ist ein pädagogisch wichtiger Erfahrungsraum

In den Kindertagesstätten ist das Außengelände vielfach ein pädagogisch ungenutztes Feld. Trotzdem ist es für die Einrichtung ungeheuer wichtig, weil es dem Affektabbau dient, der aus dem Innenbereich stammt. Kinder leben auf, geraten außer sich vor Freude, wenn sie um 11.00 Uhr nach draußen dürfen. Im Bewußtsein der Pädagogen heißt es oft, daß sich die Kinder dann austoben dürfen. Mehr ist oft auch nicht möglich, weil das Außengelände sehr trist und einfallslos nach Kriterien von Gärten- und Friedhofsämtern gestaltet ist. Es dominieren fest installierte Spielgeräte mit geringen Spielmöglichkeiten und, wie die Erfahrung zeigt, auch sehr geringer Spieldauer. Häufig ist der Sandkasten der alleinige Ort, in dem Kinder kreativ etwas hin und her bewegen können.

Wenn man als Erwachsener Kinder beobachtet oder sich intensiv in seine eigene Kindheit und an als bedeutsam erfahrene Spielorte versetzt, wird dagegen sehr schnell deutlich, daß die meisten als bedeutungsvoll und angenehm erlebten Spielorte im Freien lagen. Auf jeden Fall waren es Orte, die der direkten Kontrolle und dem Blick der Erwachsenen in der Regel verschlossen waren, dagegen aber sehr viele Spielmöglichkeiten beinhalteten. Der pädagogischen Ausgestaltung des Außengeländes von Kindertagesstätten sind kaum Grenzen gesetzt, wenn ErzieherInnen sich in ihre eigene Kindheit versetzen und all die Spielmaterialien und Spielorte versuchen so nachzugestalten, wie sie sie selbst erfahren haben.

4. Qualifizierte Räume für Bewegungs-, Körper- und Sinneserfahrungen schaffen

Die an anderer Stelle dieses Buches dargestellte Bewegungsbaustelle ist ein solch qualifizierter Ort, der den Kindern immer neue und kreative Bewegungs-, Körper- und Sinneserfahrungen vermittelt. Die Bewegungsbaustelle sollte in Kitas als ständiges Angebot eingerichtet werden, und es zeigt sich, wie sehr die übrigen Räume ruhiger werden und die Kinder ein großes Maß an Körperbeherrschung und Geschicklichkeit erreichen. Dem Argument, „es könnte ja etwas passieren", steht die Erfahrung entgegen, daß Kindertagesstätten, die sich auf eine Bewegungsbaustelle eingelassen haben, von weniger Unfällen als vorher zu berichten wissen.

Bewegungsräume für Kinder lassen sich aber noch weiter entwickeln. Wir haben in einem Hort, der in einem alten Fachwerkhaus untergebracht war und umgebaut wurde, das entkernte Fachwerk als Idee genutzt und neue Balken ins Fachwerk hinzugebaut. Senkrechte Balken wurden in der Nähe der Wände eingebaut und durch Streben miteinander verbunden und auch über Kopfhöhe unter der Decke neue Balken eingezogen. In die Balken wurden Löcher für Holzstäbe gebohrt, und sie wurden zum Teil eingekerbt, so daß die Kinder mit Rundstäben und Seilen sich selber neue Bewegungsmöglichkeiten schaffen konnten. Unter der Decke gab es auch ein festes Netz, wie es an anderen Spielgeräten zu finden ist, zu dem die Kinder gerne hochklettern, um dort ein wenig zu schaukeln. Außerdem gibt es in etwas geringerer Höhe ein Podest, welches von den Kindern als Bühne zum Theaterspielen genutzt wird. Im Raum finden sich noch Tücher und Stoffe, mit denen die Kinder mit Hilfe von gespannten Seilen den Raum „verkleiden" können.

Die ErzieherInnen berichten, daß die Kinder den früheren Tobe-Raum in „Paradisi" umgenannt haben. Früher haben die Kinder in dem Raum nur bis zum Exzeß getobt, heute, so erzählen sie, wird der Raum zunehmend – auch von Mädchen – zu längeren Spielphasen genutzt. Wenn man sich in dem nicht allzugroßen Raum aufhält, muß man häufig zu seinem eigenen Erstaunen feststellen, wie viele Kinder darin nebeneinander spielen können. Es sind häufig keine Bewegungsspiele, vielfach Rollenspiele mit viel Bewegungs- und Körpererfahrung.

5. Änderung des beruflichen Selbstverständnisses

Um vom angeleiteten Turnen zum Gestalten von Bewegungsräumen zu kommen, die von Kindern weitgehend selbständig genutzt werden, bedarf es eines neuen beruflichen Selbstverständnisses der ErzieherInnen. Es drückt sich darin aus, daß sie viel weniger mit Kindern machen, sondern daß sie Kinder selber viel stärker machen lassen. Ihr professionelles Handeln drückt sich darin aus, daß sie Kindern solche Möglichkeiten schaffen und sie weiterentwickeln. Das bedeutet auch, daß sie der Autonomie und Kompetenz der Kinder einen hohen Stellenwert verleihen und ihre Pädagogik weniger von der Aufsichtspflicht her betreiben. Ein solches berufliches Selbstverständnis drückt sich auch darin aus, daß sie die Eltern über die Bedeutung von Bewegungs-, Körper- und Sinneserfahrungen aufklären und in ihrer Arbeit standhaft ihre Ziele vertreten. Eine große Hilfe kann dabei sein, daß sie ihr pädagogisches Konzept mit anderen ErzieherInnen schriftlich festhalten und offensiv in der Öffentlichkeit vertreten.

Sabine Herm

Bewegungsangebote in der Kinderkrippe

Kinder sind von Anbeginn ihres Lebens ständig in Bewegung. Eltern machen diese Erfahrungen, wenn sie ihren Säugling beobachten, der mit zunächst wenig gesteuerten „Massenbewegungen" auf Umweltreize reagiert. – In den folgenden Wochen lernt der Säugling immer bewußter und zielgerichteter die Bewegungen von Augen, Händen und Beinen zu steuern. Er hat Spaß, mit den eigenen Körperteilen zu spielen oder untersucht alles, was sich in Reichweite befindet. Jedes Ding muß angefaßt, gedreht, geschüttelt, geschmeckt, gerochen oder ineinandergesteckt werden, es wird be-handelt, um Beschaffenheit, Bedeutung oder Spielwert zu begreifen.

Bebachtungen von Kindern im Alter von 7 bis 8 Monaten in ihrer aktiven Wach-Phase haben ergeben, daß sie kaum länger als 2 1/2 Min. in einer Position verharren. Sie sind ständig in Bewegung und machen auf diese Weise ihre Lernerfahrungen direkt und unmittelbar mit Personen und Gegenständen ihrer Umgebung.

Eine neue Qualität erfahren die Bewegungshandlungen, wenn das Kind selbständig gehen kann und dadurch seinen Bewegungsradius erweitert. Aktiv handelnd setzt sich das Kind nun mit der näheren Umgebung auseinander. – Treppen werden erklommen, hinter Vögeln hergerannt, in Pfützen gesprungen usw. Jeder, der Kinder im zweiten und dritten Lebensjahr beobachtet, kann diese Aufzählung um vieles ergänzen.

Wir beobachten auch, daß viele Bewegungen immer auf die gleiche Weise, mit deutlich sichtbarer Freude wiederholt werden, z. B. Erbse aufheben – in die Schüssel legen – auskippen – Erbse aufheben ... Bei diesen für Erwachsene manchmal unverständlichen Wiederholungen üben die Kinder nicht nur bestimmte Funktionen wie z. B. die Auge-Hand-Koordination, sondern sie speichern die Bewegungserfahrungen, das Bewegungsgedächtnis entwickelt sich.

Der Schweizer Psychologe Jean PIAGET hat diese Periode der kindlichen Entwicklung die „Sensomotorische Phase" genannt; alle Erfahrungen, die Kinder in den ersten 20 Monaten machen, gründen auf Wahrnehmung (Sinne) und Bewegung (Motorik). Piaget spricht von „Sensomotorischer Intelligenz", die die Basis jeglicher kognitiven Entwicklung ist.

Säuglinge und Kleinkinder lernen in ihren aktiven Bewegungsspielen die Beschaffenheit der Dinge kennen, begreifen die Beziehungen zu anderen Menschen, lernen ihren Körper, die Gefühle und die Sinnesfunktionen kennen und aktiv benutzen. Motorische Erfahrungen sind untrennbar mit psychischen Prozessen verbunden (PSYCHO-MOTORIK). Je jünger ein Kind ist, umso stärker beeinflussen sich Denken, Fühlen, Wahrnehmen, soziale Verhaltensweisen und motorisches Handeln.

Wenn Bewegungs- und Wahrnehmungserfahrungen für die kindliche Persönlichkeitsentwicklung so bedeutsam sind, folgt daraus, daß eine frühe Förderung, ein Programm, eine optimale Entwicklung gewährleistet?

Unter den Fachleuten finden sich hierzu entgegengesetzte Theorien, von denen ich einige nennen möchte:

Die Bewegungserziehung in den Krippen der ehemaligen DDR sieht für die pädagogische Arbeit einen detaillierten Plan zur Entwicklung motorischer Lernprozesse vor, der sehr an der Herausbildung motorischer Fertigkeiten und gezielter Verbesserung von Bewegungsabläufen orientiert war (SCHMIDT-KOLMER 1989).

Das Prager-Eltern-Kind-Programm (PEKIP), gegründet vom Prager Arzt Koch, geht von einer „ungeheuren Menge an verborgenen Entwicklungsmöglichkeiten, von denen wir keine Ahnung haben" aus und hat für das Säuglings- und Kleinkindalter ein Programm der motorischen Entwicklungsförderung, anknüpfend an die nachgeburtlichen Reflexe, erarbeitet (AGEF 1986, 60).

Die ungarische Kinderärztin Emmi Pickler, deren pädagogische Konzepte inzwischen auch bei uns sehr bekannt sind, vertritt einen entgegengesetzten Ansatz. In dem Waisenhaus für Kinder bis zum 3. Lebensjahr, das von ihr geleitet wurde, erhalten die Kinder keinerlei Bewegungshilfen oder Bewegungsangebote durch Erzieherinnen, eine selbstbestimmte Bewegungsentwicklung ist das Ziel. Dabei besteht die Aufgabe der Pädagogen darin, die Entwicklung der Kinder zu beobachten und Material und Raum für die Bewegungsentwicklung bereitzustellen (PICKLER, 1988).

Die deutlichen Unterschiede dieser Ansätze lassen sich zum Teil aus unterschiedlichen Erfahrungen, Zielsetzungen und konkreten gesellschaftlichen Bedingungen erklären. Für die institutionelle Kleinkinderziehung halte ich den Ansatz der „Psychomotorischen Erziehung", einer Verknüpfung von selbstbestimmten Bewegungserfahrungen und angeleiteten „Psychomotorischen Spielen" geeignet, die kindliche Persönlichkeitsentwicklung behutsam zu unterstützen (HERM, 1991).

Hier stellt sich die Frage, in welcher Weise die räumliche und materiale Umwelt der Kinder in ihren Spielräumen verändert werden kann, damit sie zu vielfältigen, selbständigen Bewegungshandlungen herausfordert.

Dies erfordert ein genaues Betrachten der Räume aus Erwachsenen- und Kindersicht:
– Ist genügend Platz für großräumige Bewegungen vorhanden?
– Dürfen Flure, Eingangshallen u. ä. zum Spielen, Rennen, Dreiradfahren u. ä. genutzt werden?
– Ist die Raumausstattung (einschließlich Mobiliar und Material) vielfältig nutzbar, verwandelbar für Groß und Klein?
– Sind die Räume so eingerichtet, daß kleine Kinder selbständig ihre Bewegungsfähigkeit entwickeln, ihren Mut erproben, ihre Bewegungssinne üben können?
– Gibt es Schaukeln, Hängematten, Klettertaue o. ä., gut abgesichert und in passender Höhe?
– Gibt es Rückzugs- und Ruheecken?
– Ist die **Krippe** so eingerichtet, daß alle Sinne der Kinder angeregt werden und eigenständige Sinneswahrnehmung stattfinden kann?

Zu selbständigem Handeln sind Kinder allerdings nur dann in der Lage, wenn Eltern und Erzieherinnen ihnen dies zutrauen und nicht zu früh – in gut gemeinter Absicht – hilfegebend oder verbal eingreifen.

Als eine sinnvolle Ergänzung dieser freien, selbstbestimmten motorischen Aktivitäten erscheinen mir Impulse durch Psychomotorische Spiele. Diese Wahrnehmungs- und Bewegungsspiele unterstützen die Entwicklung der Fähigkeit zur differenzierten Wahrnehmung von Tönen, Formen, Farben, Gerüchen, Materialeigenschaften usw. Sie unterstützen die Bewegungsfreude, die Entwicklung von Bewegungsvielfalt, von Körpererfahrung und spielerischer Auseinandersetzung mit anderen Menschen.

Ein weiterer bedeutsamer Grund ist die Unterstützung der frühkindlichen Sprachentwicklung, die vor allem durch das Be-greifen der Dinge und Erleben von Emotionen in Bewegungshandlungen angeeignet wird.

Praxisbeispiele:
Im folgenden werden Psychomotorische Spiele skizziert, deren Ziel spielerische Erfahrungen im Bereich der Sinnes- und Körperwahrnehmung, der Raumorientierung, des Denkens, Fühlens und des Sozialverhaltens liegt.

* **Luftballon-Schaukelbett:** Ein Bettbezug wird mit Luftballons gefüllt, darauf kann man liegen, krabbeln, schaukeln ... (es trägt sogar Erwachsene!).

* **Zauberschnur:** Spielmöglichkeiten zum Über- oder Unterqueren in vielfältigen Bewegungsformen, dabei liegt das Seil am Boden, wird geschlängelt, in angemessener Höhe einfach oder doppelt gespannt.

* **Zauberschnur als Zauberkreis** (zusammenlegen oder knoten) beidhändig anfassen, eng zusammensetzen, ein Luftballon wird aufgepustet (kräftig pusten), die Zauberschnur dehnt sich, jemand „piekt" in den Ballon, die Luft entweicht „sch...".

* **Eisenbahnspiel:** eine Hand faßt den Zauberkreis, die zweite Hand vollzieht Tenderbewegungen, – langsam gehen und sprechen „helft mir, helft mir...", etwas schneller „geht schon besser, geht schon besser...", ganz schnell „danke, danke, danke...".

* **Bauchladen:** Herstellung aus kleinem Waschmittelkarton o. ä., altem Gürtel, 2 abgeschnittenen Hosenbeiden, bunt bekleben. In den Karton werden Gegenstände zum Betasten, Beschreiben, Erraten gelegt. Die Kinder gehen umher und lassen andere fühlen.

Karin Schaffner

Bewegungsmangel – Ursachen – Konsequenzen

Bewegung ist ein Grundbedürfnis des Menschen. Indem der Mensch seinen Körper und seine Bewegung wahrzunehmen lernt, kann er den Schritt tun, der zum Begreifen der inneren Bewegung führt, kann er auch lernen, sich bewegen zu lassen. Je weniger Bewegungserfahrung der Mensch macht, desto weniger kann er sich später auf seine Sinne und Instinkte verlassen. Durch Bewegung erschließt das Kind seine Welt und gewinnt vielfältige Einsichten über sich und seine Umwelt. Es erkennt seine Stärken und Schwächen, setzt sich mit Materialien, Partner und Gruppe auseinander und gebraucht dabei seinen Körper als Ausdrucksmittel. Das Sammeln dieser Erfahrungen – die in dieser Form später nicht nachgeholt werden können – ermöglicht dem Kind späteres, selbstbestimmtes Handeln und Entscheiden.

Bewegungsfähigkeit, seelische und kognitive Entwicklung hängen eng zusammen und beeinflussen sich wechselseitig. Die widersinnige Trennung von Körper, Geist und Seele in unserer kopflastigen Zeit muß erkannt und korrigiert werden.

Als es in Wohnungsnähe noch Wiesen, Wälder und kaum Verkehr gab, hatten Kinder noch genügend Gelegenheiten zum Sammeln von Bewegungserfahrungen in der Natur. Doch unter den gegenwärtigen Lebensbedingungen haben erschreckend viele Schulanfänger Haltungsschwächen oder -schäden bekommen, und viele leiden an Übergewicht oder Sprachstörungen. Wir müssen erkennen, daß die drastische Verringerung der natürlichen Bewegungsanreize schwerwiegende Folgen für das ganze Leben hat.

Welche Konsequenzen sind daraus für die Kindergartenarbeit zu ziehen?

1. Umstrukturierung des Gruppenraumes zugunsten der „Bewegung": Matratzentobeecke, Minitramp, Tischhöhle, Gummitwist, Softballtischtennis, Schaukelpferd, Tanzbaum, Softball-Teppichkegelbahn, Gummihüpftiere, Einbau von verschiedenen Ebenen mit Treppen, Leitern, Nischen, Höhlen.

2. Für bewegungsarme Zeiten zum täglichen Besuch: Umbau des Turnraumes in eine Bewegungslandschaft.

3. Einbeziehung der Bewegung in alle anderen Lernbereiche, was ohnehin dem

Ziel einer ganzheitlichen Förderung entspricht: Im Werken **Klapperschlangen** aus Dosen, Deckeln, Garnrollen zum Nachziehen oder Steckenpferde basteln. Dosentrommeln, **Schüttelbüchsen** laden zum Tanzen, Sandsäckchen-Schleuderbälle zum Werfen ein, usw. In der Umwelt- und Sachbegegnung werden vermehrt Ausflüge gemacht, und in der Sozialerziehung bieten sich Bewegungsspiele zu Paaren oder in der Gruppe geradezu an. Rhythmik und Spracherziehung ist ohne Bewegung kaum denkbar und selbst in der religiösen Erziehung lassen sich viele Inhalte auch durch darstellendes Spiel oder Tanz erarbeiten.

4. Der Außenbereich des Kindergartens wird bewegungsfreundlich gestaltet: Baumstamm zum Balancieren, Schwebebalken, Reckstangen verschiedener Höhe, Wippbahn, Fußballtor, Korbballständer, Rutschbahn, Kletterhaus, Kletterbaum, Buschhöhlen, Tau, Tauschlingen, Autoreifen am Tau, „Ball im Sack" am Tau, Krabbelröhre, Tanzbaum, Schwungtuch, Hüpfbälle, Dosenstelzen, Wurf- und Hüpfspiele, Tretautos, Dreiräder, Matratzen, Autoreifen, Bretter, Bälle aller Größen, Tastwand für Hände, Fühlstraße für Barfüße, usw.

5. Einbeziehung des Umfeldes: Spaziergang, Spiel- oder Sportplatzbesuch, Schlittenfahrt, Schneemannbau, Freibad, usw.

6. Kooperationen mit Vereinen: Vorstellen der Bewegungsangebote am Schwarzen Brett oder am Elternabend, Einladung von Übungsleiterinnen zum Elternabend oder zur Turnstunde, Besuch einer Schwimm-, Reit-, Schlittschuh-, oder Turnstunde mit den Kinder, usw.

Prakt. Beispiel eines Elternabends: „Im Leben Fuß fassen"

Möglicher Auftakt mit Kindern daheim: Gemeinsames Fußbad, abrubbeln und eincremen der Füße – eventuell auch gegenseitig.

Fußbegrüßung: Zur Musik gehen, laufen, hüpfen, mit Musikende originelle „Fußbegrüßungen" ausdenken.

Fußsohlen: Füße auf Karton stellen, ummalen und ausschneiden. Platz im Raum finden und Sohlen mit Tesa auf den Boden kleben. Hinsetzen und

Füße anschauen: Es gibt sehr verschiedene Füße. Sie sind groß, klein, breit, schmal, dick, dünn, krumm, gerade. Der Fuß besteht aus Sohle, Mittelfuß, Zehen, Fersen und verschiedenen Gelenken. Wie sieht die Fußsohle aus? Was fällt euch dazu ein? (Linien, Wölbungen, Erhebungen, Fußreflexionen-Massage, usw.).

Welche Sprichwörter befassen sich mit den Füßen?
Mit beiden Beinen auf dem Boden stehen – Im Leben Fuß fassen – Auf großem Fuß leben – So weit die Füße tragen – Mit dem falschen Fuß aufstehen – Den Boden unter den Füßen verlieren – Über die eigenen Füße stolpern – Zwei linke Füße haben – Sich selbst im Wege stehen, usw.

Welche Geschichten können Füße erzählen?
Von zu engen, zu heißen, zu harten Schuhen, von Schuhen, die zu breit, weich, warm oder gemütlich sind. Vom Gefühl, über Wiesen, Sand, Kies oder Stoppelfelder, durch Matsch oder Wasser gehen, usw.

Die Gangart verrät viel über Charakter, Temperament oder Gemütsverfassung eines Menschen. Wir probieren verschiedene Gangarten aus: Gehen, Schleichen,

Stapfen, Marschieren, Humpeln, Stöckeln, Laufen, Hüpfen, Springen, Schlurfen, Tänzeln. Wie geht ein trauriger, eiliger, alter oder fröhlicher Mensch?

Gymnastik mit den Füßen: Im Sitz Füße anwinkeln, strecken – nach außen und innen drehen – mit dem großen Zeh wackeln – Zehen spreizen und zusammenkrallen – Fußsohlenklatschen – abwechselnd Fersen und Zehen auf den Boden tippen – Füße schnell hin und her bewegen – mit den Fersen wippen, dabei langsam die Füße vorwärts schieben – Füße schütteln und lockern. Im Stand abwechselnd Fersen- und Ballenstand – Fersenwippen – im Ballen- und Fersengang um die „Sohlen" herumgehen – Raupengang – vor-, rück- und seitwärts in Schlußsprüngen über die „Sohlen" hüpfen – dasselbe im Pferdchensprung.

Bodenkontakt: Entspannt stehen, den Boden spüren. Leicht vor/rück- und hin/ herwiegen. Die Sohlen bleiben fest mit dem Boden verbunden. Alles auch mit geschlossenen Augen üben.

„Regenspiel": Es tröpfelt (Im Sitz leise mit den Füßen auf den Boden klopfen), es regnet (lauter werden), es gießt (noch lauter werden), es blitzt (Beinzappeln in der Luft), es donnert (Fersen trommeln auf den Boden), dann scheint die liebe Sonne wieder (mit den Füßen einen Kreis in die Luft malen) und alle Kinder freuen sich (Fußsohlenklatschen).

Experimentieren: Die Füße probieren im Sitz, was sie alles mit Rollen, Kugeln, Säckchen, Hölzern, Tüchern, Korken, Ringen, Seilen, usw. machen können (allein oder zu Paaren). Zuletzt baut jede(r) aus den verschiedenen Materialien ein „Kunstwerk"; dann in der „Galerie" herumgehen und die Werke anschauen. (Es bieten sich in der Kinderarbeit Gespräche über Behinderungen, fußmalende Künstler, usw. an).

Zwei Partnerspiele: „Fußklebespiel": Zu Paaren zur Musik gehen, mit Musikende kleben die Partnerfußsohlen (beide!) in immer neuen Ausgangsstellungen zusammen. „Füßetreten": Die Paare versuchen, sich gegenseitig auf die Füße zu treten, bzw. selbst nicht getreten zu werden. Zuletzt vertragen sich die Füße wieder und streicheln sich.

Fuß-Pantomime: Tuch aufhängen. Untere Tuchkante etwa 30 cm über dem Boden. Zwei Fußpaare spielen hinter dem Tuch eine Begegnung und ein gemeinsa-

mes Erlebnis (Streiten, Flirten, Vertragen, Spielen, usw.).

Malen: Auf nicht zu kleinen Blättern mit Filzstiften malen. Gegenständlich oder frei. Wer will, kann zuletzt seinen Namen draufschreiben. Natürlich mit den Füßen!

Spiellied: Zeigt her eure Füße, was ist schon dabei, und was die Füße können, das ist so allerlei. Sie zappeln, sie zappeln, sie zappeln den ganzen Tag... (Stampfen, streicheln, treten, usw.).

Sitzkreis: Zusammen singen und alle nennen der Reihe nach ein Beispiel.

Fühlstraße: Mit geschlossenen Augen, von Partnerin geführt, über Wellpappe, Watte, Steine, Wolle, Sisal, usw. gehen und intensiv mit den Füßen fühlen.

Annegret Marona

„Sitzkindergarten? – Bewegungskindergarten!!!"

Die Bestandsaufnahme von Bewegungsmöglichkeiten und -anregungen im Kindergarten führt oft zu negativen Ergebnissen: Zu ungünstig sind vielerorts die Bedingungen für einen „Bewegungskindergarten":
- Das Verhältnis der Größe des Gruppenraums steht, vor allem bei älteren Einrichtungen, nicht immer günstig zur Zahl der darin betreuten Kinder.
- Baurichtlinien für neue Einrichtungen, die für die Finanzierung leitend sind, gehen leider immer noch von viel zu kleinen Flächen aus.

– Die Tatsache, daß viele Kindergartengruppen oft mit nur einer Erzieherin aus-
kommen müssen, verhindert viele körperliche Aktivitäten, die man sicher leichter in Arbeitsteilung in einer Teilgruppe durchführen könnte. Eine „obligatori-
sche" Turnstunde in der Woche reicht nicht aus!
– Ein Mehrzweck- oder Turnraum steht nicht immer und nur nach einem bestimmten Schlüssel für die einzelne Gruppe zur Verfügung.
– ErzieherInnen haben Turnen und Spielen meist in speziellen Räumen vermittelt
bekommen und erwarten für ihre Bewegungspraxis auch entsprechend ausgestattete Räume. Fehlen solche Räume, so unterbleiben oftmals Bewegungsaktivitäten.
– Die Ausbildung der ErzieherInnen in der Bewegungserziehung ist oft lückenhaft
und praxisfern. Die Dringlichkeit einer täglichen Bewegungszeit wird vielerorts
nicht gesehen. Aus all diesen Gründen wächst in vielen Einrichtungen die Tendenz zum „Sitzkindergarten", weil die große Zahl von Kindern im engen Raum
besser am Tisch oder im Kreis sitzend betreut werden kann. So bleibt oft das
Kind mit seinem Bewegungsdrang „auf der Strecke"; wesentliche Entwick-
lungschancen werden dem Kind vorenthalten.

Schwierige räumliche Bedingungen sollten jedoch nicht als Alibi dafür gelten,
auch die Bewegungsangebote zu reduzieren. Vielmehr muß im Rahmen der vorhandenen Bedingungen intensiv nach Möglichkeiten gesucht werden, trotz oder
gerade wegen der ungünstigen Bedingungen Bewegungsmöglichkeiten zu schaffen.

Solche Möglichkeiten könnten sein:
– Ausweichen auf Bewegungsspiele und -übungen, die mit geringem Platzbedarf
und wenig materiellem Aufwand auch im vorhandenen Gruppenraum durchge-
führt werden können. Durch zeitweises Umräumen unter Mithilfe der Kinder, z.
B. kann in Fluren oft ein minimaler Bewegungsraum geschaffen werden, der
behelfsmäßig mit geeigneten Aktivitäten zu nutzen ist. Was spricht eigentlich
gegen eine ständige „Bewegungsecke" im Gruppenraum, wo es doch schon
Puppenecke, Bauecke usw. gibt?
– Bewegungsformen, die mit der Gesamtgruppe möglich sind, verringern beim
Turnen mit Teilgruppen, daß eine geringere Bewegungsfrequenz eintritt.
– Spezielle Organisationsmodelle für eine „Tägliche Bewegungszeit" von minde-
stens 20 Minuten sichern ein tägliches Bewegungsangebot für alle Gruppen der
Einrichtung. So animiert z. B. das „Spiel der Woche" – grafisch und durch
Vormachen vermittelt zum Ausprobieren von Bewegungsspielen.
– In der Erzieherfortbildung kommt es auf ein Programm zur Einführung von
mehr Bewegung in Vorschuleinrichtungen an, das mit geringem Aufwand mini-
male Befriedigung des Bewegungsdrangs sichert und den Kindern notwendige
Trainingsreize in günstiger Zeitfolge vermittelt.

Tägliche Bewegungszeit

Wo?   Turnraum? Spezialisierung = Verhinderung
       „Bewegungsecke" im Gruppenraum, Flur, drinnen und draußen...
Wann? Bewegungszeit **an jedem Tag**
Was?   * Umformen bekannter Spiele
       * „Alltagsmotorik" aufgreifen
       * „Mitnahmesport für die Familie" liefern
Wie?   * „Arbeitskartei" – selbst gezeichnet oder gesammelt
       * Bewegungsposter spornen an
       * Medien reizen zur Bewegung (Bewegungsgeschichten, Tuchspiele,
         Seile, Luftballons...)
       * Spiele mit wenig Aufwand / Spiele aus dem „Ärmel" (Fang- und
         Seitenwechselspiele, Spiele mit Bodenmarkierungen)
       * Spiel der Woche/selbsterstelltes Bewegungs-Bilderbuch
       * Bewegungsvarianten zu bekannter Musik (z. B. Sitztanz zur Körper-
         bildung)
       * Gemeinschaftserlebnis durch Bewegung und Musik (Musikstop-
         Spiele, Tanzen ...)
       * Verbesserung von Geschicklichkeit und Körperbildung (Anregung
         durch Übungskarten)

Axel Jan Wieland/Gerd Regel

Entwicklungsförderung im Kindergarten durch Psychomotorik

Die Spielidee als beziehungs- und bedeutungsstiftendes Element.

Wir sind beide, der eine in seiner Tätigkeit als Fachberater für gemeinsame Erziehung von behinderten und nicht behinderten Kindern im Kindergarten, der andere vor dem Hintergrund seiner Tätigkeit im Studiengang „Sonderpädagogik" an der Universität Oldenburg, intensiv mit der Fortbildung von Erzieherinnen zum Thema „Gemeinsame Erziehung" beschäftigt.

In unseren Kursen und Workshops erzählen wir schöne Geschichten davon, wie die Welt im großen und im kleinen aussehen könnte, wenn die Menschen mit einem gewissen Maß an gegenseitigem Verständnis und Würde ihr Leben führen würden und wenn das für alle gelten könnte. Manchmal müssen wir angesichts des Zustandes der Welt – z. B. während des Golf-Krieges oder angesichts von sexueller oder sonstiger Gewalt gegen Kinder – geradezu Visionen entwickeln. Wie eine unendlich große Zahl von Geschichtenerzählern vor uns, Philosophen und Pädagogen vieler Jahrhunderte, gehen auch wir – wider alle Vernunft – vom Prinzip

Hoffnung aus, davon, daß das, was uns Erwachsenen augenscheinlich nicht vergönnt war, für unsere Kinder erreichbar sein könnte.

Wir wollen etwas in Bewegung bringen, weil uns beiden scheint, daß sich manches bewegen muß, damit Kinder eine Chance bekommen. In unserem Tätigkeitsbereich, dem Kindergarten, ist seit der „Erfindung" der Psychomotorik als Inhalt und Methode der frühkindlichen und vorschulischen Entwicklung viel geschehen, was wir als richtig und sinnvoll ansehen. Wir beide sind nicht wenig stolz darauf, in mehr als zehn Jahren Fortbildung einen Beitrag hierzu geleistet zu haben.

In Bewegung bringen wollten wir auch die Teilnehmer und Teilnehmerinnen unseres Arbeitskreises. Wir hatten uns vorgenommen, sie einige Merkmale unseres Psychomotorik-Ansatzes, wie wir ihn z. B. im integrativ arbeitenden Kindergarten vertreten, unmittelbar erleben zu lassen.

Dazu einige Vorbemerkungen: Wir orientieren uns in bezug auf die Begründungszusammenhänge von „Psychomotorik" sehr stark an dem Erkenntnismodell von PIAGET. Sein erkenntnistheoretisches Credo ist unserer Meinung nach in dem Satz: „Das Kind ist Akteur seiner Entwicklung" sehr treffend beschrieben. (Dieser Satz ist der Titel eines Buches einer Reutlinger Arbeitsgruppe zum Thema Frühförderung.) Dahinter verbirgt sich das, was einige Erziehungswissenschaftler als Paradigmawechsel in der Pädagogik bezeichnen: Die jahrzehntelange Orientierung der Pädagogik an Persönlichkeitstheorien, die von einer überwiegenden Determinierung der Entwicklung durch Umweltreize und -bedingungen ausgehen, verliert zunehmend an Bedeutung. In der Piagetschen Perspektive wird der Mensch weniger als ein eher reagierender, sondern mehr als ein aktiv seine eigene Entwicklung gestaltender wahrgenommen und beschrieben. Die pädagogischen Implikationen dieser Neuorientierung deuten sich in der Praxis erst an, wir versuchen, sie in unserem Psychomotorik-Konzept zu berücksichtigen.

Kurz, als ausreichende Begründung vielleicht zu kurz – gesagt: wir gehen nicht davon aus, daß wir als Erwachsene in pädagogischer oder therapeutischer Absicht die Entwicklung von Kindern gestalten können. Es hilft wenig, noch so operationalisierte oder ausgefeilte Lern- und Entwicklungsziele anzupeilen, jeder noch so raffinierte Motivationstrick versagt, wenn das Kind nicht will. Entwicklungs- und Lernziele werden zu solchen erst durch die entsprechende Bewertung durch das Kind. Das häufig beklagte Versagen hochkomplexer und sehr invasiver „Therapien" könnte seine Ursache darin haben, daß da gegen die Behinderung der Kinder angearbeitet wurde, und nicht mit dem Kind zusammen für die Normalität seiner Entwicklung.

Zurück zu unserem Workshop: Wir hatten, bevor die Teilnehmerinnen und Teilnehmer zu uns kamen, in der Turnhalle einen Hindernis-Parcours aufgebaut. Für „Psychomotoriker" keine unbekannte Geschichte, einige Beispiele werden aus den Bildern deutlich. Das Prinzip war, übliche Turn- und Großgeräte so zu „verfremden", daß sie nur unter Einsatz von Körperkoordination (und Mut) zu

überwinden waren. Das Fähigkeitsniveau war so gewählt, daß Menschen mit einem mittleren Bewegungsgeschick nicht scheitern würden, ängstliche allerdings ein bißchen herausgefordert wurden. Bis dahin ein üblicher und oft beschriebener Übungsaufbau. Üblich wäre jetzt auch, daß jede Teilnehmerin, jeder Teilnehmer versuchen müßte, die Hindernisbahn zu überwinden. Auf die Entwicklung von Fähigkeiten hätten wir nach erfolgtem Aufbau des Parcours kaum mehr Einfluß nehmen können. Für einige wäre die Bahn mit Sicherheit zu leicht, für andere, weil angstauslösend, zu schwer gewesen. Für motorisch Geübte wäre sie keine echte Herausforderung und damit kein Anlaß zum Lernen, für Ängstliche eine Überforderung und damit ebenfalls kein Lernanlaß gewesen. Um beiden Gruppen eine Entwicklungschance mit unserem Parcours zu bieten, führten wir zu Beginn der Veranstaltung unter dem sinnigen Titel: „Fitness-Training im Altenheim" unser methodisches Prinzip der Spiel-Idee ein.

Jeder, jede wurde gebeten, sich eine Partnerin, einen Partner zu suchen. Die Paare konnten nun, ihre kooperativen und motorischen Fähigkeiten selbst einschätzend, zwischen drei Formen von bewegungseinschränkenden Handicaps wählen: Mit Parteibändern an den Armen zusammengebunden werden sie zu „Armlingen", an den Beinen zu „Beinlingen", ganz mutige Paare konnten zu „Arm/Beinlingen" werden.

Unsere Beobachtungen in dem nun einsetzenden sehr munteren und relativ lauten Treiben zeigte, daß wir aus den Paaren Akteure ihrer jeweiligen Entwicklung gemacht hatten. Für alle waren es neue Erfahrungen. Die unterschiedlichsten Strategien, die Bahn gemeinsam zu überwinden, wurden diskutiert und ausprobiert. Mit Hilfe unserer Spiel-Idee waren für die einzelnen Paare eine ganze Reihe von erstrebenswerten Entwicklungszielen ins Spiel gekommen: Einer ängstlichen Partnerin Halt und Hilfe zu sein, oder als jemand, der sich für sportlich geübt hält, ein größeres Handicap zu akzeptieren und damit die Bahn schwieriger machen. Es blieb niemand auf der Strecke.

In der anschließenden Diskussion versuchten wir gemeinsam, unsere Erfahrungen auf die Arbeit mit Kindern zu übertragen und das Gespräch kam sehr in die Nähe der am Anfang erwähnten „schönen Geschichten". Es wurde nämlich deutlich, daß die Teilnehmerinnen und Teilnehmer, während sie psychomotorisch übend und spielend tätig gewesen waren, sich so ganz nebenbei eingeübt hatten in Verhaltensweisen, die wir alle nötig haben, wenn wir menschlich miteinander umgehen wollen: achtsam sein, aufeinander Rücksicht nehmen, miteinander kooperieren, um gemeinsame Ziele zu erreichen und anderes mehr. Spaß scheint es auch allen gemacht zu haben.

Sportkindergärten: Konzepte und Modelle

Bewegung stärker in den Vordergrund der Kindergartenarbeit zu stellen ist das Anliegen der meisten Bewegungs- und Sportkindergärten, die in verschiedenen Städten der Bundesrepublik zumeist aus der Initiative eines Vereins entstanden sind.

Von offenen Bewegungsangelegenheiten, die den Kindern jederzeit zur Verfügung stehen, bis zu täglichen Sportstunden in der vereinseigenen Turnhalle reicht die Bandbreite der Angebote. Die Betreuung und Anleitung erfolgt häufig von Sportlehrkräften, z. T. in Verbindung mit den Erzieherinnen des Kindergartens, manchmal haben die Erzieherinnen auch eine zusätzliche Ausbildung als Übungsleiter oder eine Zusatzqualifikation in Psychomotorik/Motopädagogik.

In den meisten Sportkindergärten steht nicht der Erwerb sportspezifischer Fertigkeiten im Vordergrund, vielmehr soll eine breite Basis elementarer Bewegungserfahrungen vermittelt werden. Diesem Anspruch scheint jedoch zu widersprechen, daß in fast jedem der sich im folgenden vorstellenden Sportkindergärten sportartspezifische Angebote gemacht werden: Nach einem weitgehend festen Stundenplan, der aus organisatorischen Gründen erforderlich ist, steht Turnen, Gymnastik, Rollschuhlaufen, Schwimmen oder Rhythmik auf dem Wochenplan.

Da für die Sportangebote meist eine spezielle Sportlehrkraft eingesetzt wird, besteht leicht die Gefahr, daß die Bewegungsstunden nicht nur zeitlich, sondern auch inhaltlich und personell vom alltäglichen Geschehen des Kindergartens isoliert ablaufen. Damit der Kindergarten nicht bereits den Charakter eines Schulbetriebes mit Stundenplan und Fachlehrkräften erhält, ist daher auf eine enge Zusammenarbeit zwischen Erzieherinnen und Sportlehrkraft zu achten. Zudem scheint es wünschenswert, daß sowohl Erzieherinnen Bewegungsangebote betreuen als auch die Sportlehrkraft wenigstens zeitweise die sonstigen Aktivitäten in der Gruppe mitvollzieht.

Die folgende Vorstellung der „Sportkindergärten" zeigt verschiedene Modelle, die sich z. T. auch in der didaktischen Konzeption deutlich voneinander unterscheiden. Einbezogen wurde auch ein Projekt, das keine Kindergarteneinrichtung darstellt, sondern die Initiative eines Vereins beschreibt, für eine Stunde pro Tag allen Kindergärten einer Stadt die Sporthalle mit entsprechenden Übungsleitern zur Verfügung zu stellen und so eine „tägliche Sportstunde" zu realisieren.

Kerstin Kern

Konzept des Sportkindergartens Freiburger Turnerschaft von 1844 e.V.

Der Sportkindergarten versteht sich als eine Erziehungsinstitution, in der nicht nur die traditionellen Kindergartenelemente vorherrschen, sondern in der die Bewegungsentwicklung des Kindes besonders berücksichtigt wird. Dabei rücken folgende Determinanten in den Vordergrund:

a) Der altersgemäße Bewegungsdrang eines 3 – 6jährigen Kindes soll durch vielfältige Sportangebote unterstützt werden. Es handelt sich dabei um Turnen/ Rhythmik, Schwimmen, Trampolinspringen, Rollschuhlaufen und Judo, die täglich in einer halben Stunde durchgeführt werden. Der Bewegungsdrang ist verbunden mit dem Wunsch des Kindes, sich aktiv mit seiner Umwelt auseinanderzusetzen und sich mit anderen zu messen.

Die Sportangebote, durch Sportpädagogen angeleitet und von den Gruppenleiterinnen aktiv unterstützt, beziehen sich nicht nur auf Bewegungsförderung, sondern sollen auch eventuellen Bewegungsfehlern und Haltungsschwächen vorbeugen. Die Übungsprogramme zielen ab auf Reaktionsvermögen, Zielsicherheit,

Koordination der einzelnen Körperteile, Spaß und Freude, Wendigkeit, Ausdauer, Konzentration und Gruppenfähigkeit. Sie fördern die Auseinandersetzung mit der Umwelt, die das Kind internalisiert und tragen zur Entfaltung der Selbständigkeit und des Selbstbewußtseins bei.

b) Eine weitere Notwendigkeit, Kindern möglichst umfassende Bewegungsräume zu bieten, ergibt sich durch unsere einengende Wohnwelt, wie sie in Großstädten zu finden ist (enge Wohnverhältnisse, gefährliche Straßen, lieblose Spielplätze).

c) Neben den Sportprogrammen bietet der Sportkindergarten die Methoden der traditionellen Kindergartenarbeit. Hier steht besonders die Förderung von Lernfähigkeit und Begabung im Vordergrund. Die Erziehungsarbeit bezieht affektiv-soziale und kognitive Bereiche ein. Affektive Erfahrungen werden zum großen Teil bei den aktiven Sportprogrammen gesammelt und werden ergänzt durch kreatives Gestalten, bei dem schöpferische Kräfte freigesetzt werden (z. B. basteln, bauen, spielen), ästhetische Bildung (z. B. malen, plastisches Gestalten) und musikalisch rhythmische Erziehung. Alles Gestalten ist eine Auseinandersetzung mit sich selbst, mit der eigenen inneren Erlebniswelt und ihrer Begegnung mit der Umwelt. Es ermöglicht den Erwerb von Fertigkeiten und Kenntnissen und trägt zur Emanzipation im ästhetischen Bereich bei. Der kognitive Bereich wird durch gezielte Angebote angesprochen: Sachthemen, Gespräche, Sachbücher, Besuche bei bestimmten Institutionen etc...

Diese genannten Bereiche sind stark mit sozialem Lernen gekoppelt. Entsprechend dem Entwicklungsstand der Kinder ist es unumgänglich, von der täglichen Situation der Kinder auszugehen, um deren Bedürfnisse festzustellen und diese in Einklang mit der sozialen Umwelt zu bringen. (Gruppe, Eltern, Anforderungen, Erwartungen, Rolle etc.). Dazu dienen die speziellen Gestaltungsangebote, die den Kindern auf freiwilliger Basis offeriert werden, der Ich-Stärkung (weg von Ich-Fixierung) und der Identitätsentwicklung.

Zusätzlich beinhaltet das Spiel selbst weitere Entwicklungsmöglichkeiten. Im Spiel, nicht nur im Freispiel, sondern auch bei Musikimprovisationen, im Rollenspiel, bei Pantomime und Theater, bei Tanz- und Bewegungsspielen wird Kindern die Möglichkeit des Ausprobierens ihrer Ausdrucksmöglichkeiten gegeben; das Kind erlernt differenzierte Grob- und Feinmotorik, sowie sprachliche Ausdrucksformen; Phantasie und Kreativität werden eingesetzt; es kann Freude und Angst, sowie Erfolge und Mißerfolge erleben; es erwirbt im Umgang mit anderen Kooperation, Toleranz, Kommunikation, Kritikfähigkeit und Solidarität; es kann das Spiel abbrechen oder Lösungsmöglichkeiten finden.

Der Kindergarten ist wesentlicher Teil des Sozialisationsprozesses. Wichtigste Erziehungsinstitution aber ist das Elternhaus. Eine partnerschaftliche Zusammenarbeit mit den Eltern durch vertrauensvollen Informationsaustausch ist daher ein notwendiger Aspekt für die Erziehungsarbeit. Die Zusammenarbeit wird in Form von täglichen Gesprächen, Sprechzeiten, Gruppenelternabenden, Elternbeiratssitzungen, Gesamtelternabenden zur Information und zu bestimmten Erziehungsthemen gepflegt. Der ständige Einbezug der Eltern fördert eine hohe Transparenz der Kindergartenarbeit und die emotionale Akzeptanz fremder Erziehungseinflüsse.

Zusammenfassend wäre die Charakterisierung der Sportkindergartenarbeit als situationsorientierter Erziehungsstil anzusehen, der darauf abzielt, das Kind als Partner anzunehmen.

Folgende Inhalte stehen hier im Vordergrund:

– Das Ernstnehmen des kindlichen Standpunktes und der kindlichen Lebensbedürfnisse;
– die Bereitschaft der Erzieher und Sportpädagogen, sich in Zusammenarbeit mit den Eltern auf das Auffassungsvermögen und den Entwicklungsstand der Kinder einzustellen;
– die Berücksichtigung der sozialen Umwelt der Kinder, ihrer alltäglichen Situation und damit verbundener Verhaltensänderungen;
– die Integration spezifischer Qualifikationen (Empathie, Rollendistanz, Ambiguitätstoleranz).

Bewegungserziehung besteht darin, den Kindern ein reichhaltiges Übungsangebot zu vermitteln, das die Gelegenheit gibt, vielfältige Bewegungserfahrungen zu sammeln, Bewegungsformen neu zu entdecken und zu verbessern und gleichzeitig die Persönlichkeitsentwicklung zu fördern.

Luise Bernhard

Der Spiel- und Sportkindergarten des Osnabrücker Turnerbundes

Ausgehend von dem Recht des Kindes auf Entfaltung aller seiner Anlagen hat der Osnabrücker Turnerbund (OTB) im Mai 1974 seinen Spiel- und Sportkindergarten eröffnet.

Die Arbeit im Spiel- und Sportkindergarten geht von der pädagogischen Grundannahme aus, daß eine allseitige Bildung des Kleinkindes nur erreicht werden kann, wenn selbständiges Erproben, Erfahren und Handeln möglich sind, und daß die im motorischen Bereich gemachten Erfahrungen zugleich Kenntnisse im emotionalen und sozialen Bereich in sich einschließen, bzw. auf diese übertragbar sind.

Ziel unserer Kindergartenarbeit ist, daß das Kind die in dem Bereich Bewegungserziehung gemachten Erfahrungen erweitern, umwandeln, differenzieren und auf andere Lebensbereiche übertragen kann.

Die in der Bewegungserziehung angebotenen didaktischen Einheiten sollen zum Spielen, Erleben, Ausprobieren, Erfinden und zum Gespräch miteinander anregen und zur Erlangung von Ich-, Sach- und Sozialkompetenz verhelfen.

Das Bewegungsangebot geht in erster Linie auf das Bewegungsbedürfnis der Kinder ein, gibt Hilfen beim Erfahren der Umgebung und setzt gezielte körperliche Entwicklungsreize. (HEUBELT/CICURS, 51)

So möchten wir im Spiel- und Sportkindergarten als übergeordnetes Ziel Freude an der Bewegung vermitteln und nicht Hochleistungen für eine bestimmte Sportart erzielen. Wir meinen, daß nur durch spielerische Gestaltung des Bewegungsangebotes ein Lernerfolg erzielt werden kann und zum gewünschten Ziel führen wird. Außer der Verbesserung des allgemeinen Gesundheitszustandes erhoffen wir uns mit dieser Konzeption besondere Wirkung auf das Sozialverhalten der Kinder. Durch Gruppenarbeit und Partnerübungen wird dieser Bereich bewußt angesprochen.

Hier soll das Kind lernen:
– sich in die Gruppe einzufügen,
– sich den Gegebenheiten anzupassen,
– sich über-, bzw. unterzuordnen,
– Rücksicht zu nehmen und
– Hilfsbereitschaft zu zeigen.

Diese Lernziele haben auch in der allgemeinen Kindergartenarbeit Gültigkeit. So bietet neben der sportlichen Betätigung das Freispiel – wie im Regelkindergarten auch – zahlreiche Möglichkeiten, Erfahrungen zu sammeln und umzusetzen, Konflikte zu lösen und sich im partnerschaftlichen Umgang zu üben.

Zur Verdeutlichung des Ablaufes und der inhaltlichen Gestaltung soll die nun folgende Schilderung beitragen.

Der Kindergartentag (am Vor- und Nachmittag) beinhaltet das Freispiel, die gebundene Übung und die Sportstunde.

Im Freispiel haben die Kinder die Möglichkeit, ihrer Phantasie freien Lauf zu lassen und ihren Spielort innerhalb des Gruppenbereiches selbst zu wählen. Sie können z. B. malen, bauen, kneten, schneiden, kleben, Tischgesellschaftsspiele ausführen oder Rollenspiele in der Puppenwohnung oder auf dem Bauteppich entwickeln.

Angeglichen an den Rahmenplan, der von allen Mitarbeitern erarbeitet wird, werden während des Freispiels **themenbezogene Aktivitäten** angeboten und durchgeführt. Diese Angebote sollen die Möglichkeit bieten, sich im kognitiven, manuellen und musischen Bereich zu entfalten.

Die Sportstunde umfaßt 45 Minuten und findet für jede Gruppe einmal am Vor- oder Nachmittag statt.

Innerhalb einer Woche werden 4 verschiedene Sportarten angeboten: Geräteturnen, Rhythmik, Rollschuhlaufen und Schwimmen.

Beim Geräteturnen steht das Kennenlernen und das Vertrautmachen mit den Geräten zunächst im Vordergrund. Mit dem Aufbau der Geräte werden Voraussetzungen zur Schulung der motorischen Grundtätigkeiten (klettern, schwingen, springen, laufen, schweben) geschaffen. Unter Berücksichtigung einiger Regeln (z. B. anstellen) sollen die Kinder sich frei an den Geräten bewegen und ihren motorischen Fähigkeiten entsprechend ihrem Bewegungsdrang nachkommen.

So erfahren sie selbst die Erweiterung ihres Könnens und ihrer motorischen Fähigkeiten.

In der Rhythmikstunde lernen die Kinder, nach Musik, Klang und Takt Bewegungen auszuführen, selber Bewegungen zu erfinden und zu gestalten. Es soll hier eine Schulung der Koordination, des Orientierungssinns, der Wahrnehmung und des Sozialverhaltens erfolgen.

In der Rhythmikstunde gibt es ein festgesetztes Thema, aber auch eine Spielzeit, in der die Kinder durch Experimentieren mit den Handgeräten (Seil, Ball, Reifen, Keule usw.) Materialerfahrung sammeln können.

Beim Rollschuhlaufen erlernt das Kind durch spielerische Aufgabenstellung einige Grundformen des Rollschuhlaufens (Hocke, Pinguin, Halbmond). Dadurch erfolgt eine Schulung des Gleichgewichtes und der Koordination. Auch in der Rollschuhstunde gibt es eine Spiel- und eine Lernzeit. Abwechslungsreiche Gestaltung, auch unter Einbeziehung von Kleingeräten, sind für den Lernerfolg wichtig.

Beim Schwimmen steht zunächst die Wassergewöhnung im Vordergrund, um eine gewisse Sicherheit im Wasser zu erreichen und mit dem Element Wasser vertraut zu werden. Auf spielerische Art kommen die Kinder mit der Zeit dazu, im Wasser zu tauchen, ohne Schwimmhilfe zu schwimmen (hundeln), ins Wasser zu springen und erste Schwimmtechniken zu erlernen. Einige Kinder erlangen bei uns das Seepferdchen und den Freischwimmer.

Der Sport wird ohne Zwang und Leistungsdruck durchgeführt. Die Regelmäßigkeit der sportlichen Aktivitäten wirkt sich auf die Gesamtentwicklung der Kinder positiv aus.

Beobachtungen in der langjährigen Arbeit nach diesem Konzept zeigen, daß die Kinder, die den Spiel- und Sportkindergarten besuchen, Sicherheit im motorischen Bereich aufweisen. Sie erlangen Bewegungsfertigkeiten in den verschiedenen Sportarten und entwickeln eine gute Körperbeherrschung. Ihre Bewegungsabläufe sind frei und gelöst und der Umgang mit Geräten und Materialien wird zur Selbstverständlichkeit.

Selbstbewußtsein und Selbstsicherheit nehmen zu und werden auf andere Lebensbereiche übertragen. Angst und Unsicherheit werden weitgehend abgebaut.

Scheue und zurückhaltende Kinder werden gelöst und frei im Umgang miteinander, Aggressionen verschwinden fast ganz aus dem Kindergartenalltag.

Darüber hinaus sind besonders im Bereich des Sozialverhaltens viele Fortschritte zu verzeichnen. Wir können beobachten, daß für die meisten Kinder Hilfsbereitschaft und Rücksichtnahme im Umgang mit anderen Kindern selbstverständlich werden. Geduldiges Warten und Toleranz langsameren und schwächeren Kindern gegenüber finden in hohem Maße statt.

Auffällig ist ebenfalls, daß die Aufnahmebereitschaft und Konzentration bemerkenswert groß sind und daß erstaunliche Fähigkeiten auch im feinmotorischen Bereich erworben werden. Es sei abschließend bemerkt, daß die sportliche Betätigung nach dem Ausscheiden aus dem Kindergarten in einer „Kindergartenabgängergruppe" des OTB fortgeführt werden kann. Hier werden spielerisch viele Sportarten (Leichtathletik, Turnen, Schwimmen, Spiele usw.) angesprochen.

Andrea Ulmschneider

Der tus-Sportkindergarten, Stuttgart

Der tus-Sportkindergarten ist eine familienergänzende Einrichtung für Kinder im Alter zwischen 3 1/2 und 6 Jahren. Gegründet wurde er 1976 vom Turn- und Sportbund (tus) Stuttgart 1867 e.V.

Ausgangspunkt des Vereins waren die wachsenden Einschränkungen des kindlichen Bewegungsraumes sowohl im Wohnbereich als auch im Bereich der Bewegungsräume im Freien.

Bis zu einem Alter von ca. 3 Jahren sind die motorischen Aktivitäten der Kinder von den räumlichen Gegebenheiten der elterlichen Wohnung, sowie den in unmittelbarer Nähe gelegenen öffentlichen „Bewegungsräumen" abhängig. Der

Sportkindergarten soll den Kindern ermöglichen, die wohnungsbedingten Bewegungsmängel auszugleichen.

Sie erhalten durch zahlreiche Sportangebote die Möglichkeit, ihren natürlichen Bewegungsdrang auszuleben.

Eine gezielte Bewegungsförderung im Vorschulalter ist sowohl für die physische als auch die psychische Entwicklung von großer Bedeutung. Die Organe, das Skelettsystem und der gesamte Muskelapparat des menschlichen Körpers entwickeln sich in weiten Grenzen nach Maß ihrer Beanspruchung. Auch besteht ein enger Zusammenhang zwischen motorischer und geistiger Entwicklung.

Zielsetzung des Sportkindergartens

Das wichtigste Ziel des Sportkindergartens ist es, den natürlichen Bewegungsdrang der Kinder aufzugreifen und ihnen die Freude am Sport zu vermitteln. Die Angebote im Bereich der Bewegungserziehung, wie z. B. Schwimmen, Spielturnen und Roll-, bzw. Eislaufen werden spielerisch, ohne Leistungsdruck durchgeführt. Den Kindern wird ermöglicht, vielseitige Bewegungserfahrungen zu sammeln. Sie lernen Angst abzubauen und die eigenen Körperkräfte selbst einzuschätzen. Durch gezielte Organ- und Muskelkräftigung werden Haltungsschwächen vorgebeugt. Soziale Verhaltensweisen und die Kontaktfähigkeit werden durch die sportlichen sowie durch die anderen Angebote gefördert.

Besonderheiten des Sportkindergartens

Neben den sportlichen Aktivitäten, die im Vergleich zu anderen Stuttgarter Kindergärten ausschließlich im tus-Sportkindergarten angeboten werden, unterscheidet sich der Kindergarten auch durch seine Öffnungszeiten und die Gruppenzusammensetzung.

Der Sportkindergarten ist eine Halbtagseinrichtung, das heißt, die Kinder besuchen den Kindergarten entweder von 8.30 bis 11.30 Uhr oder von 13.30 bis 16.30 Uhr. Bis auf eine Woche Schließungszeit ist der Kindergarten das ganze Jahr geöffnet.

Die Kinder sind aufgrund der Sportangebote in altersspezifischen Gruppen der 3 1/2 bis 5jährigen und der 5 bis 6jährigen eingeteilt. Die Gruppenstärke entspricht 20 Kindern pro Gruppe, das heißt, der Kindergarten kann im Höchstfall 80 Kinder aufnehmen (40 vor- und 40 nachmittags).

Die sportlichen Angebote im Sportkindergarten

DAS TURNEN
Das Turnen beinhaltet Gymnastik, Rhythmik, Leichtathletik, Tanz, gezieltes und freies Spiel.

Im freien Spiel sammeln die Kinder ausreichende Bewegungserfahrungen, die sie in Raum und Zeit differenzieren können. Gemeinsame Aktivitäten, die in Gang gesetzt werden, führen zu gegenseitigen Hilfen.

DAS SCHWIMMEN
Für die Kinder ist das Wasser ein unaustauschbarer Erfahrungsbereich, auf den die Bewegungserziehung nicht verzichten kann. Wichtiges Ziel ist dabei die „Wassersicherheit" im tiefen Wasser. Durch eine ausgiebige **Wassergewöhnung** wird den Kindern zunächst die Angst vor dem Medium „Wasser" genommen. Die Kinder lernen, sich im brusttiefen Wasser ohne Auftriebshilfen wie Schwimmflügel, Schwimmweste oder Korkring sicher zu bewegen und selbst einzuschätzen.

Über die Wassergewöhnung mit **Atem-, Auftriebs-, Gleit- und Tauchübungen** werden die Kinder spielerisch zur Gesamtbewegung des Schwimmens hingeführt. In der Praxis ist eine Schwimmstunde wie folgt aufgebaut:

I.   Zielgerichtes Üben in der Gruppe
II. Individuelle Arbeit mit einzelnen Kindern
III. Freies Üben, Spielen und Experimentieren der Kinder

DAS EIS- UND ROLLSCHUHLAUFEN
Sport und Spiel auf der Eis- und Rollschuhbahn übt auf die Kinder eine besondere Faszination aus. Das Gehen, Gleiten, Drehen, Springen und Spielen ist bei den Kindern sehr beliebt. Zugute kommt den Kindern die altersspezifische Anpassungsfähigkeit. Schnell können sie das neue ungewohnte Element EIS bewältigen. Neben der sportlich-technischen Schulung lassen wir dem spielerischen Moment eine ganz bedeutende Rolle zukommen, da beim spielerischen Laufen Schwierigkeiten schnell und unbewußt überwunden werden.

Reinhold Fuchs/Birgit Siegl

Sportkindergarten Sportgemeinde 1886 e.V. Weiterstadt

Angeregt durch Informationen über die bestehenden Sportkindergärten in Freiburg und Stuttgart haben wir im Oktober 1987 im Vorstand des Vereins und im März 1988 in der Mitgliederversammlung beschlossen, einen Sportkindergarten zu bauen.

Günstige Voraussetzungen für unser Vorhaben war, daß bei den kommunalen Kindergärten der Gemeinde etwa 100 Plätze fehlten. Nach der Anerkennung als sozialer Träger stand einer Bezuschussung durch das Land Hessen und dem Landkreis Darmstadt-Dieburg nichts mehr im Wege. Die Zustimmung der gemeindlichen Gremien und die erforderliche Änderung des Bebauungsplans waren Voraussetzung, um uns im Dezember 1990 die Baugenehmigung für den Sportkindergarten zu erteilen.

Die Investitionskosten belaufen sich auf 2,7 Mio. DM. Sie werden finanziert:

– Zuschuß Land Hessen	650.000,– DM
– Zuschuß Landkreis Darmstadt-Dieburg	80.000,– DM
– Darlehen*	1.970.000,– DM
	2.700.000,– DM

* (Zinsen und Tilgung erstattet die Gemeinde Weiterstadt)

Räumliche Ausstattung

Der Baukörper umfaßt vier Gruppenräume, zwei Intensivräume, zwei Wasch- und WC-Räume, zwei Schlafräume, einen Therapieraum, einen Mehrzwecksaal (160 m²), einen Lagerraum, einen Personalraum, ein Leiterinnenbüro, eine Küche, eine Dusche und einen Umkleideraum für den Sport.

Die Gruppenräume sind mit verschiedenen Ebenen ausgestattet. Über eine Empore besteht eine Verbindung zu den einzelnen Gruppenräumen.

Der Mehrzwecksaal erhält eine besondere Geräteausstattung für das Sportangebot im Kindergarten. Darüber hinaus ist ein großes Freigelände vorhanden, das in Gestaltung und Ausstattung dem Charakter unseres Kindergartens genügen soll.

An den Kindergarten schließt unmittelbar ein Mehrzweckgebäude an, das für das Sport- und Bewegungsangebot im Kindergarten benutzt werden kann. Unter anderem befindet sich im Untergeschoß ein Schwimmbecken, das für die Wassergewöhnung mit verwendet werden kann.

Darüber hinaus befinden wir uns in einem Sportzentrum, das mit Sporthallen, Hallenbad usw. ebenfalls zur Verfügung steht.

Personelle Besetzung

– 1 Kindergartenleiterin, die von der Gruppenbetreuung freigestellt ist
– 1 Sportpädagogin (ganztags)
– 5 Erzieherinnen in Teil- und Vollzeitbeschäftigung
– 5 Kinderpflegerinnen in Teil- und Vollzeitbeschäftigung
– 3 Küchen- und Reinigungskräfte in Teilzeitbeschäftigung

Konzeption des Kindergartens

Eine Gruppe von Kindergarten- und Bewegungsfachleuten plante seit 1988 die Arbeit in unserem Kindergarten. Folgende Themen standen hinsichtlich der Bewegungserziehung im Vordergrund:

– Auseinandersetzung mit den Konzepten bestehender Sportkindergärten
– Diskussion: Situationsorientiertes Arbeiten im Gegensatz zur Durchführung von Förderprogrammen bzw. Einführung in verschiedene Sportarten
– Auseinandersetzung mit den Konzepten der Psychomotorik und den Ansätzen des Kinderturnens

Es entwickelte sich der folgende eigene Standort:
Pädagogische Grundlage der Kindergartenarbeit bildet der „Situationsorientierte Ansatz", der von den Lebenssituationen und den Bedürfnissen der Kinder ausgeht. Die Angebote aus dem Bereich Bewegung, Sport und Spiel sollen – auf der Grundlage dieses Ansatzes – kindgerechte Inhalte darstellen, die vielseitige, breitangelegte Bewegungserfahrungen ermöglichen, aber auch dem kindlichen Erkundungs- und Aktivitätsdrang entgegenkommen.

Es soll ein tägliches Bewegungsangebot geben, das ein gezieltes Angebot, aber auch freie Bewegungszeit umfassen kann.

Dabei sollen im gezielten Angebot die Themen der Kinder in der Bewegung aufgegriffen werden und keine künstlichen Lernarrangements geschaffen werden.

Ziel ist es, daß sich Bewegungszeiten und Kindergartenalltag nicht gegenseitig behindern, sondern eine Einheit bilden. Das heißt, die Bewegungsangebote sollen sich in das Gruppengeschehen integrieren.

Wir orientieren uns u. a. an folgender Literatur:
ZIMMER (1990), den Informationsheften des Hess. Sozialministers zu Bewegung und Spiel im Kindergarten (Kindergarten 5) sowie der Broschüre der Deutschen Sportjugend „Bewegungserziehung im Kindergarten".

Wir betreten Neuland und werden an unserer Konzeption noch intensiv weiterarbeiten müssen.

Ausgangssituation

Wir haben altersgemischte Gruppen im Alter zwischen 3 bis 6 Jahren, wobei der größere Anteil zunächst bei den 3jährigen liegen wird.
Gruppenaufteilung:
3 Gruppen mit je 25 Kindern
1 Gruppe mit 18 Kindern, davon 2 behinderte Kinder
30 Ganztagsplätze mit Mittagessen.

Seit dem 1. Januar 1991 arbeitet das Leitungsteam zusammen mit der Sportpädagogin an der Konzeption und der Ausstattung des Kindergartens.

Zum 1. Februar ist das restliche Team eingestellt worden, um im laufenden Februar die Möglichkeit der Fortbildung im Bewegungsbereich zu erhalten. Es sollen eigene Bewegungserfahrungen gesammelt und in die Kindergartenpraxis übertragen werden.

Diese Fortbildung dient als Grundlage für das spätere Arbeiten. Die meisten Erzieherinnen waren in diesem Bereich wenig oder gar nicht qualifiziert.
Im März eröffnen wir mit:
– einer neuen Einrichtung
– einem neuen Team
– neuen Kindern
– neuen Eltern.

Warum unser Kindergarten „Sportkindergarten" heißt

Zu einem „Sport- oder Bewegungskindergarten" gehören entsprechend qualifizierte Mitarbeiter(innen). In diesem Bereich gibt es erhebliche Defizite. Die Erzieherinnen, die in unserem Kindergarten arbeiten werden, waren bisher teilweise für den Bewegungsbereich nicht besonders ausgebildet. Sie sind von der bereits eingestellten Sportpädagogin ganz gezielt auf die Umsetzung des geplanten Konzeptes angeleitet worden. Die Sportpädagogin wird, zusammen mit den Erzieherinnen das Bewegungsangebot planen, durchführen und reflektieren. Der Begriff „Sportkindergarten" ist nicht fest definiert. Alle bestehenden Sportkindergärten arbeiten nach eigenen Konzepten. Für unsere Definition sollte ein Kindergarten dann ein Sport- oder Bewegungskindergarten sein, wenn
– nach einem Konzept gearbeitet wird, das vorsieht, täglich ein Bewegungsangebot in den Kindergartenalltag zu integrieren.
– Dies wird erreicht durch die räumliche/materielle Ausstattung (oder auch die Gebäude/Gelände, die miteinbezogen werden), die vielfältige Bewegungserfahrungen gewährleistet und durch entsprechend qualifiziertes Personal, das die Angebote plant und durchführt.

Bewertung/Beurteilung

Die Effektivität des Konzeptes soll durch eine wissenschaftliche Begleituntersuchung des Instituts für Sportwissenschaft der TH Darmstadt überprüft werden.
Die Frage, inwieweit sich aufgrund ausgeprägter Bewegungsangebote Veränderungen bei den Kindern ergeben, soll in einer Längsschnittuntersuchung geprüft werden.
Das heißt, die Kinder werden mehrere Male hinsichtlich verschiedener Merkmale mit den gleichen Verfahren untersucht. Die Testzeitpunkte sollen über einen Zeitraum von vier Jahren verteilt sein. Damit ist gewährleistet, daß Kinder auch noch in der Grundschule untersucht werden können, um weiterreichende Effekte zu erfassen. Die Untersuchung ist als Kontrollgruppenexperiment geplant.
Um mögliche Veränderungen bei den Kindern des Weiterstädter Kindergartens wirklich auf das Konzept zurückführen zu können, werden gleichzeitig Kinder anderer Kindergärten untersucht, bei denen die Bewegung einen anderen Stellenwert hat bzw. nicht von entsprechend qualifizierten Erzieher/innen durchgeführt

wird. Zur Bewertung/Beurteilung werden Instrumente eingesetzt, die u. a. die motorische Entwicklung und Leistungsfähigkeit, den Gesundheitszustand sowie die kognitive und soziale Entwicklung erfassen. Die Überprüfung soll dem Alter der Kinder entsprechend nicht als Testsituation durchgeführt, sondern – soweit möglich – in den Kindergartenalltag integriert werden.

Das Ergebnis des Forschungsvorhabens soll ein auf seine Effekte hin überprüftes Konzept zu „Bewegung, Sport und Spiel" sein, das zusammen mit einem Konzept zur Aus- und Fortbildung der Erzieher/innen eine Grundlage für ihre Arbeit bilden soll.

Ina Hunger

Sportkindergarten Göttingen

Zur Entstehungsgeschichte:

Im Herbst 1985 wurde auf Initiative von Prof. Dr. Krüger am Institut für Sportwissenschaften der Universität Göttingen der „Sportkindergarten" eingerichtet.

Intention dieses Modells war, die Bewegungserziehung als wichtigen Bestandteil in die Elementarerziehung der Drei- bis Sechsjährigen zu integrieren, da der Motorik im Entwicklungsprozeß der Kinder eine hohe Bedeutung beigemessen wurde.

In einem begleitenden wissenschaftlichen Seminar wird seit dem Wintersemester 1985/86 den Studierenden die Gelegenheit geboten, praktische Erfahrungen zu sammeln, sowie durch Beobachtungen, Befragungen und Tests die Auswirkungen des regelmäßigen Sporttreibens der Kinder zu analysieren. Insofern stellt der Kindergarten ein willkommenes Untersuchungsfeld u. a. auch bei der Anfertigung von Examensarbeiten dar.

Zur Organisation:

Aufgrund der begrenzten Räumlichkeiten am Sportinstitut ließ das Jugendamt die Aufnahme von nur 13 Kindern zu.

Die aufgenommenen Kinder sind im Alter zwischen drei und sechs Jahren und kommen aus allen sozialen Schichten. Ausländerkinder und „Problemkinder" werden bevorzugt aufgenommen, um die positive Integrationswirkung des Sports sinnvoll zu nutzen.

Betreut werden die Kinder täglich in der Zeit zwischen 8.00 Uhr und 11.00 Uhr von zwei durch Arbeitsbeschaffungsmaßnahmen finanzierte Erzieherinnen.

Die viermal wöchentlich stattfindenden Sportstunden, die von einer speziell dafür vorbereiteten Sportstudentin geleitet werden, finden aus organisatorischen Gründen in den Randstunden des Kindergartenvormittags von 11.00 bis 12.00 Uhr bzw. 12.30 Uhr in den Sport- und Schwimmhallen des Instituts statt.

Das methodisch-didaktische Sportkonzept:

Unsere Bewegungserziehung ist „kindorientiert" und stützt sich auf das „Vielseitigkeitsprinzip". Eine Balance zwischen spielerisch-freiem Experimentieren und zielgerichteten Bewegungsaufgaben wird angestrebt. Durch entsprechend offene Bewegungssituationen verfolgen wir in allen Sportstunden folgende Ziele:
emotionaler, sozialer, kognitiver Bereich:
– Förderung des Selbstvertrauens und der Selbständigkeit
– Förderung der Interaktionsfähigkeit
– Verbesserung der Konzentrationsfähigkeit
– Steigerung der autonomen Motivation
– Verbesserung der Wahrnehmungsfähigkeit
– Anregung kognitiver Prozesse
– Möglichkeiten des emotionalen Ausdrucks (emotionale Spannungen abbauen; Angst und Frustationen abbauen)
– Förderung der Kreativität

biologisch-medizinischer Bereich:
– Verbesserung des Haltungs- und Bewegungsapparates
– Zunahme des Herz- und Lungenvolumens
– Verbesserung der konditionellen und koordinativen Fähigkeiten
– Förderung der sensomotorischen Entwicklung

Die Inhalte der Sportstunden:

Die Turnstunde:
Die Turnstunde stellt die Grundbewegungen (klettern, schwingen, springen, laufen, rollen, stützen) in den Mittelpunkt. Die Kinder haben hier die Möglichkeit, sich selbstbestimmt an Großgeräten zu bewegen und individuelle Fertigkeiten zu erwerben.

Die Gymnastikstunde:
Schwerpunkt dieser Stunde ist der Umgang mit verschiedenen Materialien (Bälle, Seile, Alltagsmaterialien, psychomotorische Geräte), rhythmisch-musikalische Bewegungsinhalte sowie Übungen zur Körpererfahrung.

Die Schwimmstunde:
Durch vielseitige Bewegungssituationen soll hier eine allgemeine Wassererfahrung (z. B. Bewegen im Wasser, tauchen, springen, Sinneserfahrungen im Wasser)

und die Wassersicherheit erreicht werden (Schwimmbewegungen des Brust- und Rückenschwimmens z. B.). Nach dem freien Üben und Experimentieren kann durch die Mithilfe von teilnehmenden Studierenden individuell betreut werden.

Sonstige Sportveranstaltungen:
Darüber hinaus finden situationsgerechte Bewegungsaktivitäten, wie Rollschuhlaufen, Skateboardfahren etc. statt.

Auch werden regelmäßig Sportnachmittage für die Kinder mit ihren Familien durchgeführt.

Ausblick:

Trotz erfolgreicher Praxis und obwohl der Sportkindergarten lange Wartelisten aufzeigen kann, steht die Beendigung des Projekts zur Diskussion, da die Universität als fester Träger nicht fungieren möchte. Ein alternativer Träger ist bislang noch nicht gefunden.

Abb. 1

Hans-Joachim Schiemenz:

„Tägliche Sportstunde – Schönberger Modell"

Der Kronberger Sportkindergarten

Warum ist das Projekt ins Leben gerufen worden?

Eigene Beobachtungen an Kindern im Schulsport – ganz besonders krass ersichtlich wurde dies in einem Leistungskurs Sport an einer Gesamtschule mit Schulsportzentrum in Kronberg – bestätigen zum Teil die Kritik am Sportunterricht, die in letzter Zeit immer öfter in Presseberichten zu lesen war (s. z. B. FAZ Artikel von R. D. Beinhoff vom 4.7.89 „Schulsport in der Kritik"). Zudem war ein rapider Leistungsrückgang in den JtfO-Wettkämpfen gerade im Bereich des Turnens unübersehbar. Waren in der Unterstufe noch eine Fülle hoffnungsvoller Talente vorhanden, so konnte schon ausgangs der Mittelstufe gar keine komplette Mannschaft mehr aufgestellt werden. Natürlich kommen für dieses Phänomen viele Ursachen in Frage, aber Hauptursachen waren in jedem Fall mangelnde Belastbarkeit der Schüler aufgrund physischer Voraussetzungen und eine Steigerung der Verletzungsanfälligkeit. Das Nachlassen der Leistungen der einzelnen Schüler, verbunden mit einer sinkenden Zahl derer, die überhaupt noch die Motivation zu überdurchschnittlichem Engagement im Sport aufbringen, beschränkt sich an dieser Schule trotz ihrer optimalen materiellen Bedingungen nicht mehr allein auf die Sportart Turnen.

Oft werden die Kinder frühzeitig mit vermeintlichen Erfolgen in bestimmten Sportarten oder Disziplinen geködert, um dann mit veralteten Trainingsmethoden und mangelnder Experimentierfreude der Sportlehrer und Übungsleiter über einen Anfangserfolg nicht hinauszukommen. Nur ganz wenige Kinder sind dann bei ihrer allgemeinen schulischen Beanspruchung überhaupt noch bereit, ein erhöhtes Maß an Aufwand und Energie in die sportliche Aktivität zu investieren. Durch meine Abordnung an eine Grundschule mit Förderstufe nach Steinach (einer Nachbarstadt Kronbergs) konnte ich im Erfahrungsaustausch mit den dortigen Kolleginnen und Kollegen wesentliche Denkanstöße zur Einleitung und Umsetzung von Maßnahmen erhalten, die der oben beschriebenen Entwicklung im Schulsport entgegenwirken sollen. Da aber ein direktes Einwirken vor Ort nicht möglich war, mußte der Grundstein zu dieser Entwicklung woanders gelegt werden. Aus diesem Grund hat sich die TSG Schönberg – ein Kronberger Sportverein – im Bereich des Kinder- und Jugendsports aus dem Wettkampfsport zurückgezogen. Sie hat es sich zur vordringlichsten Aufgabe gemacht, die körperliche Entwicklung des Nachwuchses in einem Altersbereich zu fördern, in dem die Kinder besonders empfänglich dafür sind: Im Alter zwischen 4 und 6 Jahren. Alle konfessionellen und kommunalen Kindergärten wurden über unser Vorhaben informiert und können nun seit dem 6.9.1990 interessierte Kinder in unsere eigens dafür eingerichtete tägliche Sportstunde schicken.

Mit welchen Mitteln arbeiten wir?

Um die tägliche Sportstunde entsprechend attraktiv zu gestalten und die neuen trainingswissenschaftlichen Erkenntnisse umsetzen zu können, arbeiten wir mit hohem materiellen und personellen Aufwand. Wenn die Kinder die Halle betreten, finden sie eine „Gerätelandschaft" vor, an der sie ihrem Bewegungsdrang sofort freien Lauf lassen können. Bis zu 10 Betreuer garantieren eine optimale Sicherheit bei allen Übungen. Nach dieser Einführungsphase werden die bis zu 60 Kinder in Kleingruppen mit einer maximalen Stärke von 8 aufgeteilt und an einzelne Stationen geschickt. Unter der Anleitung mindestens eines Betreuers werden jetzt spezielle Übungen aus der Funktionsgymnastik in der Weise durchgeführt, daß **jedes** Kind eine Individualkorrektur erhält. Erst wenn jedes Kind an jeder Station war, ist dieser sehr zeitaufwendige aber grundlegende Teil der Stunde beendet.

Eine ganze Reihe von Kindern ist froh, wenn dieser statische Teil absolviert ist, weil sie einfach noch nicht erkennen, daß durch solch eine Körperbildung später einmal schwierige Bewegungen einfacher umzusetzen sind und auch die Gefahr von Fehlbelastungen z. B. im Bereich der Wirbelsäule ausgeschaltet werden. Eine deutliche Ausnahme bilden u. a. die Kinder, die regelmäßig die Ballettstunde besuchen. Ihr Körperbewußtsein ist bereits so weit ausgeprägt, daß sie Spaß auch an Übungen zur Haltungsschulung haben. Um nun den Kindern zum Abschluß wieder die Möglichkeit zu geben sich auszutoben, können sie im letzten Drittel der Stunde wiederum in Kleingruppen an den vielen abwechslungsreichen Stationen turnen. Das gesamte Geräteinventar unserer Mehrzweckhalle kommt hier ebenso zum Einsatz wie auch die in Heimarbeit angefertigten Geräte (z. B. Wackelbretter, um Reckstangen rotierende Tonnen etc.). In jeder Stunde werden die Stationen variiert, wobei das Prinzip von Belastung und Erholung, Anspannung und Entspannung stets berücksichtigt wird. Alle Bewegungselemente aus dem Elementarbereich werden hier verlangt und von den Kindern mit wachsender Begeisterung ausgeführt. Die Dreiteilung der Stunde und der Aufbau der Stationen, die durch kleine Veränderungen bereits innerhalb einer Turnstunde zu unterschiedlichem Einsatz kommen, fordern oft zeitraubende Absprachen der Betreuer untereinander. Dies wird sich hoffentlich mit zunehmender Routine auf ein erträgliches Maß reduzieren lassen. Neben dem hohen zeitlichen Aufwand des Projekts, der durch die Koordinierungsaufgaben anfällt, muß auch der zunehmende finanzielle Aufwand für den Verein, hervorgerufen durch vermehrte Material- und Personalkosten, erwähnt werden.

Durch Beitragserhöhung, einen Zuschuß der Stadt Kronberg, die finanzielle Unterstützung einer Versicherung und die materielle Unterstützung eines Geräteherstellers ist das Projekt für ein Jahr gesichert. Mittlerweile konnten wir auch eine Sportbekleidungsfirma für dieses noch recht aufwendige Projekt interessieren und sehen somit optimistisch in die Zukunft.

Ziel und Ausblick

Sollte es gelingen, bei den Kindern das Bedürfnis nach täglicher Bewegung derart zu wecken bzw. zu aktivieren, daß sie einen Tag ohne ein solches Bewegungsangebot als einen Tag empfinden, an dem etwas WICHTIGES fehlt, haben wir unser Ziel erreicht. Denn dann stehen die Chancen für die Fortsetzung der regelmäßigen körperlichen Betätigung auch noch während ihrer schulischen Laufbahn gut. Unsere Erfahrungen, die sich noch nicht einmal auf ein halbes Jahr erstrecken, haben bisher gezeigt, daß die Schaffung und Aufrechterhaltung eines Bewegungsbedürfnisses bei den **Kindern** nicht reicht. Ihnen macht die „Gerätelandschaft" offensichtlich Spaß, sonst wäre nicht die Teilnehmerzahl von 30 innerhalb eines Monats auf 100 hochgeschnellt. Jetzt (im Februar) betreuen wir ca. 150 Kinder.

Ein nicht zu vernachlässigendes Problem scheinen hier die Interessen der Eltern zu sein. Ein Teil von ihnen kann oder will es nicht in den eigenen oder den Tagesablauf ihrer Kinder einplanen, täglich in die Turnhalle zu gehen. Die anderen Verpflichtungen und Wünsche treten also nicht hinter die körperliche Bildung der Kinder zurück. Da wir die Anwesenheit der Kinder regelmäßig erfassen und sie statistisch auswerten, können wir diese Vermutung mit Zahlen stützen.

Unmittelbar vor Weihnachten wurde das Angebot der täglichen Sportstunde nur 58 mal genutzt, während diese Zahl in der Woche nach den Ferien auf durchschnittlich 129 anstieg. In den letzten 5 Monaten hat sich jedoch eine Gruppe von ca. 25 Kindern herauskristallisiert, die 2-3 mal pro Woche zu uns kommen. Ob diese Kinder in Zukunft vielleicht 4 mal kommen werden, und auch später dem gesunden Sport erhalten bleiben, kann nur die Zeit zeigen. Klar ist auf jeden Fall, daß allein ein attraktives tägliches Angebot, das den Kindern mit Sicherheit Freude bereitet, nicht reicht. Die Öffentlichkeit – und hier in besonderem Maße die Eltern – muß von der Bedeutung des Sports für eine positive Entwicklung ihrer Kinder überzeugt werden.

Bewegung, Spiel und Sport in der Grundschule

Mit dem Eintritt in die Grundschule wird das Kind mit Anforderungen konfrontiert, die es vor allem in der Erfüllung seiner Spiel- und Bewegungsbedürfnisse sehr stark einschränken. Über einen längeren Zeitraum stillzusitzen, sich zu konzentrieren, eigene Interessen zurückzustellen – dies stellt an Schulanfänger hohe Ansprüche, die viele von ihnen nicht auf Anhieb erfüllen können.

Bewegung wird im schulischen Alltag vorwiegend als „Sport" begriffen und in ein Fach verwiesen: der Sportunterricht übernimmt die Aufgabe der körperlich-sinnlichen Erziehung. Nun lassen sich die Bewegungsbedürfnisse von Grundschulkindern nicht auf zeitlich fixierte Sportstunden eingrenzen und sind vor allem nicht allein mit sportlichen Inhalten zu erfüllen. KRETSCHMER (1981, 51) kritisiert an der derzeitigen Praxis von Sportunterricht, daß dessen Hauptanliegen darin bestehe, die Grundtätigkeiten der Kinder in sportmotorische Fertigkeiten zu überführen. Die Anpassung an die Anforderungen der Sportwelt und das Erlernen und Einüben von Bewegungsfertigkeiten sollte nicht ausschließliche und alleinige Zielperspektive des Sportunterrichts sein. Die im Sport geltenden Bedingungen stellen nämlich nur einen Teil des Bewegungserlebens eines Grundschulkindes dar, wenn auch die Übernahme der hier geltenden Wertvorstellungen durch die Medien und durch die Vorbildwirkung der Erwachsenen immer stärker wird.

Bewegungserziehung und Sportunterricht in der Grundschule sollten vielmehr auch die Bedürfnisse des Kindes nach unreglementiertem Spiel, nach Ausprobieren von bisher unbekannten Bewegungsmöglichkeiten mit und an Geräten und dem Kennenlernen neuer Spielsituationen unterstützen.

Gymnastische Übungen und manche sportliche Bewegungsformen bleiben für Kinder oft nur abstrakte Aufgabenstellungen; konkrete Anlässe wie z. B. das Üben von Kunstfertigkeiten, die bei einer Zirkusaufführung gezeigt werden können, machen ihnen dagegen die Sinnhaftigkeit des eigenen Tuns deutlich und lassen auch Raum für eigene Gestaltungsmöglichkeiten (siehe den Beitrag von LIEBISCH/DANNHAUER in diesem Band). Unterrichtsinhalte können aus der Lebenswelt der Kinder stammen, so daß auch der Bezug zu konkreten Lebenssituationen hergestellt werden kann. Damit wird die Basis geschaffen für den Erwerb sportmotorischer Fertigkeiten und unter solchen Voraussetzungen werden Kinder z. B. Einsicht in die Notwendigkeit von Spielregeln und auch den Wunsch nach dem Erlernen spezifischer Sportarten entwickeln.

Stillsitzen über einen längeren Zeitraum entspricht keinesfalls den körperlichen, aber auch nicht den geistig emotionalen Bedürfnissen eines aktiven, neugierigen Grundschulkindes und sollte daher nicht zu seiner vorrangigen Tätigkeitsform in der Schule gehören.

 Auch in der Grundschule ist Lernen noch ein ganzheitlicher Prozeß, an dem Bewegung und Wahrnehmung in hohem Maße beteiligt sind; sie können dazu dienen, abstrakte Inhalte handlungsorientiert zu vermitteln und damit einsichtig zu machen. So sind es nicht allein die körperlichen Bedürfnisse, die Unfähigkeit des Kindes, sich über einen längeren Zeitraum zu konzentrieren, die als Argument für eine Umgestaltung von Unterricht dienen, vielmehr gibt es viele Unterrichtsinhalte, die über Handlung und Selbsterleben für Kinder besser zu begreifen und nachzuvollziehen sind. Ein Beispiel hierfür liefern J. KAHLERT-REDY/ K. MIEDZINKI (1988) hinsichtlich des Experimentierens mit physikalischen Gesetzmäßigkeiten. Das Lernen über Bewegung und Wahrnehmung kann so zum fächerübergreifenden Prinzip auch in den übrigen Unterrichtsfächern werden.

In den folgenden Beiträgen werden unterschiedliche Problembereiche des Sportunterrichts in der Grundschule angesprochen. Um die selbständige Auseinandersetzung mit Bewegungsaufgaben zu unterstützen, schlägt D. BRODTMANN problemlösendes Lernen vor, eine Methode, die einer zu starken Methodisierung des Unterrichts entgegenwirkt und der Aktivität und dem produktiven Denken den Vorrang gegenüber dem rezeptiven Lernen und Üben gibt.

Einen an den Bedürfnissen von Kindern orientierten Sport fordern H. und C. BECKMANN für die Grundschule. Sie stellen ein Projekt vor, in dem ausgehend von bewegungsbezogenen Primärbedürfnissen Sportangebote für Kinder entwickelt werden, die vielfältige Bewegungserlebnisse ermöglichen.

Neben dem Sportunterricht wird seit Jahren eine tägliche Bewegungszeit für die Grundschule gefordert. U. WASMUND-BODENSTEDT begründet, warum diese Maßnahme im schulischen Alltag unentbehrlich ist. Sie zeigt auch die Unterschiede zum Sportunterricht auf und gibt Anregungen, wie die tägliche Bewegungszeit als „offenes Konzept" realisiert werden kann. Von Untersuchungen zur individuellen sportlichen Leistungsfähigkeit bei Kindern im Grundschulalter berichtet H. PETERS; diese zeigen eine hohe Streuung der Belastungsfähigkeit in den ersten Schuljahren.

M. VOLKAMER macht deutlich, wie das Sprechen des Pädagogen einen ganz entscheidenden Einfluß auf das Selbstverständnis und das Selbstbewußtsein von Kindern und damit auf ihre Entwicklung hat. Gleichzeitig wird mit der Sprache jedoch auch ein Hindernis auf das Verhalten des Lehrers zum Kind und der Bewegung gegeben.

Dieter Brodtmann

Problemlösendes Lernen im Sportunterricht der Grundschule

– Wege zur selbständigen Auseinandersetzung mit Bewegungsaufgaben

Problemlösendes Lernen im Sportunterricht – das mag für manche arg nach Theoretisieren klingen. Tatsächlich geht es um etwas außerordentlich Praktisches.

Es geht um die Faszination, die Bewegung, Spiel und Sport auf Kinder insbesondere dann auszuüben vermögen, wenn ihnen die selbständige Auseinandersetzung mit den dabei auftretenden kleineren und größeren Problemen ermöglicht wird, wenn ihnen die Lust am Erproben verschiedener Lösungen nicht durch vorschnelles Eingreifen seitens der Lehrkräfte genommen wird, wenn sie ihre Wege gehen und dann das Glück des Gelingens genießen dürfen.

Problemlösendes Lernen – das ist zunächst einmal die praktische Alternative zu problemmeidendem Lehren, die Alternative zu einem Sportunterricht, in dem möglichst viele Bewegungs- und Spielformen auf möglichst ökonomische Weise vermittelt werden und in dem die dabei auftretenden Probleme durch die fachlich versierte Lehrkraft methodisch (z. B. in Form von Übungs- und Spielreihen) so „kleingearbeitet" werden, daß die Kinder in genau festgelegten Schritten sich der vorgegebenen Lösung annähern.

Problemlösendes Lernen – das zielt dagegen darauf, die Kinder aus der durch problemmeidendes Lehren erzeugten rezeptiven Lernhaltung zu lösen, und in der aktiven Auseinandersetzung mit Problemen Lernen als begreifendes Lernen in Gang zu setzen. Das heißt, den Kindern sollen die Schwierigkeiten nicht erspart bleiben, die es bereitet, von Bewegungs- und Spielproblemen zu Problemlösungen zu gelangen.

Problemlösendes Lernen – das mag nach solchen Erläuterungen so klingen, als solle die Vermittlung von Spiel- und Bewegungskönnen im Sportunterricht der Grundschule zugunsten der Vermittlung allgemeinerer Qualifikationen in den Hintergrund treten.

Vordergründig betrachtet scheint an dieser Vermutung etwas Richtiges zu sein; bei näherem Hinsehen erweist sich das Gegenteil als zutreffend.
Weshalb soll an Problemen gelernt werden?

In den bisherigen Aussagen ist bereits angeklungen, daß mit problemorientiertem Vorgehen im Sportunterricht Ziele angesprochen werden, die mit „problemmeidenden" Vorgehensweisen nicht zu erfassen sind, dessen ungeachtet heute aber zu den wesentlichen Zielen des Sportunterrichts gehören:
– An Problemen lernen bedeutet selbständiges Auseinandersetzen mit Problemen. Dies ist ein wesentliches Element einer Erziehung zur Autonomie und Kompetenz.
– Beim Problemlösen werden wichtige Komponenten sportbezogener und sportübergreifender Handlungsfähigkeit gefordert (und damit zugleich gefördert), z. B. die Fähigkeit zur Improvisation, zu Einfallsreichtum, produktivem Denken und Handeln, Strategien der Zusammenarbeit.
– Die selbständig handelnde Auseinandersetzung mit Bewegungsproblemen ist eine wichtige Voraussetzung für die Entwicklung motorischer Selbstsicherheit (Sinnessicherheit).
– Wer problemorientiert vorgeht, wird notwendig auch vorgefundene Lösungen überprüfen und ggf. in Frage stellen. Dies ist u. a. Voraussetzung, um ein er-

weitertes Sportverständnis entwickeln zu können und von überlieferten Formen des Sports weniger abhängig zu werden.
– Beim problemlösenden Vorgehen können sich die Kinder mit Problemen auseinandersetzen, die sie selbst als reizvoll und lohnend ansehen
    – eine entscheidende Grundlage für die Entwicklung sachbezogener langfristiger und dauerhafter Motive zu sportlicher Betätigung.
– In der handelnden Auseinandersetzung mit sportbezogenen Problemen können die Schüler Sport intensiver und dauerhafter begreifen als durch darbietende Informationen und ähnliche Vermittlungsverfahren. Problemlösendes Lernen begünstigt daher die Bemühungen, die Kinder zum Handeln aus Einsicht zu befähigen.
Um welche Probleme geht es?

Problemlösendes Lernen im Sportunterricht der Grundschule kann sich auf sehr unterschiedliche Probleme beziehen, von Problemen der motorischen Umweltbewältigung bis zu Problemen in der Kooperation mit anderen oder des Umgangs mit dem eigenen Körper und seinen Reaktionen.

Wer im Sportunterricht problemlösendem Lernen Raum geben will, sieht sich zwangsläufig mit dem Problem des Zeitaufwandes konfrontiert. Ohne Zweifel ist der Zeitaufwand höher als bei solchen Unterrichtsverfahren, mit deren Hilfe „problemmeidend" Fertigkeiten und Fähigkeiten, Kenntnisse und Einsichten vermittelt werden.

Andererseits ist das problemlösende Lernen angesichts seiner spezifischen Zielsetzungen und Leistungsfähigkeit nicht durch problemmeidende Lehr- und Lernverfahren zu ersetzen. Insofern darf die Frage des Zeitaufwandes kein ausschließendes Kriterium sein. Es erscheint der Realität des Sportunterrichts in der Grundschule angemessen, problemlösendes Lernen auf solche Ziele zu begrenzen, die vom Lehrer angesichts der Aufgaben des Sportunterrichts als besonders „lohnend" angesehen oder die von den Kindern in ihrer jeweiligen Situation als besonders lösungsbedürftig betrachtet werden.
Was sind „lohnende" Probleme?

Aus der Sicht der Lehrenden werden insbesondere solche Probleme lohnend sein, bei deren Bearbeitung die Kinder beispielhaft Grunderfahrungen machen und zugleich wesentliche (Zugangs-)Qualifikationen erwerben können, die ihnen den Zugang zu bedeutsamen sportlichen Handlungsbereichen erleichtern. Solche Probleme sind etwa „in Balance bleiben", „in Schwung kommen", „in Rhythmen hineinfinden", „ein Spiel in Gang bringen", „Chancengleichheit herstellen", „Regeln bei Spiel oder Wettkampf den jeweiligen Absichten anpassen" u.a.m.
Wie wird etwas zum Problem?

Nicht jedes Problem, das eine Lehrkraft als „lohnend" betrachtet, wird auch von ihren Kindern als „lohnend", als ihr Problem angesehen werden. Problemlösendes Lernen scheitert, wenn es nicht gelingt, Problemarrangements zu schaffen, die für die jeweiligen Kinder so reizvoll sind, daß sie das von den Lehrenden arrangierte Problem zu ihrem eigenen machen und sich intensiv um seine Lösung bemühen.

Auf seiten der Lehrenden setzt dies voraus, daß sie (wieder) gelernt haben, von den jeweiligen Erscheinungsformen des Sports und des Unterrichts zu den darin enthaltenen ursprünglichen Problemen zurückzufragen und den Kindern Möglichkeiten zu eröffnen, Erfahrungen an diesen ursprünglichen Problemen zu sammeln und individuelle Lösungen zu finden.

Probleme sind letztlich immer subjektiv und situationsbedingt. Sie müssen auf das subjektive Können und auf die jeweilige Situation bezogen formuliert werden. Dementsprechend gelten Lösungen prinzipiell zunächst einmal nur für die Kinder und die Situation, für die sie entwickelt worden sind. Das schließt aber selbstverständlich nicht aus, daß sie sich auch für andere Kinder in ähnlichen Situationen als sinnvoll erweisen können.

Problemlösendes Lernen ist auf das Öffnen von Unterricht für Probieren und Experimentieren, für Spontaneität, für Um- und Irrwege, für unterschiedliche Strategien und Lösungen angewiesen. Andererseits kann zu große Offenheit die Kinder auch überfordern. Lenkung des Unterrichts ist daher erforderlich, aber ohne daß das erforderliche Maß an Selbständigkeit eingeschränkt wird. Lenkung bedeutet dann vor allem

– Eingrenzen des Themas der zu lösenden Aufgabe
– Arrangieren der Lernbedingungen
– Unterstützung des Problemlösungsprozesses durch problembezogene Denk- und Handlungsanstöße.

Die optimale Organisationsform für problemlösendes Lernen ist in der Regel die Kleingruppe von 3-5 Kindern. Problemlösendes Lernen ist deshalb auch als Beitrag zum sozialen Lernen zu sehen.

Heike und Claus Beckmann

Kinder brauchen ihren Sport – bedürfnisorientierter Sport im Hildesheimer Kindersportforum

„Die Forderung nach kindgerechtem Sport ist an sich nichts Neues, jedoch erfolgt diese Forderung fast ausschließlich aus der Sicht der Erwachsenen. (...) Sport mit Kindern – das bedeutet im allgemeinen, die sportbezogenen Techniken schon im Elementarbereich vorzubereiten. (...) Wenn dann dieser von Erwachsenen festgelegte Kindersport in spielerischer Weise vermittelt und geübt wird, hat es den Anschein, als sei dies der Sport, den Kinder brauchen.

Wo aber bleiben die Wünsche der Kinder, ihre spontanen Antriebe, (...) ihre von ihnen kommenden Bedürfnisse (...)." (NICKEL 1990, 11 f.).

Diese Bedürfnisse lassen sich erkennen, wenn man Kindern ein reichhaltiges Bewegungsangebot macht und sie in ihrem spontanen Bewegungsverhalten beobachtet. Als solche „Primärbedürfnisse" (nach NICKEL), die bereits bei Kleinkindern zu beobachten sind, lassen sich z. B. nennen:

– Laufen, Schnellaufen, Davonlaufen,
– den Taumel des Drehens und Rollens erleben,
– bis zur wohltuenden Erschöpfung anstrengen,
– Höhe erklettern und Ausschau halten,
– konzentriert und erfolgreich im Gleichgewicht bleiben.

Aus den „Primärbedürfnissen" ergibt sich das entwicklungsfördernde Verlangen nach vielfältiger Bewegung, besser ausgedrückt: nach vielfältigem Bewegungserleben. Dieses erlebnisorientierte Bewegen aber richtet sich bei entsprechenden Möglichkeiten auf eine ständig intensivere Auseinandersetzung mit den Bewegungsangeboten und den selbstgesuchten oder gestellten Bewegungsaufgaben.

Die Methode des offenen Unterrichts ist in besonderer Weise geeignet, Kindern im Vor- und Grundschulalter die Möglichkeit zu geben, ihrem Bewegungsdrang, ihrer Neugier, ihrem Ideenreichtum nachzukommen, aber auch die zunehmende Entwicklung motorischer Fertigkeiten zu fördern. Eine offene Unterrichtssituation ist u. a. dadurch gekennzeichnet, daß eine unter der (Stunden-) Zielsetzung präzise ausgewählte Materialbereitstellung erfolgt. Entdeckend und probierend erschließen sich die Kinder zunächst neue Bewegungsangebote. Allein, zu zweit oder in der Gruppe können sie sich dann gestaltend noch intensiver mit den vorgegebenen Materialien auseinandersetzen.

Eine derartige Unterrichtsmethode stellt andere und i.d.R. höhere Anforderungen an die Lehrkraft; so z. B. die Auswahl geeigneter Materialien, die exakte Formulierung von Bewegungsaufgaben, das Erkennen eines rechtzeitig zu gebenden Impulses oder eines angemessen eingreifenden Steuerns.

Im Rahmen dieses Arbeitskreises wurden die Ergebnisse eines solchen Prozesses mit einer 4. Klasse der Grundschule Greifswalder Straße aus Hildesheim dargestellt. Im Mittelpunkt stand dabei die Weichbodenmatte, die üblicherweise fast ausschließlich als Landehilfe bei Niedersprüngen eingesetzt wird, bei näherer Betrachtung jedoch eine Unmenge von weiteren Bewegungsmöglichkeiten bietet. Bezogen auf die Sozialformen schließt diese Vielfalt die Einzelbeschäftigung, das partnerschaftliche Zusammenwirken sowie auch das Erleben in einer Gruppe ein. Basierend auf den o. g. „Primärbedürfnissen" und mit entsprechenden gelegentlichen Impulsen unsererseits erprobten und gestalteten die Mädchen und Jungen vielfältige Bewegungsformen. Diese Vielfalt soll an einigen Beispielen – teilweise mit Skizzen aufgezeigt werden.

Eine Weichbodenbahn, über die man allein, zu zweit, ohne und mit Handfassung unterschiedlich laufen, hüpfen oder rollen kann, kann sein ein(e):
– ebene Fläche
– ohne und mit Gräben
– Treppe
– Berg- und Talbahn
– Fallgrube
– Graben

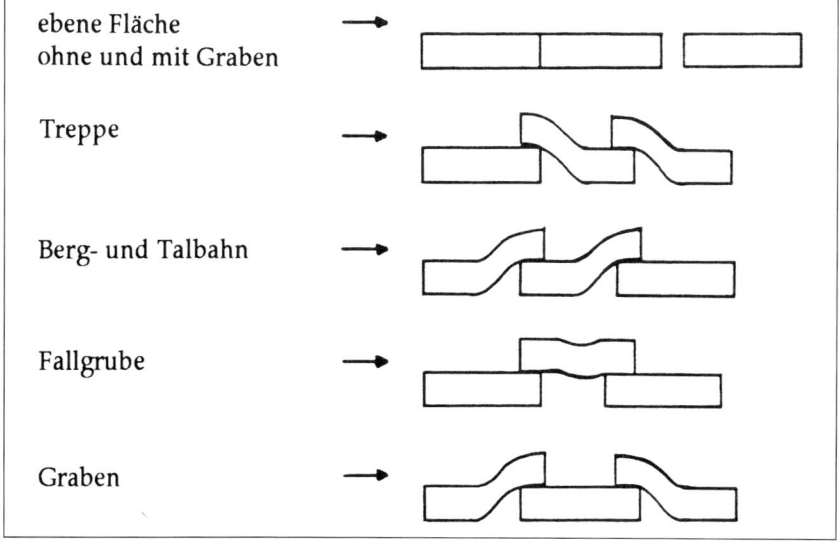

Weitere Bewegungsmöglichkeiten können sich Kinder erschließen, wenn sie aufgefordert werden, die Weichböden mit anderen Geräten zu kombinieren, wie z. B. mit Bänken, Kästen oder Bällen.
So kann mit Bänken z. B.:
– eine andere Berg- und Talbahn entstehen
– eine Balancierstation gebaut werden
– eine Anlauf- und Absprunghilfe beim Zuwerfen von Bällen entstehen.
Vom anstrengenden Laufen und freudvollen Rollen und Überschlagen an der Weichboden-Treppe sowie dem Gemeinschaftserlebnis beim Tragen, Kreiseln und Schieben der Weichbodenmatte bis hin zum Erklettern und Überqueren eines „Weichbodengebirges" bieten sich Kindern unzählige Bewegungserlebnisse, die ihren speziellen Bedürfnissen gerecht werden.

Ute Wasmund-Bodenstedt

Tägliche Bewegungszeit für alle Kinder

Seit 1956 empfiehlt die „Ständige Konferenz der Kultusminister" ebenso wie der „Deutsche Sportbund" in regelmäßigen Abständen die Tägliche Bewegungszeit, doch ist sie bis heute weder ein fester Bestandteil des Kindergartens noch der Grundschule geworden. Obwohl viele Pädagogen und Kinderärzte sie für eine wichtige Maßnahme zur Förderung der kindlichen Entwicklung halten, wird sie aber nur vereinzelt von besonders engagierten Lehrkräften oder Erzieher/n/innen durchgeführt.

Woran liegt das?

Immer wieder sieht man, daß die Tägliche Bewegungszeit mit dem Sportunterricht verglichen und an seinen Grundsätzen gemessen wird oder diesen gar ersetzen soll. Dafür müßten sportlich qualifizierte Lehrkräfte eingesetzt werden. Da es von diesen aber nicht genug gibt, unterbleibt die pädagogisch wertvolle Maßnahme. Zweifellos ergänzen sich Sportunterricht und Tägliche Bewegungszeit gut, doch dürfen ihre jeweiligen Begründungen, Zielsetzungen, Inhalte und Methoden nicht einfach auf einen gleichen Maßstab bezogen werden.

Praktisch bedeutet Tägliche Bewegungszeit: jeden Tag, mitten im Schulvormittag 20 bis 30 Minuten spielerische Bewegung – und zwar möglichst im Freien.

Die Grundschule hat das Ziel, die Entwicklung der kindlichen Persönlichkeit zu fördern. Dabei geht es nicht nur darum, die zum Schreiben, Lesen und Rechnen erforderlichen Techniken zu vermitteln, sondern auch psycho-soziale Fähigkeiten zu entwickeln wie Selbständigkeit und Kooperationsbereitschaft. Um das zu erreichen braucht man zum einen ein umfassendes Konzept der Erziehung und zum anderen ein möglichst offenes Konzept des Lernens, das den individuell unterschiedlichen Bedürfnissen der Kinder entspricht.

Das **„offene Konzept"** der Täglichen Bewegungszeit unterscheidet sich in wesentlichen Punkten vom lehrplanbestimmten Vorgehen im Sportunterricht: in der Täglichen Bewegungszeit sind es die Kinder, die in selbstgewählten Spiel- und Sportsituationen darüber entscheiden, welche spielerischen oder sportlichen Bewegungsformen sie ausführen möchten, ob sie dies lieber allein oder in einer Gruppe tun wollen, welche Geräte sie dabei einsetzen, welche räumlichen Gegebenheiten sie nutzen und welche Risiken sie sich dabei zutrauen wollen. Es bleibt den Kindern überlassen, welche motorischen Ziele sie sich setzen und zu erreichen suchen, ohne dabei in Zeit- oder Leistungsdruck zu geraten.

Kurz, sie handeln nach eigenen Vorstellungen, entscheiden selbst, was und mit wem sie spielen, üben oder gestalten wollen. Auf solche Weise lernen sie, Spielregeln zu erfinden, mitzubestimmen und zu befolgen, soziale Rollen auszuführen oder abzuwandeln und ihre Fähigkeiten zur Kommunikation und zur Kooperation zu verbessern.

So entstehen langsam aber sicher Spielfähigkeit und Kreativität, vorausgesetzt, Kindergarten und Schule bieten zeitlich und räumlich den geeigneten Rahmen, in dem ungeplante motorische Aktivitäten zu entdecken sind und sich entfalten können. Es kommt darauf an, die gegebene Umwelt der Kinder für Bewegung, Spiel und Sport zu erschließen, so daß sie sich dort sicher fühlen und leichter mit den Gegebenheiten der Umwelt umgehen können.

Zur **Umwelt** gehört nicht nur die eigentliche Spielfläche, also meistens der Schulhof, sondern auch alles, was diese Fläche begrenzt und was dort zu finden und zu nutzen ist: z. B. Mauern, Zäune, Treppen, schiefe Ebenen, Wände, Ecken, Bäume und Kantsteine. Wenn die Kinder dies alles einbeziehen in ihren Umgang mit Spiel- und Sportgeräten wie Bälle, Seile, Rollschuhe, Stelzen und Pedalos, dann kann man tatsächlich von „offenen" Spiel- und Sportsituationen sprechen.

Die Tägliche Bewegungszeit ein- und durchzuführen heißt also nichts anderes, als den Kindern den vorhandenen Raum zur Bewegung zu eröffnen. Dann fordert nämlich die Umwelt selbst zum Spielen auf, regt zum Ausprobieren und Entdecken an. Jedes Kind folgt darin seinen Neigungen und Interessen, kann seinem eigenen Bedürfnis nach Bewegung nachkommen, so daß ihm die regelmäßige körperliche Betätigung auch Spaß zu machen verspricht. Dies erfordert keine Fachausbildung im Sport, sondern in erster Linie das Engagement von Klassenlehrer/n/innen, die die Gelegenheit wahrnehmen können, auch außerhalb der Klassensituation ihre Kinder kennenzulernen und ihnen dort mehr persönliche Zuwendung entgegenzubringen.

Hier wird der Zusammenhang mit dem eingangs erwähnten **„umfassenden Konzept"** von Erziehung deutlich, das auch einen fächerübergreifenden Unterricht einschließt: durch die vielseitigen und unmittelbaren Begegnungen mit der Wirklichkeit werden in der Täglichen Bewegungszeit „offene" Lernsituationen angeboten, in denen Wissen, Bedürfnisse und Gefühle der Kinder gleichermaßen angesprochen werden. Daraus können sich sinnvolle Ansätze zum fächerübergreifenden Arbeiten ergeben (z. B. sozialer Umgang, wie Hilfe leisten und annehmen).

Vor allem entstehen Chancen für Jungen und Mädchen, die geschlechtsspezifischen Verhaltensmuster, die sie in die Schule mitbringen oder dort herausbilden und verfestigen, wechselseitig zu übernehmen. Das ist besonders für **Mädchen** wichtig, da entsprechende Untersuchungen immer wieder auf ihr geringer ausgeprägtes oder fehlendes Selbstwertgefühl hinweisen. **Spiel- und Bewegungserziehung**, so möchte ich die Tägliche Bewegungszeit verstehen, kann auch einen Baustein der **Gesundheitserziehung** darstellen; schließlich steuern beide Maßnahmen dem Bewegungsmangel gegen. Bewegungsdrang und Bewegungsfreude der Kinder sind eigentlich günstige Voraussetzungen, die man im Kindergarten und in der Schule aufgreifen sollte, um eine Tägliche Bewegungszeit einzuführen. Täglich Spiel und Sport zu treiben wird mit Recht als eine **Gewohnhei**t bezeichnet; eine Gewohnheit, die wesentlich dazu beiträgt, die Persönlichkeit des Kindes zu entfalten und seine Gesundheit zu erhalten. Durch regelmäßige Angebote, wie sie die Tägliche Bewegungszeit darstellt, können wir das sog. **Bewegungsbedürfnis** der Kinder anregen und erhalten und die gewünschte Gewohnheit des Sporttreibens stabilisieren. Wird andererseits das Bewegungsbedürfnis auf Dauer nicht ausreichend befriedigt, so können sich Mängel in der motorischen und psychosozialen Entwicklung bemerkbar machen und in ungünstigen Fällen zu einer disharmonischen Entwicklung des individuellen Ichs, der kindlichen Persönlichkeit beitragen.

Wie weit solche durch **Bewegungsmangel** bedingten Entwicklungsstörungen in das spätere Leben reichen, wissen wir nicht. Bekannt ist dagegen, wie sich das Aufstauen des Bewegungsdranges durch langes Stillsitzen in den Unterrichtsstunden unmittelbar auf das Verhalten der Schüler auswirkt: Unaufmerksamkeit, Ablenkung, Unlustgefühle, motorische Unruhe und schnelle Ermüdung lassen auf unbefriedigtes Bewegungsbedürfnis schließen. Werden solche psycho-physischen Belastungen nicht rechtzeitig durch Bewegung abgebaut, so empfinden viele Kinder ihre Lage als Streß und reagieren darauf mit Aggressivität. Daher sollte jeder Pädagoge Maßnahmen kennen, die dem Bewegungsbedürfnis der Kinder entgegenkommen und die erwähnten Belastungen auszugleichen vermögen, und er sollte sie auch praktisch einsetzen.

Die Forderungen nach einer Täglichen Bewegungszeit, ihre Begründung und Zielsetzung, sind mehr als 100 Jahre alt. Aber sie erscheinen heute dringlicher als je zuvor, wenn man davon ausgeht, daß Kindergarten und Schule beanspruchen, einen Beitrag zur **Entwicklung gesunder Persönlichkeiten** zu leisten. Die Erfahrungen zahlreicher Lehrkräfte belegen inzwischen, daß die Tägliche Bewegungszeit, konsequent über Jahre durchgeführt, diesen Beitrag wirksam verbessern kann.

Hans Peters

Untersuchungen zur individuellen sportlichen Leistungsfähigkeit im Grundschulalter

Bewegung und Sport sind untrennbar. Kinder im frühen Schulalter wollen und brauchen den Sport in seiner Breite und Vielfalt. Sportliches Üben und Trainieren, Spiel und Wettkampf sind für Kinder durch andere Mittel nicht zu ersetzen. Gesunde Kinder empfinden sportliche Tätigkeiten als natürlich und reizvoll. Sie brauchen die damit verbundenen Aktivitäten und Bewegungen in biologischer, psychischer und sozialer Hinsicht, um sich zu erproben und altersgerecht zu entwickeln.

Das Verständnis für das heterogene Funktionssystem Sport ist in der Gegenwart ein sehr unterschiedliches. Was an Bewegung und sportlicher Betätigung und Aktivität von Kindern gefordert, welche Grenzen dabei zu beachten sind, wird in der Öffentichkeit, von Eltern, Lehrern und Wissenschaftlern sehr gegensätzlich gesehen.

In der Realität unterscheidet sich das individuelle Bewegungsverhalten, die Bewegungsaktivität der Kinder erheblich. Schüler brauchen den Sport für die Selbstverwirklichung und -bestätigung, für ihr Selbstwertgefühl, nicht als Monokultur. Das Sporttreiben, das sportliche Können beeinflußt die Biographie von Kindern, ihre Identität. Es kann als Teil der individuellen Freiheit der Schüler definiert werden.

Die Zuwachsraten, die individuellen Entwicklungsprozesse und -tendenzen bei Kindern mit überdurchschnittlichem Leistungszuwachs belegen am Beispiel der komplexen Schnelligkeitsleistung und der -ausdauer die Möglichkeiten dieses Alters. Der Vergleich der Leistungsentwicklung im 30- und 60 m-Lauf, im Standweitsprung, in der Stützzeit sowie in der Laufausdauer verdeutlicht bei gleichaltrigen Jungen und Mädchen enorme Leistungsunterschiede in allen Tests. Die Untersuchungen im Grundschulalter der Schnelligkeit, Kraft und Ausdauer zeigen große Entwicklungsunterschiede; diese betragen rund vier Jahre.

Es wurden Kinder mit großer Bewegungsaktivität, relativ hoher Belastbarkeit, enormer Adaptationsfähigkeit und schneller Wiederherstellung beobachtet. Sie sind sportlich relativ hoch belastbar. Im gleichen Alter fanden wir Schüler, die sich wenig bewegen, die sich kaum sportlich betätigen. Vorschäden sind bereits erkennbar, funktionelle, koordinative und Muskelschwächen nachweisbar. Häufig kommt noch ein Übergewicht von 20 % und mehr hinzu. Diese Kinder mit Entwicklungsrückständen von zwei und mehr Jahren sind risikobehaftet.

Die Stützzeitmessungen (reaktive Kraft) bei Kindern zeigten Spitzenwerte im Vergleich zu BUHRLE, GOLLHOFER, SCHMIDTBLEICHER u. a. An den verschiedenen Beispielen kann nachgewiesen werden, daß sich die breite Streuung der Leistungsvoraussetzungen in den ersten Schuljahren nicht verändert. Entsprechend den individuellen Voraussetzungen ist eine differenzierte Gestaltung des Sporttreibens erforderlich. Für die schwächeren Extremschüler ist ein Sportförderunterricht in präventiver Richtung angezeigt.

Kurzfristig muß der Sport im Grundschulalter Fehlbelastungen ausschließen, d. h. Kinder vor Dysbalancen, Verletzungen, Schäden, Krankheiten schützen und Bewegungsdefizite abbauen bzw. verhindern. Einseitiges Sporttreiben kann dabei verheerende Folgen haben. Neben individueller Belastung sind variable Grob- und Feinmotorik erforderlich und exakt beherrschte sportliche Techniken unabdingbar. Das verlangt, entsprechend der gegebenen Belastbarkeit der Schüler, ein differenziertes Vorgehen.

Mittelfristig ist der Sport der Kinder lebenswichtig, um
– volle Funktionstüchtigkeit
– Anpassungsprozesse und Sensibilität
– Körperwahrnehmung
– Erlebnisfähigkeit und Selbstbewußtsein zu sichern
– um Entwicklungsdefizite zu verhindern.
   Das ist besonders an chronisch erkrankten Kindern (IMKE) eindrucksvoll zu belegen.
Langfristig braucht das Kind der Primarstufe Sport
– um sich wohlzufühlen
– um zu wachsen und zu gedeihen
– um autonom zu funktionieren
– um sich aus eigener Kraft gesund zu erhalten.
   Durch Spiel und Sport erwirbt das Kind Wissen, sammelt Erkenntnisse und Erfahrungen, gelangt zu Einstellungen, Verhaltensweisen und Gewohnheiten. Für die Erhöhung der Leistungsfähigkeit gibt es keine bessere Möglichkeit, kein besseres Mittel.

Meinhart Volkamer

„Wie sag' ich's meinem Kinde?"

Erziehung ist immer bis zu einem bestimmten Maß an Sprache und Sprechen gebunden, auf sie angewiesen.
   Wir sehen uns in der Welt, in unseren Handlungen weitgehend in der Art, wie uns Worte dafür zur Verfügung stehen.
   Durch unser Sprechen stellen wir dem Kind diese Worte zur Verfügung; wir bieten ihm eine Interpretation seiner Umwelt, verleihen ihr einen bestimmten Sinn und geben dem Kind damit kognitive Wahrnehmungsschemata hinsichtlich seiner selbst, seiner Beziehung zur Umwelt, zu seiner Tätigkeit, seinen Fähigkeiten und Fertigkeiten. Das heißt, wir beeinflussen vielleicht ganz massiv sein Welt- und Selbstbild, und zwar durch das, **was** wir ihm sagen, vielleicht aber noch stärker die Art, **wie** wir es sagen. Durch unser Sprechen vermitteln wir ihm nicht nur objektive Informationen, sondern prägen zugleich das Bild, das das Kind von sich und seiner Welt hat.
   Ich habe mir im sprachlichen Umgang mit Kindern bestimmte Tendenzen angewöhnt, die sich etwa folgendermaßen umreißen lassen: Ich versuche, optimistisch zu sprechen. Der Unterschied zwischen einem Optimisten und einem Pessimisten ist bekannt: Der Optimist sagt: „Das Glas ist noch halb voll", der Pessi-

mist: „Das Glas ist schon halb leer". Optimistisch Sprechen ist dem Sport angemessen, weil wir uns nur dann freiwillig in sportliche Leistungssituationen begeben, wenn wir so optimistisch sind, die anstehende Aufgabe befriedigend lösen zu
können.

Weiter versuche ich, mit Lob zurückhaltend zu sein. (Ich gebe zu, daß mir das
schwer fällt).

Wenn ein Kind etwas geleistet, etwas geschafft hat, worüber es sich freut,
lenke ich seine Aufmerksamkeit verstärkt auf seine Bemühungen. Nicht: „Bravo,
toll wie du das gemacht hast...", sondern „Na siehst du! Wenn man lange genug
probiert, irgendwann klappt's ...". (Meine Anerkennung kommt eher in meiner
Mimik und Gestik zum Ausdruck). Ich sage es ihm damit: Es ist normal, daß man
etwas nicht sofort schafft, und Ausdauer lohnt sich. Ich helfe ihm damit, seine
Frustrationstoleranz zu verbessern und Leistungszuversicht aufzubauen. Das „Na
siehst du!" (– mit der richtigen Betonung gesprochen –) hat ein ganzes Spektrum
von Bedeutungen: Lob, Anerkennung, Vertrauen in die Leistungsfähigkeit des
Kindes, Hinweis auf die Wirkung von geduligem Üben, Verweis auf seine Tüchtigkeit – und: das Kind selbst soll sich über die erreichte Leistung freuen, es ist
seine Leistung. Im Lob dagegen wird die Überlegenheit des Lobenden deutlich:
Wer lobt, übt ebenso Macht aus wie derjenige, der tadelt oder straft.

In die gleiche Richtung zielt mein Sprechen, wenn ich weniger die persönliche
Leistung als vielmehr die Schwierigkeit einer Aufgabe betone. Statt explizit zu
loben, „Das hast du gut gemacht", versuche ich, eher implizit zu loben, indem ich
die Schwierigkeit der Übung betone: „Das ist ganz schön hoch, ... das ist nicht
leicht, ... da muß man sich schon konzentrieren..." etc. Es ist anzunehmen, daß das
Kind die entsprechende Selbstbewertung vornimmt: „Wenn das schwer ist, dann
bin ich also tüchtig". Das heißt, aufgrund einer konkreten Handlung nimmt das
Kind von sich aus eine positive Bewertung seiner Fähigkeiten und seiner Selbstwahrnehmung vor.

Ziel ist also auch hierbei, das Kind vom Lob des Lehrers unabhängig zu
machen und auf sich selbst zurückzuverweisen. In der freundlichen Art, wie ich
seine Leistung wahrnehme, kommentiere und akzeptiere, steckt schon genug Anerkennung. Außerdem entspricht die Betonung der Schwierigkeit dem Gegenstand: Der Reiz der meisten sportlichen Tätigkeiten liegt darin, daß sie schwierig
sind.

Um Kindern eventuell die Angst zu nehmen, neigen wir im Sportunterricht
dazu, die Schwierigkeit einer Aufgabe eher herunterzuspielen als zu betonen.
Kurzfristig mag das auch richtig sein, langfristig erzielen wir aber einen negativen
Effekt: Wenn eine Aufgabe leicht ist, braucht man auch nicht stolz darauf zu sein,
wenn man sie geschafft hat – aber um so schlimmer ist es, wenn man sie trotzdem
nicht schafft. Und: Wenn eine Aufgabe leicht ist, weshalb soll man sich dann mit
ihr beschäftigen? Mit Schwierigkeiten ist es wie mit Ängsten: Sie machen den
Sport für uns oft erst reizvoll.

Insofern ist die Betonung der Schwierigkeit nicht nur pädagogisch wirkungs-
voll, sondern auch – in einem didaktischen Sinn – dem Gegenstand angemessen,
sachlich richtig.

Ein großer Teil – ja, ich glaube, der entscheidende Teil der persönlichkeitsbil-
denden Wirkung, die wir uns vom Sport versprechen, hängt davon ab, wie wir
über die sprachliche Vermittlung dem Kind, dem Schüler die Möglichkeit geben,
sich selbst in der sportlichen Tätigkeit wahrzunehmen. Wir sollten versuchen, das
durch die möglichst häufige Rückverweisung auf die eigene, selbstpraktizierte
und selbsterlebte Tüchtigkeit, auf die eigene Entscheidungsfähigkeit zu fördern, –
versuchen, eine möglichst positive kognitive und emotionale Selbstwahrnehmung
zu erreichen.

Nicht in der bloßen Bewegung, auch nicht im Erlernen neuer Fertigkeiten
liegen die pädagogischen Möglichkeiten einer Bewegungserziehung, sie liegen
vielmehr in der Veränderung der Selbstwahrnehmung, die das Kind mit Hilfe des
Lehrers in für das Kind wichtigen, emotional bedeutsamen Situationen selbst aktiv
vornimmt. Dafür bieten sich im Sport zahlreiche Möglichkeiten, sicher zahlreicher als in anderen Bereichen, – aber das ist nur ein gradueller, kein prinzipieller
Unterschied; deshalb gelten diese Überlegungen auch generell für den Umgang
mit Kindern.

*Diese notwendige Kürzung des Referates für den Kongreßbericht führt leider
zu einem Verlust an Anschaulichkeit. Deshalb soll das Gemeinte wenigstens mit
einem Beispiel konkretisiert werden:* In einer Turnstunde für fünf- bis achtjährige
Kinder haben wir ein Klettergerüst aufgebaut, daneben liegt eine dicke Matte.
Dirk (sechs Jahre, etwas ängstlich und unsicher, durch die überbehütende Mutter
unselbstständig gehalten) fragt mich, ob er von oben 'runterspringen dürfe. Seine
Frage zeigt: Er möchte wohl, weiß aber nicht so recht. Er erwartet von mir, dem
Erwachsenen, eine Entscheidung. So ist er es gewöhnt. Meine Antwort: „Das
mußt du selbst wissen. Da oben 'runterspringen, das ist ganz schön hoch. Große
Kinder dürfen das, für kleine ist es zu gefährlich". Er stutzt, zögert, überlegt – und
plötzlich verkündet er entschlossen: „Ich bin groß", klettert hoch und springt. In
der folgenden Zeit wird dieses „Spiel" auch von den anderen Kindern der Gruppe
bei jeder sich bietenden Gelegenheit wiederholt: „Darf ich?" – „Große Kinder
dürfen". – „Ich bin groß".

In dieser kurzen Szene hat der Junge erlebt, daß er selbst eine Entscheidung,
die mit einem gewissen Risiko verbunden ist, treffen kann. Er bestimmt sich
selbst, und er sagt dem Erwachsenen, ob er klein oder groß ist – und er sagt es
nicht nur, sondern handelt auch sofort entsprechend. Diese Einheit von sprachli-
cher und handelnder Selbstdarstellung dürfte wirkungsvoller für die Entwicklung
des Selbstbewußtseins sein, als wenn der Lehrer ihm -zigmal versichert, er sei
doch schon groß.

Und vor allem: in dieser Entscheidung wird die sportliche Handlung zu seiner
eigenen Handlung, die nur von ihm selbst bestimmt wird.

Mit meiner Antwort habe ich
– eine sachliche Aussage getroffen: „Das ist ganz schön hoch";
– unser gegenseitiges Verhältnis bestimmt: ich treffe für dich keine Entscheidung,
  die du selbst treffen kannst;
– etwas über seine Person gesagt: du bist alt genug, diese Entscheidung hast du
  selbst zu treffen;
– etwas über die sportliche Handlung gesagt: ob man so etwas tut, liegt in der
  persönlichen Entscheidung, es ist seine Handlung.
    Der Unterschied zu unserem üblichen Sprechen im Sportunterricht ist deutlich:
Dort besteht immer die Tendenz, daß der Lehrer das Risiko abschätzt, die Entscheidung trifft, die Leistung fordert (oder wenigstens erwartet). Der Schüler ist
damit nicht Zentrum seiner Handlung, vielmehr führt er eine Handlung, die er sich
selbst nicht ausgesucht hat, auf die Anordnung eines anderen hin aus.

Tänze, Singspiele und musikalische Bewegungs-geschichten

Je jünger Kinder sind, umso unmittelbarer reagieren sie auf Musik und rhythmische Impulse. Sie wippen mit dem Körper, wenn sie Musik hören, drehen sich, klatschen und stampfen, hüpfen oder springen im Rhythmus durch den Raum. Musik und Bewegung bilden für Kinder im vorschulischen Alter noch eine selbstverständliche Einheit. Um die unbeschwerte Freude und die Begeisterung der Kinder an rhythmischer Bewegung zu erhalten, sollte ihnen möglichst früh die Möglichkeit zum freien oder auch angeleiteten Singen, Spielen, Darstellen und Tanzen gegeben werden.

Dabei sollte das Tanzen zunächst nicht zu stark mit vorgegebenen Bewegungsanweisungen verbunden werden. Gerade durch Inhalte, die das Gestalten von Bewegungsformen, das Improvisieren und das Sichausdrücken einbeziehen, kann die Bewegungsphantasie der Kinder angeregt und ihre Ausdrucksfähigkeit gefördert werden.

Die Beiträge des folgenden Kapitels geben Beispiele, wie dieser Ansatz mit Kindern im vorschulischen sowie im Grundschulalter verwirklicht werden kann.

H. LINDNER und G. STEIN gehen dabei von musikalischen Bewegungsgeschichten aus, die mit dem Mittel der Darstellung arbeiten. Komplexe Spielszenen (z. B. Zoobesuch) können so durch entsprechende musikalische Vorgaben inszeniert werden.

Die Einbeziehung des rhythmisierten Sprechens und die Verwendung von Singspielen stehen im Vordergrund der von C. KLEINKE vorgestellten Bewegungsaufgaben. Sie reichen bis zu einfachen, die Grundbewegungsformen aufgreifenden Kindertänzen.

Ebenso können Kinderlieder Impuls für Bewegungsspiele und Tanzformen sein. B. VITT macht an einem Beispiel deutlich, welchen Aufforderungscharakter zur Bewegung und Darstellung Text und Melodie eines Kinderliedes haben können. I. CLAUSMEYER führt über improvisierte Bewegungsaufgaben zu gebundenen Tanzformen hin. Die hier vorgestellten Beispiele sind aufgrund ihrer räumlichen und rhythmischen Differenzierung vor allem im Grundschulalter anwendbar.

Heidi Lindner
Gisela Stein

Musikalische Bewegungsgeschichten

Kinder lieben Musik, und Kinder erleben Musik durch Bewegung. Kinder hören gern Geschichten, und Kinder denken sich gern etwas aus. Sie spielen gern mit anderen Kindern und mit ihren Eltern.

Musikalische Bewegungsgeschichten greifen diese Vorlieben der Kinder auf und regen an zu Spiel und Bewegung mit viel Freiraum für eigene Ideen. An Stelle passiven Konsums wird die Entfaltung kindlicher Kreativität, Phantasie und Bewegungsfreude gefördert.

Musikalische Bewegungsgeschichten sind vielseitige, kreative Bewegungsspiele, die sich durch den Einsatz von Spielmaterialien oder Klein- bzw. Großgeräten immer neu gestalten lassen.

„Gewinnen" und „Verlieren" sind bedeutungslos, das gemeiname Erleben steht im Vordergrund.

1. Die **erste kleine Bewegungsgeschichte** ist eine „Aufgabenwanderung". Während die Musik spielt bewegen sich alle frei im Raum, wenn die Musik stoppt erfüllen sie eine Aufgabe:
– Partner suchen („... das ist Partner Nr. 1...") und gegenseitig auf die Füße treten, auf den Po klopfen, durch die Beine Tauziehen...
– Immer neue Partner suchen und sich bei Musik-stop an verschiedenen Körperteilen berühren, Nase an Nase, Fuß an Fuß...
Musikvorschlag: Hereinspaziert. In: Tägliche Bewegungszeit in der Grundschule, Teil 2 (Fidula Verlag).
Alternative: Hereinspaziert. In: Knallbonbon (Impulse – Musikverlag).

2. Die **zweite kleine Bewegungsgeschichte** sind Begrüßungsszenen mit unterschiedlichen Bewegungsvariationen:
„Hallo, Hallo schön daß Du da bist..."
– Alle stehen im Kreis und winken sich während der ersten beiden Zeilen zu. Die nächsten beiden Zeilen werden pantomimisch dargestellt.
– Paarweise gegenüber stehen und sich gegenseitig begrüßen.
– Während des Singens der ersten beiden Zeilen gehen zwei Teilnehmer aufeinander zu, fassen sich an und spielen die Strophe zu Ende, um dann bereits auf einen neuen Partner zuzugehen.
– Paarweise gegenüber stehen, so daß es einen Innen- und einen Außenkreis ergibt. In den ersten beiden Zeilen erfolgt ein Partnerwechsel, indem einer der beiden Kreise im Uhrzeigersinn zum nächsten Partner geht, während die anderen am Platz stehen bleiben.

TANZERFOLGE:
– Aufstellung paarweise im Kreis, die Partner stehen sich gegenüber
– „Hallo", zuerst rechts winken, dann links
– „Schön, daß du da bist" gegenseitig auf die Schulter klopfen
– „die Hacken und die Spitzen" Hacke–Spitze, bei „weitergehen" geht jeder Tänzer nach links
und bleibt zum Liedschluß beim neuen Partner stehen

Aus: Akademieberichte Dillingen: –Nr.71, 1983 „Liedbegleitung und Instrumentalspiel im Unterricht" (S.78 – 81)

Abb. 1

3. Die **dritte Bewegungsgeschichte** ergibt sich aus der Musikgestaltung des Titels
„Mogelkette", mit drei gleichen Musikteilen, die jeweils langsam beginnen und
sich im Tempo und damit in der Dramatik steigern:
– Die Spielsituation – zwei Kinder (Erwachsene, Hunde...) treffen sich, beginnen
eine Unterhaltung und plötzlich fällt ihnen ein, daß sie ja schon längst ... (z. B.
im Kindergarten sein sollten...), sie laufen rasch davon, bis sie wieder jemanden
treffen... usw.
Musik: Mogelkette. In: Kinderparty (Fidula Verlag).

4. Um **die vierte Geschichte** zu spielen, treffen sich alle am Bahnhof. Gemeinsam
wird eine Eisenbahnanlage gebaut. Die Züge fahren nicht mit Kohle oder Strom,
nein sie fahren mit Musik. Die TeilnehmerInnen bewegen sich:
– als Lokomotiven/Wagen allein vorwärts/rückwärts
– als Lokomotive mit Anhänger vorwärts/rückwärts/schieben/ziehen

– verschiedene Wagen (TN) an- und wieder abkoppeln
– „Schienen verlegen", Züge fahren nur auf den Hallenlinien
– „Bahnhöfe bauen", Partner 1 steht, Partner 2 fährt
– „große Züge bauen", Postzug – alle TeilnehmerInnen mit gelber Kleidung, Schlafwagen – alle blauen, Gepäckwagen – alle bunten... (vgl. LINDNER/ STEIN 1990)

Musik: Partybummel. In: Tägliche Bewegungszeit in der Grundschule, Teil 2 (Fidula Verlag).

5. Die **fünfte Geschichte** bewegt große Züge, wobei sich die Teilnehmer an den Hüften halten:

Und dann sind wir ein langer Zug.

1. Und dann sind wir ein langer Zug,

   der schnauft, der schnauft der lange Zug.

2. Du glaubst es nicht, wie schwer das geht,

   du glaubst es nicht, wie schwer das geht.

3. Geht schon besser, geht schon besser,

   geht schon besser, geht schon besser....

   Tsch, Tsch, Tsch, Tsch ....

Abb. 2

Bewegungsbeschreibung:
Die Mitspieler gehen im Rhythmus des Textes bei jedem Wort einen Schritt vorwärts bzw. rückwärts. Die Wörter, die im obigen Text mit einem „Fuß" gekennzeichnet sind (wie z. B. „glaubst"), werden durch Aufstampfen eines Fußes betont. Ganz langsam setzt sich der Zug in Bewegung...
– Eltern stellen sich hinter ihre Kinder, umfassen sie unter den Achseln und schieben sie so vorwärts.
– Mehrere Eltern-Kind-Paare stellen sich hintereinander und fassen sich an den Hüften an.

– Eltern und Kinder bilden je einen Zug.
– Verschiedene Züge werden zusammengestellt:
  Teilnehmer mit gleicher Kleider-, Socken- oder Haarfarbe oder zahlenmäßig
  festgelegten Wagen, z. B. eine Lokomotive und vier Wagen.
In Gruppen mit jüngeren Kindern eignet sich dieses Spiel besonders gut als ge-
meinsamer Abschluß. Jeder Zug fährt direkt nach Hause mit Zwischenhalt im
Umkleideraum.

6. Die **sechste Geschichte** wird durch ein Lied erzählt. Jeweils am Anfang der
Strophe stellen ÜbungsleiterIn oder Kinder neue Aufgaben, die dann durch entsprechenden Gesang oder Bewegungen gespielt werden:

> Die Eisenbahn, die Eisenbahn,
> die fährt von Köln nach Hagen. 2 x
> Es sitzen viele Leute drin,
> in ihren großen Wagen. 2 x
> Umsteigen
> Kurven fahren, Bergauf fahren,
> Bergab fahren, durch den Tunnel fahren,
> im Nebel fahren, rückwärts fahren usw.

7. Die **siebente Geschichte** ist sehr leicht zu spielen. Das ausgewählte Musikstück
„Eisenbahn, Eisenbahn" gibt alle Bewegungen durch den Text und die Musikwahl
genau vor. Mehrere MitspielerInnen bilden jeweils einen Zug.
Musik: Eisenbahn. In: Tägliche Bewegungszeit in der Grundschule (Fidula Verlag).

8. Die **achte Musikalische Bewegungsgeschichte** ist eine Einladung in den Zoo.
Die Musikalische Bewegungsgeschichte „In den Zoo gehen wir..." bietet mehrere
Möglichkeiten, die Musik kennenzulernen und spielerisch zu gestalten:
– Das Lied wird gespielt und die ganze Gruppe erlebt den Zoospaziergang, wie er
  auf der Kassette besungen wird.
– Mit der B-Seite (halbplayback) der Kassette läßt sich ein Ratespiel gestalten.
  Zum Refrain gehen/hüpfen alle gemeinsam durch den Zoo und treffen sich an
  einer Stelle, um mit Hilfe der Musik und der Tiergeräusche die jeweiligen Tiere
  zu erraten.
– Die Kassette stoppt jeweils bei den Tierstrophen, gemeinsam wird über die
  Lebensart der Tiere gesprochen und ihre Bewegungsmöglichkeiten bzw. -eigen-
  arten werden erprobt.
– Kleingeräte wie Reifen für die Löwen, Seile und Taue für die Affen, Stäbe für
  die Känguruhs, Softbälle für die Seehunde und Balancierlinien oder -taue für die
  Elefanten ermöglichen erste kleine Tierkunststücke und Vorführungen.
– Der Einsatz von Großgeräten (Bänke für Elefanten, Sprossenwände für Affen,
  Matten für Seehunde, Kastenteile für Löwen, kleine Kästen/Minitramp für Kän-
  guruhs) bietet Übungsstoff für mehrere Turnstunden.

– Die B-Seite der Kassette fordert besonders kreative Gruppen auf, einen ganz eigenen Zoospaziergang mit immer neuen Tieren zu erfinden und zu gestalten.
– Mit Schminke und Kostümen entsteht dann oft schon eine richtige musikalische Theateraufführung.
Musik: In den Zoo gehen wir. In: Spiel mit mir, mein Kuscheltier (Pipo-Verlag).

Christiane Kleinke

„Singspiele, Sprechreime, Kindertänze"

Tanzen, Spielen, Singen, diese Elemente stehen im Mittelpunkt des folgenden Beitrages. Die hier vorgestellten Sprechreime, Singspiele und Kindertänze lassen viel Raum für das eigene Experimentieren und Erfinden. Die Beschäftigung mit gesprochenen und gesungenen Texten, das Bewegen zur und nach Musik, bringt Kinder folgenden Zielen näher:
– Steigerung des Koordinationsvermögens, da Bewegung und verbale Äußerung parallel vollzogen werden sollen; Förderung der Ausdrucksfähigkeit des Körpers und der Modulationsfähigkeit der Stimme; Schulung des Rhythmusgefühls; Anregung der Phantasie und Kreativität (vor allem, wenn Freiraum für eigene Bewegungsfindungen gegeben wird);
– Erweiterung der Erfahrung bezüglich der Bewegungsmöglichkeiten des Körpers; kindliche Freude am Darstellen von Personen, Gegenständen und Situationen wird aufgegriffen; Verbesserung der akustischen und optischen Wahrnehmungsfähigkeit; Bereicherung des aktiven und passiven Wortschatzes; räumliche und körperliche Erfahrungen und Bewußtmachung abstrakter Begriffe (z. B. unten, oben, vorn, hinten);
– Steigerung der Erkenntnisfähigkeit (Zusammenhang zwischen Wort und Spielablauf begreifen); Förderung vielfältiger Körperkontakte; Ermöglichung vielfältiger Körperkontakte; Förderung der Orientierungsfähigkeit und des Raumgefühls.

Im folgenden wird an Beispielen verdeutlicht, wie Sprechreime, Kinderlieder und -tänze erlebt und ertanzt werden können. Es werden Möglichkeiten aufgezeigt, wie die einzelnen Bewegungsformen und Lieder entwickelt und variiert werden können. Die Anregungen sollen Anstöße geben, dies auch auf andere Lieder und Tänze in ähnlicher Form zu übertragen (vgl. KLEINKE 1990).

    In Sprechreimen und Singspielen gibt es eine enge Verbindung zwischen Sprache, Text, Rhythmus und Bewegung. Der Sprechrhythmus wird oftmals in

einen Bewegungsrhythmus umgesetzt. Es gibt natürlich auch Reime und Lieder, die Anregungen geben für Bewegungen, Spielideen, die also nicht unmittelbar umgesetzt werden in ihrer rhythmischen Struktur. Zu berücksichtigen bei dem Einsatz von Sprechreimen sind folgende Punkte:
– den Einstieg in den Sprechreim vorbereiten
– lange Texte bei Reimen und Singspielen vermeiden
– wenn möglich, in Teilen erarbeiten
– einfachen Satzbau und bekannte Worte verwenden
– Inhalt sollte Begriffswelt der Kinder entnommen werden
– die Kinder sollten die Bewegungsmöglichkeit selbst entdecken und nicht im Imitieren steckenbleiben.

Bei den hier vorgestellten Kindertänzen handelt es sich um Tänze von der Cassette „Die Welt tanzt", Kindertänze aus aller Welt. Die Tanzformen sind in Anlehnung an die Tanzbeschreibungen von Femke van Doorn Last entstanden.

Die Bewegungsformen basieren auf Gehen, Laufen, Hüpfen, Drehen, Stampfen und Klatschen, allein, mit Partner oder in der Gruppe. Aufstellungsformen, die bei Kindertänzen vorrangig sind, wie Kreis, Gasse, Reihe oder freie Aufstellung werden genutzt.

Bei der Entwicklung von Kindertänzen sind folgende Punkte zu berücksichtigen:
– klar strukturierte Musik einsetzen
– einfache Bewegungsformen und -verbindungen
– Einhören und Umsetzen der Musik in unterschiedliche Klangbilder zunächst ohne, dann mit Bewegung im Raum
– Kennenlernen und Erproben von Bewegungsformen in freien Bewegungsaufgaben
– Zusammenfügung einzelner Schritt- bzw. Bewegungsfolgen nacheinander vornehmen
– bei Variationen nur innerhalb eines Motivs variieren.

Sprechreime – Singspiele

„Hände schütteln, Hände schütteln ist 'ne feine Sache.Ich schüttle dir die rechte, ich schüttle dir die linke, ich schüttle alle beide."
Spielanregung:
– die genannte Handlung mit Partner durchführen
– das Schütteln der eigenen Hände in verschiedenen Richtungen/Ebenen durchführen
– die Hände auf unterschiedlichste Art geben
– im Raum durcheinander gehen, bei Beginn des Textes einen Partner suchen
– jedesmal beim Händereichen einen anderen Partner suchen.

„Die wilde Jagd"
Eins-zwei-aufgepaßt, jetzt kommt die wilde Jagd, peng!
Eins-zwei-aufgepaßt, das war die wilde Jagd, uff!

Spielanregung:
- allein und paarweise mit verschiedensten Fassungen hüpfen
- im Seitgalopp voreinander hüpfen mit Handfassung/Stoppen üben
- Zeile 1 lernen, begleitend dazu stampfen, – peng – deutlich durch andere Klanggesten hervorheben
- paarweise am Ort z. B. in der Mühlfassung zum Text bewegen
- im Seitgalopp mit Stop, in kleinen Gruppen in der Gasse
- laut dazu sprechen, evtl. spricht eine Gruppe, eine bewegt sich
- Zeile 2 lernen, – uff – durch Klanggesten mit dem Partner verdeutlichen
- vorwärts, rückwärts Gehen üben, mit Stop
- paarweise Aufstellungformen finden, 2, 3 oder mehr Paare
- Zeile 1 laut sprechen, Zeile 2 leise, in der Bewegung verdeutlichen: z. B. Zeile 1 Seitgalopp, Zeile 2 Gehen
- verschiedene Aufstellungsformen finden lassen, paarweise oder zu mehreren
- die Zeilen jeweils wiederholen, z. B. 2 x in der Gasse hin- und herhüpfen, auseinandergehen, wieder aufeinanderzugehen.

Abb. 1

„Maschine schreiben"
Ich kann schon Maschine schreiben – schreib was ab,
Ich kann schon Maschine schreiben – tipp, tipp, tapp.
Ich kann schon Maschine schreiben, das geht so,
Ich kann schon Maschine schreiben, I – A – O.
Ich kann schon Maschine schreiben ja, ja, ja,
Ich kann meinen Namen schreiben (den eigenen Namen klatschen)

Spielanregung:
– in Reihen hintereinander auf dem Rücken des vorderen Partners „Maschine
  schreiben"
– „Tipp-tipp-tapp" durch Tippen am Körper verdeutlichen
– paarweise miteinander gehen oder hüpfen, 1. u. 2. Strophe tippen bzw. stampfen
– die Buchstaben I – A – O durch Körperhaltung verdeutlichen
– den Namen klatschen
– die einzelnen Strophen miteinander verbinden.

Tanzanregungen zu der Musik „Die Welt tanzt" – Gira, giro, tondo:
– zu den einzelnen Phasen der Musik klatschen,
– am Ort klatschen, paarweise miteinander hüpfen, in der Gruppe miteinander
  tanzen.

Bärbel Vitt

Neue Kinderlieder – Tänze und Bewegungsspiele

Kinderlieder und Kindertänze sind in der Bewegungserziehung im Elementarbereich ein fester Bestandteil. Neben bekannten und auch bewährten Kinderliedern
gibt es gerade in den letzten Jahren viele Beispiele junger Komponisten und
Texter, so daß die Angebote zur Beschäftigung mit Melodie und Sprache selbst für
jüngere Kinder immer größer werden. Sprache und Musik – Musik und Bewegung
können so zu einer Einheit geführt werden.
    Da sich die musikalische Betätigung bei Kindern in vielen Fällen auf passives
Zuhören beschränkt, soll im folgenden Beitrag verdeutlicht werden, wie Gesang
und Bewegung für das Kind im Elementarbereich und in den ersten Jahren der
Grundschule ein ganz wichtiger Weg zur Entwicklung von Kreativität darstellen.
Durch eigenes „Tun" und dem „Miteinander" kann ein guter und gesunder Ge-
genpol zum bloßen Konsumieren und zur frühzeitigen Verkümmerung der Phantasie gesetzt werden kann.

Text und Melodie: Lukas Brauner

Der freundliche Bär Bodo

Rum-pel-pum-pel, rum-pel-pum-pel, schaut der dik-ke Bär!

Rum-pel-pum-pel, rum-pel-pum-pel, Kin-der liebt er sehr!

1. Er fährt mit sei - nem Drei - rad vor und

tappt durch un - ser Gar - ten - tor.

Rum - pel - pum - pel.....

1. Er fährt mit seinem Dreirad vor und tappt durch unser Gartentor.
Rumpelpumpel ...

2. Er legt sich unter'n Apfelbaum und träumt den großen Bärentraum.
Rumpelpumpel ...

3. Die Kinder kitzeln ihn im Gras, da hat er einen Bärenspaß.
Rumpelpumpel ...

4. Das Kleinste nimmt er in den Arm und hält es bärenmäßig warm.
Rumpelpumpel ...

5. Bettina gibt er einen Kuß und Martin eine Haselnuß.
Rumpelpumpel ...

Abb. 1

Im Lied kann das Kind seine Umwelt entdecken, es gibt ihm die Möglichkeit durch eigene Impulse, aber auch durch Anregungen von außen Melodien umzusetzen und dazu Bewegungsformen zu finden. Auch im Rahmen von Gruppenaufgaben können Kinder im Tanz ihre Welt so darstellen, wie sie sie sehen.

Sie lernen dabei, miteinander umzugehen, Ideen anderer zu akzeptieren und aus einem Lied mit ihrer Phantasie und Kreativität eine Gestaltung zu formen.

Aus dem vielseitigen Angebot der heutigen Literatur zum Thema: „Kinderlieder" haben wir im Arbeitskreis mit dem neuen Liederbuch: „Gib acht, wenn du Spaghetti ißt!" aus dem Bergmoser-Höller Verlag, Aachen, gearbeitet.

Die Musikcassette zu diesem Buch wurde von der Rheinischen Arbeitsgemeinschaft Musik von Gerd Philipps arrangiert.

Aus der Vielfalt der Lieder haben wir die ausgesucht, die sich besonders gut umsetzen lassen in Tänze und Bewegungsspiele. Viele Vorschläge und Anregungen wurden eingebracht, Versuche gestartet – ausprobiert (so, wie es auch mit Kindern sein sollte).

Vom Element Singen, dem elementarsten musikalischen Ausdrucksmittel, bis zur „fertigen Bewegungsgestaltung" unter Einbeziehung von Klatschen-Stampfen und anderen rhythmischen Varianten, haben die TeilnehmerInnen mitgeholfen, die musikalische Erfahrungswelt und die Bewegungserfahrung mit Musk für Kinder aufzuarbeiten, um sie auch weiter vermitteln zu können. Ein Lied aus dem ausgesuchten Liederbuch: „Der freundliche Bär Bodo" soll als Beispiel dafür dienen, welchen musikalischen Aufforderungscharakter Melodie und Text haben können. Die Umsetzung im AK könnte ebenso oder in ähnlicher Form auch mit Kindern gelungen sein.

Ingrid Clausmeyer

Tanzen in der Grundschule

Bewegung ist für Kinder ein wichtiges Medium zur Auseinandersetzung mit ihrer Umwelt und zur Erweiterung ihres Erfahrungsraumes. Kinder brauchen Bewegung, um in konkreten Handlungsbezügen grundlegende Erfahrungen machen zu können. Bewegungsmangel und ein stark konsumorientiertes Freizeitverhalten (Fernsehen, Video, Computerspiele), schränken die motorische Entwicklung und damit auch die subjektiv-emotionale Entwicklung von Kindern dagegen sehr ein. Unter diesen Aspekten müßte gerade die Schule ein Ort sein, an dem sich viel bewegt. Aber gerade hier wird Bewegung im normalen Tagesablauf eher noch unterdrückt als gefördert. Die Defizite äußern sich in ziellosen, ungezügelten und undifferenzierten Bewegungen, unkonzentriertem, aggressivem Verhalten, das ein Lernen häufig ausschließt.

Hieraus ergibt sich die Forderung nach Veränderung von Lernbedingungen und nach einer Bewegungserziehung, die durch gezielte Außenreize versucht, eine für das Lernen notwendige Differenzierung von Bewegung und Wahrnehmung zu erreichen. Eine Möglichkeit der Bewegungserziehung stellt das Tanzen dar, definiert als interpretierte, rhythmische Bewegung in der Auseinandersetzung mit Partner, Gruppe, Raum, Zeit und Musik. Die dem Tanz immanenten motorischen, sozialen, sensorischen und emotionalen Lernziele bieten alle Voraussetzungen für eine ganzheitliche Bewegungserziehung, die die Selbständigkeit und Selbstbestimmtheit des Kindes anstrebt.

Für die Arbeit in der Praxis werden Bewegungsaufgaben und gebundene Tanzformen vorgestellt. Die Bewegungsaufgaben setzen intensive Bewegungsreize. Die Aufgabenstellung ist bewußt einfach, soll aber Impulse zur Bewegungs- und Wahrnehmungsdifferenzierung geben, sowie Kreativität und Spontaneität fördern. Nach dem Prinzip „tanzend tanzen lernen", wird über Bewegungsaufgaben zu gebundenen Tanzformen geführt, die vielfältige Raum- und Gruppierungserfahrungen ermöglichen (vgl. hierzu auch CLAUSMEYER 1990).

Im folgenden Beitrag liegt der Schwerpunkt auf 3 Bereichen:
1. Musikstopspiele, 2. Gassentänze, 3. Führen und Folgen.

Auf die Beschreibung der gebundenen Tanzformen wird verzichtet. Sie sind zu den einzelnen Schallplatten erhältlich.

1. Musikstopspiele

Musikstopspiele sind bei Schülern sehr beliebt. Sie kommen ihrem Bewegungsbedürfnis entgegen und sind durch die wechselnden Aufgabenstellungen und das spontane Reagieren bei dem Musikstop spannend und abwechslungsreich.

Bewegungen einfrieren

Musikvorschlag: „In the Mood" als Rock and Roll Remix
Aufgabenstellungen:
– Die Tanzenden bewegen sich auf beliebigen Raumwegen. Beim Musikstop sofort stehenbleiben, und die Bewegung einfrieren. (Schaufensterpuppe oder auch Denkmal darstellen).
– Bei Musikstop ist noch Zeit, um ganz schnell in eine Pose zu kommen, die dann eingefroren wird.
– Die eingeforenen Posen werden in der Musikstopphase durch ein akustisches Signal (z. B. Triangel oder Schellenband) verändert.
– Wie oben, es werden jetzt jedoch immer drei wiederkehrende Lieblingsposen aneinandergereiht.

Siebensprung

Musik: „Tanzen in der Grundschule" (Fidula Verlag)

Der Siebensprung ist eine tradierte Tanzform aus Dänemark. Wie in den Bewegungsspielen zuvor werden auch hier Bewegungen aneinandergereiht. Dieser Tanz ist für die ersten beiden Schuljahre sehr geeignet. Methodisch wurde er gewählt, um das auch im weiteren wiederkehrende Prinzip „von der Bewegungsaufgabe zur gebundenen Form" zu verdeutlichen.

Symbole stellen

Dieses Musikstopspiel dient einerseits der Anpassung an Partner, Gruppe und Raum, zum anderen ist es auch eine Übungsform, um zur Aufstellungsform der Gasse zu kommen.

Aufgabenstellung:

Die Gruppe bewegt sich auf beliebigen Raumwegen. Bei Musikstop hält der Lehrer eine gut erkennbare Symbolkarte hoch (z. B. Kreis, Dreieck, Buchstaben wie T und B). Die Gruppe stellt nun unter Einbeziehung aller Gruppenmitglieder dieses Symbol nach. Ist die Aufgabe erfüllt, setzt die Musik wieder ein. Beendet wird dieses Spiel mit der Symbolkarte für eine Gasse.

Die Gasse ist eine interessante Aufstellungsform, die viele Bewegungsmöglichkeiten eröffnet; einige von ihnen werden im folgenden dargestellt.

2. Gassentänze

Spielformen in der Gasse

Musikvorschlag: „Yankee Doodle" (EP 58704), eine Allroundmusik zum Gehen, Hüpfen und für Seitgalopp.

Aufgabenstellung: Das Kopfpaar bewegt sich durch die Gasse und stellt sich am Ende wieder an, während sich das zweite Paar auch schon auf den Weg macht. Die Gasse wandert so immer weiter.

Wichtige Erfahrung dabei: Beachten, daß die Gasse nicht zur Sackgasse wird. Rechtzeitiges Anpassen an den vorhandenen Raum. Nun werden unterschiedliche Fortbewegungsmöglichkeiten durch die Gasse erprobt. Z. B. Durchqueren auf einem Bein, mit Drehungen, mit Seitgalopp, mit Darstellung eines Tieres.

Die Rhône

Musik auf der Cassette „Tanzen in der Grundschule" (Fidula). Am Ende der Spielformen in der Gasse stand die Erarbeitung des französischen Gassentanzes „Die Rhone". Er wurde über eine Geschichte, die den Ablauf des Tanzes erzählt, eingeführt.

3. Führen und Folgen

Nach den Gassentänzen wurde das Thema „Führen und Folgen" erarbeitet. Es wurde gewählt, weil es neben der notwendigen räumlichen Anpassung an Partner und Raum vor allem soziale Erfahrungen ermöglicht. Der Tanzende muß bereit sein, sich auf andere einzustellen, sich einzufügen und unterzuordnen.
    Andererseits muß er dann auch einmal die Gruppe führen und somit Verantwortung für die anderen übernehmen.
    Zu diesem Ziel können folgende Bewegungsspiele hinführen:

„Verfolgung erwünscht"
Musikvorschlag: „Mandala" von Sally Oldfield
    Aufgabenstellung: Die Gruppenmitglieder bewegen sich auf beliebigen runden Raumwegen. Jeder kann jeden verfolgen und sich, wann immer er will, jemandem oder auch mehreren anschließen. Diejenigen, die vom Verfolgen genug haben, wenden sich einfach ab und setzen ihren Weg alleine fort und werden eventuell jetzt selber verfolgt.

Laufende Schlangen mit wechselnden Köpfen
Ein Wechsel des führenden Schlangenkopfes ist auf folgende Weise möglich:
- Auf ein akustisches Signal läuft der Führende ans Schlangenende und hängt sich dort an.
- Der Führende schließt sich hinten an, wenn er von seiner Führungsrolle genug hat.
- Die Teilnehmer bewegen sich auf beliebigen Raumwegen. Der Leiter nennt den Namen eines Gruppenmitgliedes, dem dann alle folgen.
- Die Teilnehmer bewegen sich mit unterschiedlichen Bewegungen auf beliebigen Raumwegen. Ein Name wird gerufen. Die anderen schließen sich an und nehmen auch die Fortbewegungsart auf.

Bewegungsförderung unter dem Aspekt psycho-physischer Gesundheit

Für Kinder ist Gesundheit kein Motiv für sportliche Betätigung und doch ist die Gesunderhaltung bereits im vorschulischen Alter ein ernstzunehmendes Argument bei der Forderung nach größerer Beachtung der kindlichen Bewegungsmöglichkeiten.

Um sich gesund entwickeln zu können brauchen Kinder vielseitige, regelmäßige, ja sogar tägliche Bewegungsreize. Im Alltag ist hierzu meist nicht genug Raum bzw. Gelegenheit vorhanden (Auf die Bewegungseinschränkungen im kindlichen Lebensalltag wurde bereits in mehreren Beiträgen hingewiesen).

Der Einengung der Bewegungs- und Spielmöglichkeiten von Kindern steht eine unüberschaubare Vielzahl elektronischer Medien (Fernsehen, Radio, Computer etc.) und vorfabriziertem Spielzeug gegenüber, deren Einflüssen sie sich kaum entziehen können.

Aufgrund der mangelnden Verarbeitungsmöglichkeiten der auf das Kind einströmenden Reize und mit der Einschränkung seiner Handlungs- und Bewegungsmöglichkeiten kommt es in zunehmendem Ausmaß zu Störungen in der Wahrnehmungsverarbeitung und zu Verhaltensauffälligkeiten. Kommunikative Störungen, Ängste, Aggressivität, mangelnde Konzentrationsfähigkeit und Hyperaktivität sind Symptome, die immer häufiger auftreten und die auch auf die sich verändernden Lebensbedingungen von Kindern zurückzuführen sind.

Eine solche Einschränkung der Lebens- und Erfahrungswelt hat natürlich nicht nur Folgen für die psycho-soziale, sondern auch für die körperlich-motorische Entwicklung von Kindern. Zwar ist die allgemeine gesundheitliche Betreuung durch die Vorsorgeuntersuchungen in den letzten Jahrzehnten aus medizinischer Sicht ständig verbessert worden, das Institut für Dokumentation und Information, Sozialmedizin und öffentliches Gesundheitswesen (IDIS) hat 1988 allerdings festgestellt, daß es in den ersten fünf Lebensjahren zu einer deutlichen Verschlechterung des Gesundheitszustandes von Kindern kommt. Bei 28.829 Kindern in Kindergärten wurden 18.880 medizinisch auffällige Befunde festgestellt, das sind 65 % aller Untersuchungen, 22 % davon mußten ärztlich behandelt werden.

Für eine gesundheitlich orientierte Bewegungserziehung ist dabei von besonderer Bedeutung, daß fast 20 % der Kinder Haltungsschwächen und mehr als 15 % Bewegungsstörungen aufwiesen.

Diese Überlegungen machen deutlich, daß die Gesundheitsförderung von Kindern nicht nur auf die Verbesserung ihrer körperlichen Verfassung ausgerichtet sein darf. Hier muß vielmehr ein ganzheitliches Verständnis von Gesundheit vorherrschen, bei dem psychische, physische und soziale Faktoren gleichermaßen Berücksichtigung finden.

Bewegung, Spiel und Sport müssen so konzipiert werden, daß sie das Wohlbefinden der Kinder fördern. Die Aktivitäten sollten mit Lust und Freude ausgeführt werden, nur so kann die Basis für eine auch in späteren Lebensjahren noch anhaltende Motivation für sportliche Betätigung gelegt werden.

Die folgenden Beiträge betreffen ganz unterschiedliche Bereiche der Gesundheitsförderung von Kindern:

T. HELLBRÜGGE geht aus der Sicht eines Kinderarztes auf Probleme der Entwicklung unter dem Aspekt von Wachstum und Differenzierung ein und zieht auf der Grundlage biologischer Vorannahmen Folgerungen für die Organisation von Bewegungserziehung und Sport mit Kindern.

Ein Schwerpunkt der Bewegungserziehung im Elementarbereich sollte nach H. CICURS, D. KOSCHEL und K. STEINMANN die Haltungsförderung sein. Sie geben Beispiele, wie psychische und soziale Einflüsse auf die Haltung einwirken und vermitteln praktische Anregungen zur Verbesserung der Körperhaltung unter dem Aspekt der Körperwahrnehmung und Körperkontrolle.

Eine an der Ganzheitlichkeit des Kindes orientierte Haltungsförderung steht auch im Vordergrund des Beitrages von R. LIEBISCH und R. WEIMANN. Ihre Praxisanregungen gehen in erster Linie von der Erlebniswelt von Kindern aus.

E. J. KIPHARD setzt sich mit dem Problem der Hyperaktivität auseinander und stellt ein Verhaltens- und Bewegungstrainingsprogramm vor, das es den Kindern ermöglichen soll, ihr Bewegungsverhalten besser in den Griff zu bekommen.

Je früher Entwicklungsstörungen bei Kindern erkannt werden um so höher ist die Chance, sie durch pädagogische und therapeutische Maßnahmen beeinflussen zu können. K. FISCHER schlägt daher eine stärkere Kooperation zwischen Kindergarten und Einrichtungen der Frühförderung vor, um so auch die Bedeutung der Bewegung als Medium der Entwicklungsförderung in beiden Instituten besser einbinden zu können.

Eine ganzheitliche Sicht von Bewegungseinträchtigungen zeigt, wie bei Kindern die körperlich – motorische Entwicklung eng mit der psycho-sozialen Befindlichkeit verknüpft ist. R. ZIMMER beschreibt in ihrem Beitrag die Bedeutung von Körper- und Bewegungserfahrungen beim Aufbau der kindlichen Identität und stellt die Psychomotorische Therapie als Maßnahme zur Behandlung von Verhaltensauffälligkeiten bei Kindern vor.

Auch das Wasser ist ein geeignetes Medium, um Kinder in ihrer Entwicklung zu unterstützen. R. CHEREK beschreibt die Wirksamkeit und die Voraussetzungen des Therapeutischen Schwimmens.

G. und S. MENTZ sehen Bewegung, Spiel und Sport als wichtige Wegbereiter für die Integration von Kindern mit geistiger Behinderung. Sie zeigen, welche Hilfen von Spiel- und Sportangeboten für behinderte Kinder ausgehen und wie das hier erlebte eigene Können zu einer Quelle der Hoffnung werden kann.

Theodor Hellbrügge

Biologische Grundlagen zur Bewegungserziehung und zum Kindersport

Bewegungserziehung aus kinderärztlicher Sicht muß in erster Linie die Besonderheiten des Kindes gegenüber dem Erwachsenen berücksichtigen, wie sie durch die Biologie des Kindesalters zustandekommen. Das Kind unterscheidet sich vom Erwachsenen nämlich durch seine Entwicklung. Unter Entwicklung aber verstehen wir zwei große biologische Grundphänomene: Wachstum und Differenzierung.

Wachstum und Differenzierung

Wachstum bedeutet der Ansatz von Körpermasse durch Zellvermehrung oder Zellvergrößerung. Differenzierung meint die Spezialisierung von Zellen, Zellgewebe, aber auch von Körperfunktionen.

Zwischen Wachstum und Differenzierung bestehen enge Beziehungen, denn Wachstum ohne Differenzierung verhindert Leben. Stellen wir uns vor, das Menschenkind käme ohne Differenzierung als ein 7 Pfund schwerer Fleischklumpen auf die Welt, es könne weder atmen noch verdauen, das heißt, es wäre überhaupt nicht lebensfähig.

Mit der Differenzierung wird Wachstum gebremst. Deshalb unterscheidet sich das junge Kind von dem älteren Kind dadurch, daß die Bremse seiner Differenzierung noch nicht ausgebildet ist. Wachstum ist deswegen in den frühen Entwicklungsstufen vor allem im Säuglingsalter weit ungehemmter als beim Kleinkind oder beim Schulkind. Wenn alle Organe ausdifferenziert sind – das gilt entsprechend auch für die zugehörigen Funktionen – hört Wachstum auf. Das Kind unterscheidet sich demnach vom Erwachsenen in erster Linie durch sein ungehemmtes Wachstum. Diese Tatsache ist für die Bewegungsentwicklung von größter Bedeutung, denn Wachstum ist nur möglich mit einem erhöhten Stoffwechsel.

Wachstumsstoffwechsel

Beim Erwachsenen unterscheiden wir Grundumsatz- und Arbeitsstoffwechsel, der je nach zusätzlicher Betätigung erhöht ist. Das Kind hat aber neben seinem Grundumsatz- und Arbeitsstoffwechsel auch noch den Wachstumsstoffwechsel zu bewältigen, bei dem die für das Wachstum notwendigen Stoffe an die wachsenden Organe herangetragen werden müssen.

Dieser erhöhte Stoffwechsel bedingt naturgemäß eine stärkere Durchblutung. Eine optimale Blutzufuhr etwa in Muskeln ist aber nur bei lebhafter Bewegung gegeben. Es entsteht eine Pumpwirkung, die zur besseren Blutdurchströmung führt als bei Ruhe. Zwischen kindlichem Bewegungsdrang und seinem erhöhten Stoffwechsel bestehen also engste Zusammenhänge.

Der kindliche Bewegungsdrang, das heißt, die Unfähigkeit des Kindes, selbst im Schlaf oder Ruhezustand seine Glieder unbewegt zu lassen, ist eine Naturnotwendigkeit, um den Wachstumsstoffwechsel zu befriedigen. Es ist deshalb verständlich, daß der Bewegungsdrang umso stärker ausgeprägt ist, je jünger das Kind ist.

Ein Säugling hat beispielsweise pro Stunde 24 „aktive Minuten", im Kleinstkindesalter geht die Aktivität etwas zurück. Sie ist aber beim Schulkind noch deutlich höher als beim Erwachsenen. Jede Mutter weiß, daß ihr Säugling oder ihr Kleinkind am anderen Morgen niemals in der gleichen Stellung liegt wie es abends hingelegt wurde, und manche Mutter ist beunruhigt über die Aktivität, die ihr Kind im Schlaf entfaltet.

Ermüdung durch Ruhe

Die Beziehungen zwischen Körperbewegung und Stoffwechsel lassen sich leicht erklären, wenn man die Erkenntnisse der Arbeitsphysiologie bezüglich Ermüdung und Erholung betrachtet. Ohne auf Einzelheiten dieses vielschichtigen Problems eingehen zu wollen, sollen hier nur als anschauliches Beispiel die Ermüdungsverhältnisse bei statischer und dynamischer Arbeit angeführt werden. Sie beanspruchen bei den derzeitigen Schulverhältnissen größeres Interesse, weil nämlich die statische Belastung einer ständigen Sitzhaltung in der Regel verkannt wird.

Gemessen an der Größe des Umsatzes ist statische Arbeit für den Muskel wesentlich anstrengender und ermüdender als dynamische. Dies wird jedem sofort klar, der einen schweren Gegenstand eine Weile lang bei ausgestrecktem Arm zu halten versucht. Die hierbei auftretende, sogar schmerzhaft empfundene Ermüdung geht schnell wieder zurück, sobald die Muskulatur entspannt und der Arm herabgenommen wird. Bei dynamischer Arbeit dagegen, die durch den regelmäßigen Wechsel von Muskelkontraktion und -erschlaffung charakterisiert ist, kann eine wesentlich größere Arbeitsleistung vollbracht werden, ohne daß es zu einer auch nur annähernd starken Ermüdung kommt.

Der unterschiedliche Ermüdungseffekt liegt in der verschiedenartigen Blutversorgung. Bei statischer Belastung entsteht infolge der anhaltenden Muskelanspannung ein solcher Muskelinnendruck, daß die Kapillaren abgedrosselt werden. Erst bei Nachlassen der Muskelanspannung tritt wieder eine Sauerstoffversorgung ein und hierbei fördert die durch die Zwischenprodukte des Muskelstoffwechsels bedingte Erweiterung der Kapillaren eine bessere Durchblutung und sorgt für eine entsprechend beschleunigte Erholung. In einem ähnlichen Erholungseffekt liegt der Vorteil der dynamischen Arbeit. Durch den ständigen Wechsel von Muskelanspannung und -erschlaffung kommt es zu einer echten Pumpwirkung mit einer gesteigerten Durchblutung und damit zu einer besseren Sauerstoffversorgung des Muskels.

Bewegung fördert Wachstum

Überträgt man diese Gedankengänge aus der Arbeitsphysiologie auf die Bewegungserziehung des Kindesalters, dann ergibt sich die Schlußfolgerung, daß jede stärkere körperliche Bewegungsmöglichkeit das Wachstum fördert. Hinzu kommt die positive Anregung auf den Kreislauf. Während sich der Kreislauf bei körperlicher Bewegung einer höheren Leistungsanforderung – und das Wachstum stellt eine erhöhte Leistungsanforderung dar – ohne Schwierigkeiten anpaßt, stellt der Trainingsverlust eine zu wenig beachtete Schädigungsart unserer Kreislaufregulation selbst bei Erwachsenen dar. Es bestehen hochsignifikante Zusammenhänge zwischen Kreislaufschäden und Bewegungslosigkeit. Der hierdurch entstehende „körperliche Entlastungsschaden" läßt sich nur durch geeignete körperliche Betätigung wieder beseitigen. Der Mangel an Bewegung selbst bei Erwachsenen stillt deswegen einen kardinalen Faktor unter den vielfältigen Ursachen der Kreislauferkrankung dar.

Die Bedeutung der Bewegung nicht nur für das Wachstum etwa der Körpermuskulatur, sondern auch für deren Erhalt kennt jeder, der seine Glieder irgendwann einmal eine Weile stillegen mußte, z. B. im Gipsverband. Es dauert nur wenige Wochen, dann ist der Gipsverband bereits um einige Nummern zu groß, weil die Muskulatur schrumpfte.

Schlußfolgerung für die Bewegungserziehung

Bewegungserziehung im Kindesalter hat diese biologischen Grundgesetzlichkeiten zu berücksichtigen, und zwar möglichst in der freien Entfaltung des kindlichen Bewegungsdranges. Die körperliche Betätigung ist für das Kind etwas Naturnotwendiges, und jede Einschränkung der natürlichen Bewegung, erst recht wenn sie verbunden ist mit einer einseitigen statischen Belastung, führt beim Kind zu einer starken Ermüdung und dadurch zu einer Leistungsminderung und auf die Dauer zu mannigfachen gesundheitlichen Schäden.

Aus der Sicht des Kinderarztes ist es deswegen geradezu absurd, den kindlichen Bewegungsdrang während einer ganzen Schulwoche durch Sitzleistungen einzuschränken und zu glauben, daß der dadurch entstehende Schaden durch ein oder zwei Turnstunden in der Woche kompensiert werden kann.

Bewegungserziehung muß viel stärker z. B. in den Schulalltag hinein verlagert werden und sich als ein übergeordnetes Prinzip auch bei den sogenannten kognitiven Leistungen durchsetzen.

In der von mir gegründeten Montessori-Schule, in der verschiedenartig behinderte Kinder mit nichtbehinderten Kindern gemeinsam unterrichtet werden, und zwar nicht in Jahrgangsklassen, kennen wir keinen klassischen Unterricht. Die

Kinder arbeiten im Liegen, im Stehen und dies entsprechend den Prinzipien der Montessori-Pädagogik hauptsächlich durch Handlungslernen (kinästhetisches Lernen).

Wir haben auch keinen herkömmlichen Turnunterricht. Jedes Kind sucht sich entsprechend seinen Vorstellungen in der Bewegungshalle (wir nennen sie nicht Turnhalle) Gegenstände und Geräte aus, um seinen Bewegungsdrang zu befriedigen. Natürlich geben wir keine Noten, sondern belohnen besondere Bewegungsleistungen entsprechend den Fähigkeiten des einzelnen Kindes.

Grundtypen des körperlichen Wachstums

Unabhängig von dieser grundsätzlichen Forderung nach individueller Freiheit für den kindlichen Bewegungsdrang sind im Hinblick auf spezielle sportliche Forderungen des einzelnen Kindes weitere Grundgesetzlichkeiten von Wachstum und Entwicklung zu beachten.

Hierfür sind vier Entwicklungsvorgänge zu berücksichtigen, wie sie vor Jahrzehnten nach minutiöser morphologischen Untersuchungen von dem Amerikaner SCAMMON als Grundtypen des Wachstumsverlaufes verschiedener Körperteile und Gewebe beschrieben wurden.

1) Die Entwicklung des lymphatischen Gewebes, das sich Merkwürdigkeiten leistet wie z. B. um das 12. Lebensjahr herum die größte Ausdehnung zu haben,

2) die Entwicklung des allgemeinen Körperwachstums, mit unterschiedlichen Tendenzen im Säuglingsalter, im Kleinkind- und Schulalter sowie im Pubertätsalter,

3) die Entwicklung des zentralen Nervensystems, die ihren Schwerpunkt im Säuglings- und Kleinkindesalter hat, und

4) die Entwicklung der Fortpflanzungsorgane, die beinahe ausschließlich am Ende der Entwicklung stattfindet.

Lymphatisches System

Die Lebenskurve des lymphatischen Systems ist im Hinblick auf die Gesundheit besonders interessant. Sie stellt nämlich eine reziproke Größe zur Altersklassensterblichkeit dar. Zwischen Gesundheit und Sterblichkeit bestehen enge Beziehungen, weil Gesundheit in erster Linie eine Anpassungsleistung ist. Ein Lebewesen ist in umso höherem Maße krank, je stärker seine Anpassung beeinträchtigt ist. Wird es durch innere oder äußere Ursachen über die Grenzen dieser Anpassung hinausgedrängt, so bricht die Anpassungsleistung zusammen, es tritt der Tod ein.

An der Sterblichkeitskurve läßt sich entsprechend die biologische Lebensleistung messen. Je geringer die Sterblichkeit, umso größer ist die allgemeine Lebensleistung. Je höher die Sterblichkeit, entsprechend umso geringer. Betrachtet

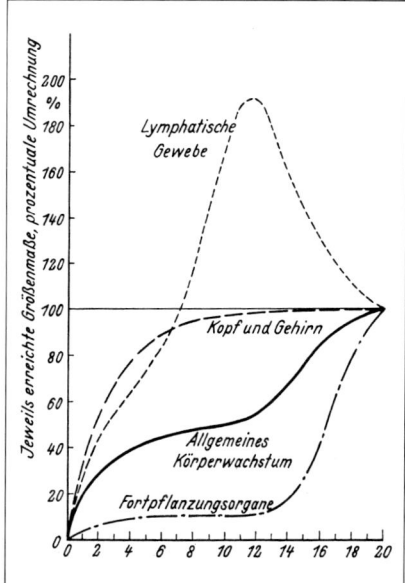

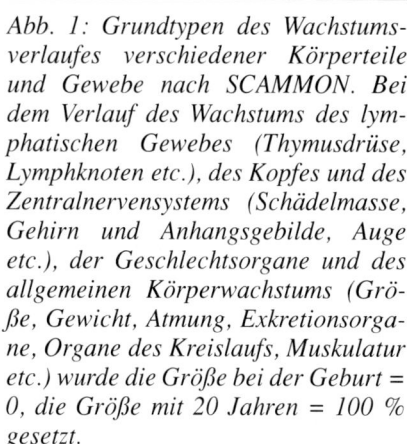

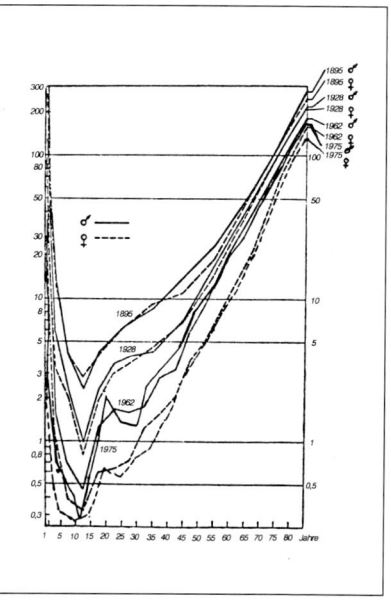

Abb. 1: Grundtypen des Wachstumsverlaufes verschiedener Körperteile
und Gewebe nach SCAMMON. Bei
dem Verlauf des Wachstums des lymphatischen Gewebes (Thymusdrüse,
Lymphknoten etc.), des Kopfes und des
Zentralnervensystems (Schädelmasse,
Gehirn und Anhangsgebilde, Auge
etc.), der Geschlechtsorgane und des
allgemeinen Körperwachstums (Größe, Gewicht, Atmung, Exkretionsorga-
ne, Organe des Kreislaufs, Muskulatur
etc.) wurde die Größe bei der Geburt =
0, die Größe mit 20 Jahren = 100 %
gesetzt.
(aus: HELLBRÜGGE TH.: Über den
sogenannten ersten Gestaltwandel als
Ausdruck der körperlichen Schulreife.
Med. Klin. 58, 501, [1963.])

Abb. 2: Verlauf der Alterssterblichkeit
in ausgewählten, kriegsfreien Jahrgängen in Bayern. Beachte, daß die Sterblichkeitskurve von 1895 über 1928,
1962 bis 1975 jeweils deutlich zurück-
geht. Das Minimum der Altersklassensterblichkeit liegt aber immer zwischen
dem 10. und 15. Lebensjahr.
Erwähnenswert ist außerdem, daß die
Sterblichkeit der männlichen Jugendlichen 1962 und 1975 um das 25. Lebensjahr herum im Gegensatz zu den
vorhergehenden Jahrgängen deutlich
erhöht ist (Mopedtod).

man unter diesen Umständen die Entwicklung des lymphatischen Systems, dann fällt folgendes auf:

Das lymphatische System, an dem die Abwehrvorgänge z. B. gegenüber Infektionen in hohem Maße beteiligt sind, hat die größte Ausdehnung zwischen dem 10. und 15. Lebensjahr (Abb. 1 u. 2). In dieser Zeit besteht die geringste Sterblichkeit, unseren Vorstellungen zufolge die höchste Lebensanpassung. Die Sterblichkeit ist besonders hoch im Säuglingsalter, geht dann zurück auf die niedrigsten Werte zwischen dem 10. und 15. Lebensjahr und steigt dann wieder an, um im Greisenalter die gleichen Werte aufzuweisen wie im Säuglingsalter. Diese Gesetzmäßigkeit wird in Abb. 2 besonders deutlich.

Für die Bewegungserziehung ist daraus die Schlußfolgerung zu ziehen, daß die Krankheitsgefährdung im Schul- und Jugendalter sehr gering ist wegen der größten biologischen Anpassungsfähigkeit. Da in diesem Alter, wie noch gezeigt wird, die Entwicklung der allgemeinen körperlichen Leistungsfähigkeit aber noch keineswegs voll ausgebildet ist, neigen die Jugendlichen dazu, sich aus Ehrgeiz im Rahmen des Sports zu überfordern. Hier ist also ein sehr sorgfältiges Trainingsprogramm im Hinblick auf die Gesundheit zu beachten.

Auch die erhöhte Krankheitsgefährdung im Kleinkindesalter erfordert im Hinblick auf die Bewegungserziehung eine sorgfältige Beachtung, denn Gruppenerziehung im Säuglings- und Kleinkindesalter ist schlichthin gefährlich. Es sei hier hingewiesen auf die weit erhöhte Krankheitshäufigkeit bei Krippenkindern. Die vermehrten Atemwegsinfektionen der Krippenkinder gegenüber den Familienkindern führen – wie wir aus tschechischen Längsschnittuntersuchungen wissen – später zu einer Einschränkung der Lungenfunktionen.

Auch die Ansteckungsgefahr in Kindergartengruppen ist nicht gering zu schätzen. Alle Mütter wissen, daß durch den Kindergartenbesuch die Krankheitshäufigkeit ihrer Kinder erhöht ist, und die Meinung, daß hierdurch ein Abhärtungseffekt gegenüber Infektionen auftreten könnte, ist gefährlich für die Kinder. Deswegen ist Gruppenerziehung gleichaltriger Kinder im Kleinkindesalter zu vermeiden und die Bewegungserziehung besser in die Familie zu verlagern.

Entwicklung des allgemeinen Körperwachstums

Die Entwicklung des allgemeinen Körperwachstums folgt einer Kurve, wie sie als klassische Wachstumskurve bereits 1759 bis 1777 vom Grafen Philibert Guneau de Montbaillard nach Messungen an seinem Sohn aufgezeigt wurde. Sie zeigt drei typische Wachstumsphasen (Abb. 3):

1) Starkes, vorwiegend genetisch determiniertes Wachstum bis zum 2. Lebensjahr,
2) kontinuierliches Wachstum bis zu Beginn der Pubertät vorwiegend bedingt durch das Wachstumshormon der Hypophyse,
3) puberaler Wachstumsschub, bedingt durch die Pubertätshormone.

Dieser Wachstumskurve folgen sämtliche körperlichen Bereiche und die daran gebundenen Funktionen. Für die Bewegungserziehung spielen hier vor allem jene Lebensvorgänge eine Rolle, welche für die körperliche Leistungsfähigkeit von Bedeutung sind.

Was auch immer bis heute an Wachstumsvorgängen verschiedener Organe oder Funktionen gemessen wurde, die Werte folgen alle dem Prinzip der klassischen Wachstumskurve. Dies bedeutet, daß die Bewegungserziehung ihre Schwerpunkte im Säuglingsalter, danach im Kleinkindesalter und erst zuletzt im Schulalter haben sollte. Für die Bewegungserziehung sind deswegen Mütter und Kindergärtnerinnen wichtiger als Turn- oder Sportlehrer.

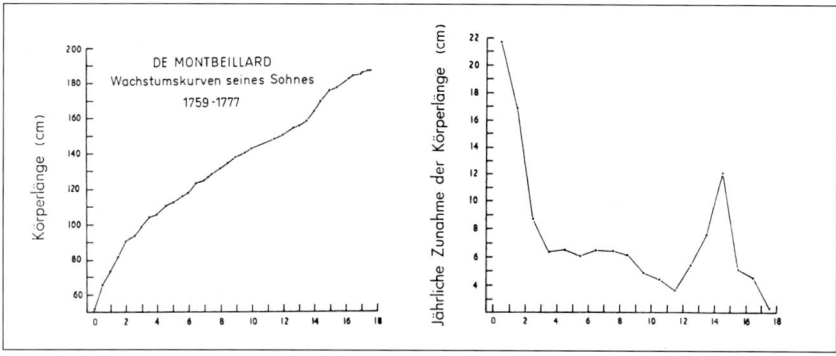

Abb. 3: Die klassische Wachstumskurve, wie sie bereits 1759 bis 1777 vom Grafen Philibert Guneau DE MONTBAILLARD nach Messungen an seinem Sohn aufgezeichnet wurde, zeigt die drei typischen Wachstumsphasen: Genetisch determiniertes Wachstum bis zum 2. Lebensjahr, kontinuierliches Wachstum durch das Wachstumshormon bis zur Pubertät, Präpuberaler Wachstumsschub aus J. M. TANNER: „Wachstum und Reifung des Menschen", Thieme-Verlag, Stuttgart, 1962.

Von der körperlichen Leistungsfähigkeit her ist vor allem auf die Bedeutung des Herz-Kreislauf-Systems zu achten.

Im Zentrum aller Regelungs- und Steuerungsvorgänge bei körperlicher Arbeit steht nämlich die Bereitstellung der für die Arbeit notwendigen Energien, wozu im letzten immer eine bestimmte Sauerstoffmenge erforderlich ist. Diese vermehrte Sauerstoffzufuhr bei Arbeit ist aber ausschließlich von der Größe und Art der Arbeit abhängig. Unabhängig vom Lebensalter und von dem Ausmaß von Wachstum und Entwicklung müssen also bei gleicher Leistung Kinder und Erwachsene die gleiche Sauerstoffmehraufnahme bei Arbeit vollziehen.

Diese Sauerstoffmehraufnahme hängt aber ab von der Sauerstoffaufnahme der Lunge, von dem Sauerstoffbindungsvermögen des Blutes und schließlich von der Möglichkeit des Herzens, in einer bestimmten Zeiteinheit eine bestimmte Menge

Blut zu dem arbeitenden Organ hinzubringen. Damit wird z. B. die Herzgröße zu einem entscheidenden Faktor für die körperliche Leistungsfähigkeit, denn das kleine Herz des Kindes hat ein kleineres Volumen als das große des Erwachsenen, weshalb es nicht soviel Blut fördern kann.

Daraus ergibt sich zwangsläufig, daß das Kind weniger leistungsfähig ist als der Erwachsene und ferner, daß die Leistungsfähigkeit in den verschiedenen kindlichen Entwicklungsstufen entsprechend den wachstumsbedingten Veränderungen der bestimmten Organe und Organsysteme umso geringer ist, je jünger die Kinder sind. Das kindliche Herz z. B. muß, um die gleiche Sauerstoffmenge zu den arbeitenden Geweben zu transportieren, wesentlich schneller schlagen, weil es ja kleiner ist. Die Steigerung der Schlagfrequenz des Herzens setzt aber bei gleicher äußerer Herzleistung den Wirkungsgrad des Herzens herab, wodurch die Gefahr einer Überbeanspruchung allzu leicht gegeben ist.

Für die Bewegungserziehung resultiert daraus, daß die Grenzen der Leistungsfähigkeit kleiner Kinder zu berücksichtigen sind. Von Natur aus läßt sich aber erfreulicherweise ein Kind nicht überfordern. Es setzt sich hin, wenn es ruhebedürftig ist und läßt sich nicht zu „sportlichen Hochleistungen" zwingen. Die Eigeninitiative und der Ehrgeiz können erst viel später geweckt werden.

Beim Jugendlichen dagegen, bei dem die biologische An- und Umpassungsfähigkeit relativ hoch, die körperliche Leistungsfähigkeit aber noch nicht voll ausgebildet ist, besteht die Gefahr einer Überforderung, die sich dann in lebenslangen Schäden äußern kann.

Kritik am Kindersport

In dieser Hinsicht ist vielfältige kinderärztliche Kritik am Kindersport zu üben. Das Schicksal vieler Spitzensportlerinnen, die z. B. beim Geräteturnen oder in anderen, das natürliche Wachstum des Kindes auch nicht im geringsten berücksichtigende Sportarten zu früh zu Hochleistungen getrieben wurden, ist inzwischen genügend bekannt. Die Hochleistungen werden hochgejubelt, die späteren körperlichen Gebrechen erscheinen nur gelegentlich in der Presse.

Die Zusammenhänge zwischen kindlichem Bewegungsdrang und den Wachstumsvorgängen lassen sich anhand der Wachstumskurve und die in sämtlichen Untersuchungen aller Nationen bis heute bestätigt ist – die beinahe identisch ist etwa mit der Wachstumskurve der Lungen-Atem-Kapazität oder des Hämoglobins – leicht ablesen.

Sobald das Wachstum nachläßt, und das ist mit Beginn der Pubertät der Fall, hört auch der kindliche Bewegungsdrang auf. Nunmehr melden sich die körperlich erwachsenen Jugendlichen systematisch vom Turnunterricht ab und bedrängen ihren Arzt um Sportbefreiungsatteste.

Eine **Bewegungserziehung in diesem Alter** muß also ganz andere Voraussetzungen bieten als die bei Kleinkindern oder jungen Schulkindern. Jazz-Tanz mag in diesem Zusammenhang als Schlagwort dienen. Ob hierfür allerdings der Schulunterricht mit seinen Noten die geeignete Organisationsform darstellt, ist zu bezweifeln. Vermutlich ist es besser, diese Art der Bewegungserziehung außerhalb der Schule im Rahmen der Freizeit zu fördern.

Entwicklung des zentralen Nervensystems

Die Entwicklung des zentralen Nervensystems ist bedeutsam für alle Lernprozesse, bei denen die Koordinationsfähigkeit gefordert ist. In der Entwicklungs-Rehabilitation mit Frühdiagnostik, Frühtherapie und sozialer Integration behinderter und von Behinderung bedrohter Kinder, wie sie von mir in den vergangenen Jahren konzipiert wurde, nutzen wir die Plastizität des noch nicht ausdifferenzierten kindlichen Gehirns, um z. B. Kinder mit spastischer Bedrohung vor einem lebenslangen Behindertsein zu bewahren. Die Hochleistungsmedizin, vor allem der Ostblockländer, hat diese Chance genutzt, um frühzeitig Koordinationsleistungen zu trainieren, etwa beim Schlittschuhlaufen, beim Geräteturnen und anderen Sportarten, bei denen große Koordinationsleistungen verlangt werden.

Die Kenntnisse von der Grundgesetzlichkeit von Wachstum und Entwicklung führten in der ehemaligen DDR beispielsweise frühzeitig zum Aussortieren von für Hochleistungen besonders befähigte Kinder. Aus der Wachstumskurve des körperlichen Wachstums und dem Einblick in die Differenzierungsvorgänge mit Hilfe der Skelettalterdiagnostik läßt sich nämlich schon frühzeitig eine Wachstumsprognose stellen. Wenn diese darauf hinwies, daß die Endgröße zwischen 160 und 165 cm liegen würde, durfte ein Mädchen beispielsweise im Schlittschuhlauf-Kader verbleiben, während andere, deren Endgröße über 175 cm zu erwarten war, vom Training ausgeschlossen wurden. In ähnlicher Weise wurden auch für Hochleistungen „günstige Körpermaß-Kinder" für Hochsprung-, Kugelstoß- und andere Kader frühzeitig ausgewählt und geschult.

Entwicklung der Fortpflanzungsorgane

Auch der 4. Grundtyp der körperlichen Entwicklung, nämlich die der Fortpflanzungsorgane, ist für die Bewegungserziehung von großem Interesse. Entgegen einer weit verbreiteten Meinung über die „Geschlechtlichkeit des Kindes" ruhen die Fortpflanzungsorgane und die daran gekoppelten Funktionen der Geschlechtlichkeit während der gesamten Kindheit. Dies betrifft wohl die Entwicklung der Hoden als auch die der Gonaden, die Entwicklung der sekundären Geschlechtsmerkmale einschließlich der damit verbundenen Körperformen, was auch immer gemessen wird, das Ergebnis ist das gleiche.

Erst in der Vorpubertät, etwa unter dem Einfluß der Geschlechtshormone lassen sich die geschlechtlichen Veränderungen zum Jungen und zum Mädchen hin dann allerdings in einem gewaltigen Entwicklungsschub feststellen. Auf die Bedeutung des Endes der Entwicklung für den kindlichen Bewegungsdrang wurde bereits hingewiesen.

Die Geschlechtshormone als solche haben indessen auch einen entscheidenden Einfluß auf manche sportliche Leistungen, und zwar sind es die männlichen Keimdrüsenhormone, die das Muskelwachstum zum männlichen Typ hin stark beeinflussen. Dieses Phänomen wurde bei den Leistungsportlern in den kommunistischen Ländern systematisch genutzt durch Doping mit männlichen Keimdrüsenhormonen.

Durch die so entstandene Vermännlichung der Frauen wurden Hochleistungen, etwa im Laufen, Schwimmen oder in den Wurfdisziplinen erzielt. Die betroffenen Frauen – wovon sich jeder im Fernsehen überzeugen konnte – wiesen entsprechend kaum mehr weibliche Züge auf.

Geschlechtsspezifische Unterschiede bei der Bewegungserziehung

Abgesehen von solchen Absurditäten kann aber für die Bewegungserziehung der Kinder aus diesen biologischen Grundlagen abgeleitet werden, daß bis zur Vorpubertät keine Probleme bestehen, Jungen und Mädchen etwa gemeinsam beim Turnen und Schwimmen zu unterrichten. Aber spätestens ab dem 10. Lebensjahr sollte vernünftigerweise eine Geschlechtertrennung stattfinden.

Aber auch bei der Bewegungserziehung für die jungen Kinder müssen geschlechtsspezifische Unterschiede bedacht werden. Die Entwicklung der Mädchen vollzieht sich nämlich früher als die der Jungen. Schon bei der Geburt sind Mädchen in ihrem Knochenalter den Knaben etwa um 5 Wochen voraus. Im Alter von 6 Jahren haben die Mädchen einen Vorsprung von im Durchschnitt 1 bis 1 1/2 Jahren. Dieser Vorsprung wird beibehalten bis zur Pubertät, weshalb der Beginn der Pubertät bei Mädchen im Durchschnitt früher liegt als bei Jungen.

Wenn Bewegungserziehung Leistungskriterien einbeziehen will – an den Unfug der Schulnoten für Turnen sei hier gedacht– dann müssen geschlechtsspezifische Maßstäbe angelegt werden.

Bei Leibeserziehung, welche die Koordinationsfähigkeit stärker beansprucht, sind im gleichen Alter von Mädchen bessere Leistungen zu erwarten als von Jungen. Im Hinblick auf die sportliche Leistungsfähigkeit als ganzes sind die Leistungen der Mädchen allerdings in allen gemessenen Sportarten immer geringer als die der Jungen und eine „Gleichschaltung der Geschlechter" – wie sie von Ideologen in Mode gebracht wird – ist bei vielen Sportarten nur durch eine künstliche Vermännlichung zu erzielen.

Streubereich

Ein weiteres Grundphänomen ist bei der Bewegungserziehung zu berücksichtigen: der Streubereich, in dem Wachstum noch als normal bezeichnet werden kann. Nehmen wir den 2-Sigma-Bereich entsprechend der Gausschen Verteilungskurve, der nach internationaler Übereinkunft etwa den Normbereich umfaßt, dann zeigen sich erhebliche Unterschiede schon im Längen- und Gewichtswachstum innerhalb

eines Jahrganges. Nehmen wir als Beispiel das Längenwachstum im Alter von 6
Jahren. Hier beträgt der Mittelwert 118 cm +/- 11 cm. Das heißt, alle 6jährigen
Kinder, die zwischen 107 und 129 cm groß sind, sind normal groß. Nun entspricht
aber 107 dem Mittelwert eines 4 1/2jährigen Kindes und 129 cm dem Mittelwert
eines 8jährigen Kindes, d. h. schon bei den 6jährigen finden sich normalerweise
Kinder, die in ihrem Körperwachstum 4 1/2jährigen und dem von 8jährigen entsprechen.

Dieses Problem wird derzeitig in der Schule viel zu wenig erkannt. Der Streubereich ist noch weit größer während der Pubertät, weil der Beginn des Ge-
schlechtswachstums mit dem dazugehörigen puberalen Wachstumsschub individuell zeitlich sehr unterschiedlich liegt. Praktisch finden sich im Alter von 12
Jahren in den Mädchenklassen heute bereits reife Frauen neben kindlichen Typen
noch ohne jede Zeichen einer geschlechtlichen Entwicklung. Die Streuung betrifft
aber nicht nur das Körperwachstum, sondern in gleicher Weise auch sämtliche
geistigen, emotionalen und sonstigen Entwicklungsbezüge.

Schlußfolgerungen für die Bewegungserziehung

Zieht man aus diesen biologischen Tatsachen – die offensichtlich im gesamten
Erziehungswesen nicht genügend bekannt sind – Schlußfolgerungen, dann bedeutet dies auch für die Bewegungserziehung die konsequente Abschaffung von Jahrgangsklassen. Dies setzt freilich auch für die Bewegungserziehung ein Umdenken
vom lehrerzentrierten zum kindzentrierten Unterricht voraus. Daß in der alters-
mischten und leistungsungleichen Gruppe weit stärkere pädagogische Anregungen intendiert sind als in einer leistungs- oder altersgleichen Gruppe, hat schon
Pestalozzi vor 100 Jahren beschrieben, nämlich daß Kinder von Kindern wesentlich lieber und intensiver lernen als vom Erwachsenen.

In der Bewegungserziehung ist der Kinderspielplatz, auf dem an kleinen
Reckstangen Kinder die Bauchwelle selbständig üben, weit bedeutsamer als eine
organisierte Bewegungserziehung in einer Turnhalle, denn das Kind übt selbständig gefahrloser und intensiver als wenn es von einem Erwachsenen zu bestimmten
Leistungen in einer bestimmten Zeit von außen gezwungen wird.

Zum Schlittschuhlaufenlernen gehören lediglich eine Eisfläche, ein Paar
Schlittschuhe und das Vorbild schlittschuhlaufender Kinder. Das Kind wird dann
so lange selbständig die zum Schlittschuhlaufen gehörenden Bewegungsmuster
üben – entsprechend Versuch und Irrtum – bis es dieses Bewegungsmuster im
Unterbewußtsein beherrscht. Ein Großteil unserer Pädagogik – auch über Bewegungserziehung – tut so, als ob derjenige am besten Schlittschuhlaufen könnte, der
zehn Bücher über Schlittschuhlaufen auswendig gelernt hat. Dies ist ein Beispiel
dafür, welche Bedeutung das Erlernen von Koordinationsmustern im Rahmen der
neurophysiologischen Entwicklung des Kindes für die Bewegungserziehung hat.

Das über dieses Handlungslernen Erfahrene bleibt dem Großhirn als Muster
zeitlebens erhalten und kann jederzeit später wieder abberufen werden. Schlitt-

schuhlaufen, Skifahren, Fahrradfahren – einmal erlernt, wird zeitlebens als Bewegungsmuster nicht mehr vergessen.

Akzeleration

Für die Bewegungserziehung sei schließlich noch auf ein weiteres biologisches Phänomen hingewiesen, das auch in der pädagogischen Literatur eine große Beachtung gefunden hat: die Akzeleration. Wir verstehen darunter sowohl die Beschleunigung im Ablauf der kindlichen Entwicklung als auch eine echte Größenzunahme der Kinder. Über den Ablauf der Akzeleration sind wir durch systematische Untersuchungen von Kleinkindern in München seit der Jahrhundertwende gut orientiert. Seit 1907 sind die Münchener Kinder Jahr für Jahr größer geworden und schneller gewachsen. An dem Diagramm (Abb. 4) erkennt man, daß im Jahre 1907 die Kleinkinder 4 Jahre benötigten, um 95 cm groß zu werden. 1980 brauchten sie für die gleiche Körpergröße aber nur noch 3 Jahre. Wir stellen also eine Beschleunigung um 1 Jahr fest, um die gleiche Größe zu erreichen.

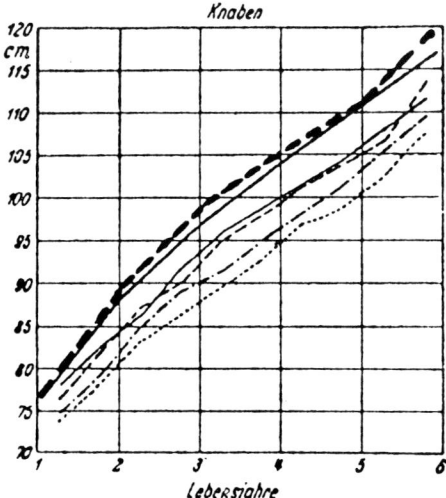

Abb. 4: Akzeleration der Körperlänge bei Münchener Kindern in den Jahren 1907-1914, 1920-1926, 1934-1940, 1945-1948, 1948-1956 und 1957-1976

Auch das vermehrte Längenwachstum läßt sich anhand dieses Diagramms erkennen. 1907 hatten die Knaben im Alter von 6 Jahren eine Größe von 105 cm, 1980 aber von 115 cm, d. h. eine echte Größenzunahme von 10 cm. Insgesamt gesehen ist die Akzeleration aber mehr ein statistisches denn ein biologisches Phänomen.

Wir wissen heute sicher, daß die Akzeleration ausschließlich das Kleinkindesalter betrifft. Infolge eines erhöhten Lebensstandards, vor allem

o durch die systematische Gabe des Sonnenlichthormons Vitamin D im Säuglingsalter – das die Englische Krankheit mit krummen Beinen und Wirbelsäu-
  lendeformitäten verhinderte –,
o die bessere Ernährung der Säuglinge und die dadurch mögliche Verhinderung
  von bösartigen Durchfallerkrankungen, nicht zuletzt aber
o die systematische Infektionsbekämpfung etwa durch Impfungen mit dem Weg-
  fall der das Wachstum beeinflussenden Infektionen
führte dazu, daß immer weitere Volksschichten die gleichen guten Lebensbedingungen bekamen wie sie vor 100 Jahren bereits die Kinder der europäischen
Fürstenhäuser hatten.

Akzeleration bedeutet in Wirklichkeit also nichts anderes, als daß unsere Kinder
heute weit günstigere Lebensbedingungen im Säuglings- und Kleinkindesalter
haben. Die Zunahme des Größenwachstums und die Beschleunigung des Wachstums sind mit 6 Jahren weitgehend vollzogen. Von dieser Zeit bleibt der Vorsprung
von inzwischen etwa 1 1/2 Jahren und die Größenzunahme von durchschnittlich
12 bis 13 cm unverändert erhalten bis zur Beendigung der Entwicklung. Entsprechend gehen die Kinder um 1 Jahr eher in die Pubertät und sind am Ende der
Entwicklung auch entsprechend größer.

Während der Pubertät findet keine Akzeleration mehr statt. Das wissen wir aus
Untersuchungen an Hamburger Schülern, die über 100 Jahre von 1857 bis 1957
registriert wurden. Mitte des vorigen Jahrhunderts gingen die Schüler mit durchschnittlich 13,5 Jahren in die Pubertät, heute bereits mit 12 Jahren. Die Größenzunahme während der Pubertät war in den 100 Jahren mit etwa 18,6 bis 19 cm
nahezu identisch.

Konsequenzen für die Bewegungserziehung

Die Akzeleration hat auch für die Bewegungserziehung einige Konsequenzen.
Wenn Wachstum und Entwicklung bis zum 6. Lebensjahr nicht nur vorverlegt,
sondern auch stärker ausgeprägt sind, dann muß auch der kindliche Bewegungsdrang an diese Wachstumsvorgänge entscheidend gebunden sein und entsprechend frühzeitig gefördert werden. Bewegungserziehung müßte entsprechend ihren Schwerpunkt heute im Säuglings- und Kleinkindesalter haben. Auf welche
Weise auch immer müßte diese Förderung in die Familie hinein übertragen werden. Nicht Schule und Kindergarten, sondern Mütter müssen wissen, daß ihre
Kinder für Gesundheit und Entwicklung Bewegung benötigen. Hier wäre es wichtig, daß bewegungspädagogische Erfahrungen mehr als bisher in die Familie hin-
eingetragen werden.

Damit bin ich am Ende meiner kurzen Übersicht über biologische Grundlagen der
Bewegungserziehung.

Aus den vorstehenden Ausführungen ergibt sich, daß die Bewegungserziehung ein Grundelement von Wachstum und Entwicklung ist und daß sie umso notwendiger in das Leben des Kindes einbezogen werden muß, je jünger das Kind ist. Damit ergibt sich schließlich die Frage, wie lange ein Kind pro Tag Zeit zum Spielen und zur körperlichen Betätigung haben sollte. Hierzu hat das Schwedische Komitee der Ärzte vor 100 Jahren nach eingehenden, langjährigen Beobachtungen an Kindern Richtzahlen über die tägliche Beanspruchung der Kinder herausgegeben, die durch sämtliche arbeitsphysiologischen Untersuchungen im Schulalter bis heute immer wieder bestätigt wurde. Aus Axel Keys schulhygienischen Untersuchungen des Jahres 1886 sei deshalb an dieser Stelle jene Tabelle über die Tageseinteilung von Kindern von 6 bis 18 Jahren, d. h. zwischen dem 7. bis einschließlich des 18. Lebensjahres, nachgedruckt. Sie sollte alle Berufe, die sich mit Kindern im Schulalter befassen, zum Nachdenken anregen, ob nicht die Zeit für Spiele und freiwillige Beschäftigung, die Key damals als Mindeststunden pro Tag angegeben hat, zu ungunsten der Arbeitszeit und anderer Zwangszeit in Arbeit und Haus vermehrt werden sollte (Tab. 1).

Tab. 1: Tageseinteilung für Kinder von 6 bis 18 Jahren, d. h. vom 7. bis einschließlich 18. Lebensjahre.

Klasse		Schlafzeit		Zeit für Aus- und Ankleiden, Waschen etc.	Zeit für Mahlzeiten und gehörige Ruhe	Zeit für Spiele und freiwillige Beschäftigungen	Arbeitszeit und andere Zwang-Zeit in Schule und Haus	Arbeitszeit für die Woche mit Einrechnung von Gesang und Gymnastik
Altersklasse nach dem Lebensjahre	Schul-Klasse	Zeit des zu Bette Gehens und Aufstehens. Uhr	Schlafdauer in Stunden					
		Abend. Morg.						
7 tes …	1	8 – 7	11	1	3	6	2–3	12–18
8 „ …	2	8 – 7	11	1	3	5–6	3–4	18–24
9 „ …	3	8 – 7	11	1	3	5	4–5	24–30
10 „ …	I	8–9 – 7	10–11	1	3	3–4	6	36
11 „ …	II	8–9 – 7	10–11	1	3	3–4	6	36
12 „ …	III	9 – 7	10	1	3	3	7	42
13 „ …	IV	9 – 7	10	1	3	3	7	42
14 „ …	V	9,30 – 7	9,30	1	3	2,30	8	48
15 „ …	VI₁	10 – 7	9	1	3	2,30	8,30	51
16 „ …	VI₂	10 – 7	9	1	3	2,30	8,30	51
17 „ …	VII₁	10 – 6,30	8,30	1	3	2,30	9	54
18 „ …	VII₂	10 – 6,30	8,30	1	3	2,30	9	54

Unser derzeitiges Schulsystem verschwendet unglaubliche Energien in die Ermüdung der Kinder durch Sitzleistungen, weil man glaubt, daß auch kognitives Lernen – wie bei Erwachsenen – im Kindesalter besser durch Sitzen erledigt würde.
Eine Bewegungserziehung, die die Grundtatsachen des Kindesalters berücksichtigt, wird auch die kognitiven Leistungen der Kinder in einer kurzen Zeit effizienter machen. Dabei sollte Berücksichtigung finden, daß soziale Lernprozesse auch
für die kognitive Erziehung von größter Bedeutung sind. Dies ist der Grund dafür,
warum ich als Kinderarzt eine Schule gegründet habe, in der Bewegungserziehung
und kognitive Erziehung mit sozialer Erziehung in Jahrgangsklassen, nicht in
Leistungsgruppen oder in sonderpädagogischen Gruppen, sondern in altersge-
mischten und leistungsgemischten Gruppen praktiziert wird.

Hans Cicurs/Dieter Koschel/Karl-Heinz Steinmann

Bewegung + Haltung = Gesundheit

Motorische Förderung unter besonderer Berücksichtigung psychischer und sozialer Faktoren

Einleitung

Aus gesundheitlicher Sicht sollte ein Schwerpunkt der Bewegungserziehung im
Elementarbereich die Haltungsförderung sein. Sie sollte im Kontext einer ganzheitlichen Erziehung durch Bewegung stehen. Die Möglichkeiten einer Haltungs-
beeinflussung sind vielfältig und sollten in der Bewegungserziehung entsprechend
vielseitig angewendet werden. Im Elementarbereich haben psychische und soziale
Faktoren u. E. einen sehr nachhaltigen Einfluß auf die Haltung. Aus ganzheitlicher
Sicht sollte der koordinative und muskuläre Aspekt dabei ebenfalls berücksichtigt
werden. In den nachstehenden Ausführungen werden didaktisch/methodische
Hinweise gegeben und praktische Spiel- und Übungsformen für die Haltungsförderung aufbereitet
1. unter dem psychisch/sozialen Aspekt
2. unter dem koordinativen/muskulären Aspekt.

Psychische und soziale Einflüsse auf die Haltung

Im Vorschulter sind psycho-emotionale, motorische und soziale Faktoren eng miteinander verknüpft. Haltung und Bewegung sind unmittelbar Ausdruck von Gefühlslagen und Emotionen. Durch adäquates Bewegungsverhalten werden Emotionen für das Kind aber oft auch erst konkret erlebbar. Die hierdurch gesammel-

ten Erfahrungen sind gerade für eine präventive Gesundheitserziehung durch Bewegung von großer Bedeutung. Welche Haltungs- und Bewegungserfahrungen ein Kind im Laufe seiner Entwicklung individuell „speichert", hängt allerdings sehr stark vom sozialen Umfeld, z. B. den Wertvorstellungen und Bewegungsvorbildern Erwachsener ab. Kann beispielsweise Bewegungsdrang und die zugrunde liegende Gefühlslage nicht in entsprechendes Bewegungsverhalten umgesetzt werden, können andere Verhaltenslösungen entstehen, die oft nicht den eigentlich notwendigen Kontext von Motorik und Psyche aufweisen. Derartige „Erlebnisse" sind einer positiven Persönlichkeitsentwicklung nicht dienlich. Ein wiederholtes Auftreten ähnlicher Situationen kann zu „erlernter" Bewegungsarmut und Dämpfung der die Motorik anregenden Gefühlslagen bzw. zu übersteigertem Bewegungsdrang führen.

Dieses Beispiel macht bereits deutlich, daß psychischen und sozialen Faktoren in der Haltungs- und Bewegungsbeeinflussung im Vorschulalter besondere Bedeutung zugemessen werden muß. Dabei ist zwischen psycho-emotionalen, psycho-physischen und psycho-sozialen Bereichen zu unterscheiden.

Faktoren, die die kindliche Psyche beeinflussen und in engem Zusammenhang mit dem Haltungs- und Bewegungsverhalten stehen:

psycho-physisch
o Körperfunktionen empfinden, wahrnehmen und erleben, z. B. Anspannung und Entspannung, Aktivierung und Ermüdung

psycho-emotional
o Gefühle (Freude, Trauer, Wut, Depression)
o Körper-Ich-Bezug (Körperbild)
o Körperorientierung und -wahrnehmung (Körperschema)
o Bewegungsmotivation

psycho-sozial
o Haltungsmuster und Bewegungsverhalten der Bezugspersonen
o materiales Umfeld (Kleidung, Schuhe, Spielgerät etc.) als Norm, die gewohnheitsgemäß übernommen wird
o soziale Akzeptanz in der Gruppe
o Bewertung der motorischen Haltungs- und Bewegungsleistung durch Gruppe oder Bezugspersonen

Praxisbereiche psychisch und sozial orientierter Haltungsförderung

Soll im Vorschulalter eine gezielte Haltungs- und Bewegungsförderung erreicht werden, ist das Bewegungsangebot präventiv an individuellen Problemfeldern der Motorik- und Persönlichkeitsentwicklung auszurichten. Wesentliche Ansätze hierzu sind in der Psychomotorik zu finden (ZIMMER/CICURS, 1990).

Aus der Vielzahl der schon im Vorschulalter auf die psychische und motorische Entwicklung von Kindern einwirkenden „Störgrößen" sind im Rahmen dieses Beitrags einige beispielhaft herausgegriffen.

Die zu den Bereichen **Körpererfahrung, Gefühlsausdrucksvermögen, Körpersteuerung und Körperkontrolle, Risikofähigkeit und Kooperationsfähigkeit** beschriebenen Praxisbeispiele sollen den engen Zusammenhang zur Haltungsförderung verdeutlichen. Es handelt sich dabei vor allem um erlebnisbetonte Körpererfahrungen und die Haltemotorik z. T. unbewußt anregende Bewegungsaufgaben mit hohem Anforderungscharakter.

Körpererfahrung

Als Basiserfahrung für Vorschulkinder sind Körperanspannung/-entspannung und Körperkenntnisbereiche zu nennen. Im weiteren Sinne lassen sich hier alle Bewegungsbereiche einordnen, die den Körper in seiner Gestalt, Funktion und Bewertung bewußt erlebbar und erfahrbar werden lassen.

Körperanspannung/Körperentspannung

* Verzaubern
  Alle Kinder laufen durch den Raum. Ein Kind oder der Übungsleiter (ÜL) hat einen Zauberstab (z. B. mit Geschenkpapier umwickelte Papprolle). Wird der Zauberstab fallengelassen, werden alle Kinder eingefroren.
  Variationen:
  – Auftauen aller Kinder, wenn der Zauberstab wieder aufgehoben wird (Zauberformel?).
  – Auftauen der Kinder einzeln nach Berührung durch den Zauberstab.
  – Der Zauberer wechselt jedesmal (wer zuletzt eingefroren oder aufgetaut ist, erhält den Zauberstab).
  – Zwei Zauberstäbe: fällt der erste Stab, werden die Bewegungen immer langsamer.
  Fällt der zweite Stab, frieren alle „schlagartig" ein....
* Balancestop
  Jedes Kind balanciert einen Gegenstand durch die Halle (Bohnensäckchen auf dem Kopf, Pappdeckel auf Handrücken...). Fällt das Balanceobjekt auf den Boden, ist das Kind sofort eingefroren.
  – Erlösen durch Anticken oder „Zauberformel aufsagen" anderer Kinder
  – Erlösen durch Aufheben des Balanceobjekts (andere Kinder).

Körperkenntnis/Körperschema

Eine reale und funktionsgerechte Erfahrung des eigenen Körpers ist schon für das Vorschulkind Basis einer körperorientierten Persönlichkeitsentwicklung. Wichtig erscheint auch, daß die Kinder nicht einseitige, sondern relativierende und gegensätzliche Körpererlebnisse (z. B. klein und groß sein) erfahren.

* Klein und groß als körperliche Dimension erleben
  – bei Musikstop ganz groß, ganz klein machen
  – Gruppe in „Kleine" und „Große" einteilen, bei Musikstop entsprechende Position einnehmen
  – bei Musikstop großen oder kleinen Gegenstand hochheben und entsprechende Position einnehmen.

* Körperumriß, Körperteile wahrnehmen
  – in Bodenlage (zuerst Arme und Beine ausgebreitet) Körperumriß mit Seilen auslegen, aufstehen, anschauen und wieder hineinlegen
  – um andere „Körper" herumlaufen und bei Musikstop o. ä. in bestimmte Körperteile hineinstellen.

Gefühle durch Bewegung ausdrücken können

Den engen Zusammenhang zwischen Empfindung/Gefühl und Bewegung zu erfahren, vermittelt schon Vorschulkindern positive Bewegungserlebnisse. Eingebunden in eine spannende Bewegungsgeschichte oder mit Musikbegleitung lernen die Kinder, unterschiedliche Gefühlslagen zu erleben und in Bewegung umzusetzen. Die Art der Aufgabenstellung kann insbesondere die Haltemotorik anregen (z. B. stolz, freudig etc. gehen).

* In einem bestimmten Bewegungsraum gehen
  (z. B. mit Matten gekennzeichnetes Rechteck). Der Untergrund verändert sich zu einem glitschigen Matschboden, zu ekligem Moor mit Fröschen, zu heißem Wüstensand ... Die Kinder bewegen sich entsprechend. Weitere Anregungen der Kinder können aufgegriffen werden.

* Gefühle handlungsbezogen ausdrücken können, z. B. in kleinen Spielsituationen wie
  – sich bewegen als wäre ein Wespenschwarm hinter einem her
  – sich bewegen als hätte man seine Brille verloren
  – sich bewegen als würde ein fürchterlicher Sturm toben...

* Gefühle ausdrücken, z. B. nach Musik
  – wütend mit den Füßen stampfen/springen
  – wütend „Löcher in die Luft boxen"
  – der „Champion" sein, sich mit anderen freuen
  – traurig sein
  – müde in der „Gegend rumhängen"
  – ... freudig, traurig, wütend, müde sein in verschiedenen Raumecken (z. B. entsprechende Gesichter auf Turnmatte o. ä. mit Kreide malen).

Angstabbau/Risikofähigkeit

Sich etwas zutrauen, selbstbestimmt Risiko einschätzen und die eigene Leistungsfähigkeit erfahren, erhöht das Selbstbewußtsein und die positive Einstellung zur
eigenen Bewegung. Wichtig ist, daß die Kinder nicht unter Zeitdruck stehen und
die Risikosituation auf individuelle Möglichkeiten hin verändern können.

* Körperkontrolle bei hohem Tempo
  – Autospiel: nach hoher Beschleunigung (Geradeauslauf im 4. Gang!) vor Hin-
    dernis plötzlich abbremsen (Schaumstoffteile, Weichböden etc. ...)
  – Kleine Kästen, Sprungkästen, Weichböden o. ä. nebeneinander auf Lücke
    stellen und mit Tempo durch die Lücken laufen (Lückenbreite und Tempo von
    den Kindern individuell wählen lassen). Lücke in Hüfthöhe mit Schaumstoff-
    teilen oder Papierrolle füllen und durchlaufen.
* Alltägliche Bewegungsabläufe in ungewohnten Situationen erleben
  – über straff gespanntes Bettlaken gehen, krabbeln, hüpfen
  – dasselbe mit Bettlaken „wellen"
  – Bettlaken „wellen", Kinder tauchen unter dem Tuch hindurch auf die andere
    Seite
  – Bettlaken/Schwungtuch über Matten- und Weichbodenaufbau halten; Aufga-
    ben wie vorher beschrieben
  – von kleinen oder großen Kästen auf Weichboden springen (mit Turnmatte in
    der Landezone stabilisiert, auch mit geschlossenen Augen?)

Koordinative und muskuläre Einflüsse auf die Haltung

Bei Kindern im Vorschulalter ist die körperliche Entwicklung im Bereich der
Wirbelsäule und der Füße noch nicht abgeschlossen. Deshalb sind bei ihnen auch
noch keine speziellen Haltungsschwächen erkennbar. Aus diesen Gründen kann es
hier auch nicht darum gehen, durch gezielte Übungs- oder Spielformen bestimmte
Haltungsschwächen auszugleichen oder ihnen gezielt vorzubeugen. Bei dieser
Altersgruppe geht es vielmehr darum, durch eine allgemeine Kräftigung einzelner
Muskelgruppen und durch Koordinationsverbeserung Haltungsschwächen gene-
rell vorzubeugen.

Spielerische Übungsformen zur Muskelkräftigung im Rumpfbereich
Wir fahren in den Wald, beobachten Tiere und machen sie nach

* Jedes Kind nimmt sich einen Tennisring (= Lenkrad) und fährt mit seinem Auto
  in den Wald (Tennisring mit gestreckten Armen wie ein Lenkrad halten und
  durch den Raum laufen; Kräftigung der Rückenmuskulatur).
* Wir legen uns auf den Bauch und beobachten Tiere. Mit einem Fernglas in der
  Hand können wir noch mehr sehen (Hände wie ein Fernglas vor die Augen
  halten; Kräftigung der Rückenmuskulatur).
* Wir sehen ein Reh und laufen wie ein Reh durch die Halle (Vierfüßlergang;
  Kräftigung der Schultergürtelmuskulatur).

* Wir sehen eine Spinne und laufen wie eine Spinne durch die Halle (Vierfüßlergang rückwärts; Kräftigung Schultergürtel- und Gesäßmuskulatur).
* Wir sehen eine Schlange und kriechen wie eine Schlange durch die Halle (Kräftigung der Rücken- und Schultergürtelmuskulatur).
* Wir sehen einen Hasen und hüpfen wie ein Hase durch die Halle (Schultergürtelmuskulatur).

Spielerische Übungsformen zur Muskelkräftigung im Fußbereich
Wir laufen, hüpfen und springen durch eine Landschaft aus Flüssen und Seen
* Jedes Kind hat ein Seil. Die eine Hälfte der Kinder legt ihr Seil in der Halle aus in Form eines Flusses, die andere Hälfte in Form eines Sees.
* Nach Musik um die Flüsse und Seen herumlaufen. Bei Musikstop setzt sich jedes Kind neben den eigenen See/Fluß.
* Wie können die Flüsse überwunden werden, ohne nasse Füße zu bekommen? Die Kinder (ggf. der Gruppenleiter) machen Vorschläge und probieren die Vorschläge jeweils gemeinsam zur Musik aus. Bei Musikstop setzt sich jedes Kind wieder neben den eigenen See/Fluß.
* Wie können die Seen überwunden werden, ohne nasse Füße zu bekommen? Verlauf wie oben.
* Strümpfe ausziehen. Jeweils 4 Kinder machen aus ihren Seilen einen großen See (Seile nur mit den Zehen transportieren).
* Am „Seeufer" entlang gehen, ohne das Seeufer kaputt zu machen.
* Zur Musik durch die Landschaft laufen. Mit kleinen, schnellen Schritten durch die Seen laufen.

Reinhard Liebisch/Regina Weimann

Haltungsförderung – auch ein Thema für Vorschulkinder?

Die gesunde Entwicklung der Kinder wird u. a. durch körperliche, motorische, psychische, geistige und soziale Komponenten bestimmt, die untrennbar miteinander verflochten sind. Auch bei einer gezielten Haltungsförderung steht das Kind deshalb in seiner Ganzheit im Vordergrund. Dies erfordert an den Bedürfnissen der Kinder orientierte, kindgerechte und spielbetonte Bewegungsangebote.

Zur Haltung:

Unter Haltung verstehen wir die vom Organismus gegen die Schwerkraft selbstgehaltene Stellung des Körpers im Raum. Die Haltung ist u. a. abhängig von **anatomischen Faktoren** (z. B. Wirbelsäulen-, Fuß-, Gelenkform, Skelettentwicklung); **physiologischen Faktoren** (z. B. Leistungsfähigkeit der Muskulatur, sensomotorische Koordination, Ernährung); **psychischen und geistigen Faktoren** (z. B. Körpererfahrung, Haltungsgefühl, emotionale Stimmungslagen, Selbstwertgefühl); **sozialen Faktoren** (z. B. Vorbild, Normen, Mode, Erziehung). Diese Faktoren können sich gegenseitig beeinflussen.

Die Entwicklung der Haltung beim Vorschulkind zeigt sich deutlich in den Veränderungen seines äußeren Erscheinungsbildes, z. B.:
- Veränderung der Körperproportionen, Ganzkörperstreckung,
- Ausprägung der physiologischen Wirbelsäulenschwingen, verbunden mit einer Aufrichtung des Beckens;
- Entwicklung vom Säuglings-O-Bein über das X-Bein des Kleinkindes zum gestreckten Bein des Kindes nach dem ersten Gestaltwandel;
- Differenzierungsmöglichkeit zwischen einer Ruhe- und aufrechten Haltung ab ca. dem 3. Lebensjahr. (Eine ständig eingenommene Ruhehaltung ist physiologisch ungünstig und kann zur Gewohnheitshaltung werden.)

In Phasen beschleunigter Entwicklungsprozesse (1. Gestaltwandel) ist das Kind besonders anfällig für Störfaktoren, wie z. B. bedingt durch unphysiologische Belastungen oder durch Bewegungsmangel.

Nach IDIS (1988) weisen ca. 9 % der untersuchten Kindergartenkinder Haltungsschwächen, 9 % Fußschwächen und 3 % Übergewicht auf. Bei Grundschulkindern sind die Prozentzahlen weitaus höher. Bezüglich einer Haltungsförderung sollten u. a. folgende Aspekte berücksichtigt werden:
- Ausreichende Reize für die Muskulatur durch Grundbewegungsformen wie Klettern, Kriechen, Hangeln, Wälzen, Hüpfen usw. setzen,
- Körpererfahrungen ermöglichen, d. h. seinen Körper in vielfältigen Bewegungshandlungen einsetzen und erleben; über Bewegungserfahrungen z. B. beugen – strecken, anspannen – entspannen, Gleichgewicht halten, zu einem bewußten Haltungsgefühl gelangen;
- Selbstwertgefühl fördern (innerer Aspekt der Haltung), sich positiv in der Gruppe erleben, Anerkennung durch die Gruppe erfahren, stolz sein auf seine erbrachten Leistungen.
- Schädliche Belastungen vermeiden (z. B. ständige Ruhehaltung, zu hohe Belastungen, zu kleine Schuhe).

Die folgenden Praxisanregungen, die sich an den oben genannten Gesichtspunkten orientieren, legen die Erlebniswelt der Kinder zugrunde. Sie lassen den Kindern Raum für Ideen, vielfältige Erfahrungen und Wahrnehmungen. Soziale, kognitive und motorische Lernmöglichkeiten werden dabei aufgezeigt. Die Anregungen basieren auf einem ganzheitlichen Förderansatz.

Ideenbild: Eine Fußgängerzone, in der sich viele Menschen bewegen
Unterschiedliche Gefühle darstellen, freudig – traurig – müde – munter – stolz usw.

Körperliche Dimensionen erleben durch Pantomime: kleine – große – dicke – dünne Menschen darstellen.

Körperliche Dimensionen erleben durch Überwindung von „Hindernissen": durch schmale – breite, große – kleine Tore bewegen, durch Tunnel kriechen. Dabei können auch die Kinder Tore und Tunnel darstellen.

Körperkenntnis erwerben: auf jemanden zugehen und ihn begrüßen; dabei „Vereinbarungen" treffen mit welchen Körperteilen man sich „begrüßen" will (Hände – Knie – Rücken usw.).

Sprechversspiel mit pantomimischer Umsetzung:

„Hurra, ich bin ein Muskelmann, / hab' Kopf, Rumpf, Arm und Beine. / Ich lebe im Fantasialand / und gehe nie alleine.

Hab'Augen, Ohren, Nas' und Mund, / bin groß und klein, / bin dünn und rund / und hüpf' und spring' ganz leise.

Hier ist der Rücken, hier der Bauch, / hier sind die Hände, hier die Füße, / hier mein Gesicht und hier mein Hals, / oh – und hier der Po" (R. Weimann).

Ideenbilder: Figuren-Kabinett / Spielzeugladen / Straßentheater
Muskelspannung und -entspannung erspüren: Zappelmänner: auf Musik wildes Bewegen am Ort oder in der Fortbewegung; auf Signal die Bewegung plötzlich abstoppen („versteinern"); nach dem Stopp mit hoher Muskelverspannung kurz verharren und dann umfallen, ohne sich weh zu tun.

Schneemänner: einige Kinder stellen Schneemänner und andere Sonnen dar; wenn die Sonne über dem Schneemann scheint, schmilzt dieser langsam (Körperspannung aufgeben). (Hinweis: Roboter, Gliederpuppen, aufblasbare Figuren)

Ideenbild: Straßenverkehr: PKWs, LKWs, Droschken usw.
Haltungsgefühl für eine aufrechte Körperhaltung entwickeln: eine Gruppe stellt im Stand Parkuhren dar; die andere (Autofahrer) rutscht auf Teppichfliesen an die Parkuhren und lehnt zum Parken den ganzen Rücken aufrecht an die Parkuhr an. Die Kinder spielen Kutscher und Pferd. Die Kutscher erproben wie es ist, sich im Sitzen mit geradem Rücken (aktive Haltung) oder ohne Muskelanspannung ziehen zu lassen.

Aktivierung der Muskulatur durch Ziehen, Schieben, Stützen, Aufrollen: Die Kinder „auf den Fahrzeugen" (Teppichfliesen, Frottierhandtücher, Rollbretter, Decken, Laken usw.) können sich im Knien, Sitzen, Liegen selbst fortbewegen oder sich von anderen ziehen lassen. Bei letzterem sollten die Fahrenden mit den Ziehenden über Verbindungsstücke (Handtücher, Seile usw.) aneinandergekoppelt sein, um gerade beim Ziehenlassen in der Bauchlage unphysiologische Belastungen (starker Hohlrücken) zu vermeiden.

Die Straßen (mit Seilen legen oder Linien benutzen) gestalten die Kinder nach ihren Vorstellungen: z. B. Tunnel mit Matten und kleinen Kästen, Brücke mit Bänken und kleinen Kästen, Bergstraße (schiefe Ebene) mit Bänken und Sprossenwand bauen. Bei der Waschanlage (zwei parallel stehende Bänke, die mit

Abb. 1 : Alle Parkplätze besetzt

Matten abgedeckt sind, zusätzlich ein Tau, das zwischen den Bänken verläuft und an einem Punkt fixiert ist) ziehen sich die Kinder an dem Tau selbst oder werden damit durch die Waschstraße gezogen. An der Tankstelle können die Kinder die Unterschenkel auf einen kleinen Kasten legen und durch Auf- und Abrollen des Oberkörpers Benzin pumpen oder Luft in die Reifen füllen.

Im folgenden werden Anregungen gegeben, wie eine **gesunde Fußentwicklung** gefördert werden kann. Wichtig sind dabei u. a.: ausreichende muskuläre Reizsetzungen, z. B. Greifen mit den Zehen, Laufen, Hüpfen, Springen unter Beachtung funktioneller Gesichtspunkte, z. B. achsengerechte Fuß- und Beinhaltung; Beweglicherhalten der Zehen- und Sprunggelenke, z. B. durch Beugen und Strecken im Fußgelenk sowie Spreizen der Zehen; Balancieren mit achsengerechter Fußhaltung; Sensibilisieren der Füße, z. B. durch Tastübungen; hygienische Maßnahmen.

Negativ wirken sich u. a. aus: fehlende muskuläre Beanspruchung der Fuß- und Beinmuskulatur; unphysiologische Belastungen (Einbeinsprünge und zu hohe Sprunghöhe bei schwach entwickelter Fuß- und Beinmuskulatur, falsche Landetechnik, z. B. unelastische und ungedämpfte Landungen bei Niedersprüngen);

Abb. 2: Wieder ein „Auto" gewaschen

unfunktionelle Belastungen, z. B. extremes Gehen auf Innen- oder Außenkanten; Übergewicht; Bänderschwäche; nicht passende Schuhe.

Ideenbild: Seenlandschaft
Die Kinder machen einen Ausflug in eine Seenlandschaft (Seen mit Seilen legen). Dabei gibt es allerlei zu entdecken. In den Seen werden Gegenstände mit den Füßen ertastet und gegriffen (z. B. aufblasbare Fische, Schaumstoffwassertiere usw.). Die Uferwege (verschiedene Materialien) werden von den Kindern so ausgelegt, daß sich verschiedene Wege zwischen den Seen ergeben.
  (Materialvorschläge: Balanciertau, weiche Schaumstoffplatten, Bohnensäckchen, Kunstrasenstreifen mit den Noppen nach oben, Sprungseile, Balanciersteine, „Steine" aus Alufolie geformt, flache Kiste mit Kastanien gefüllt usw.). Die Uferwege fordern zum Balancieren, zum Fühlen, zum Entlanglaufen und zum Darüberspringen auf. Die Füße können in den Seen „gewaschen", „abgetrocknet" (Massage) werden. Der Strand zwischen den Seen eignet sich für Hinkekastenspiele, Seilspringen usw..

Abb. 3 „Ah, das tut gut!" (Foto M. Gebhardt)

Ernst J. Kiphard

Überaktives Bewegungsverhalten bei Kindern

Gesteigerte Bewegungsaktivität, in der Fachsprache als Hyperaktivität bezeichnet, ist ein Problem, das Eltern und Erziehern zunehmend Schwierigkeiten bereitet. Wir alle kennen die ständig und fast zwanghaft produzierten, aber im Grunde unproduktiven Hin- und Herbewegungen wie Füßescharren, Beinebaumeln, Stuhlkippeln, Oberkörperwackeln und Hin- und Herrutschen – all das, was den typischen Zappelphilipp ausmacht. Hyperaktive Kinder stehen immer „unter Dampf", sind immer „auf Achse". Sie können weder abwarten, stillsitzen oder stillstehen noch ihren Bewegungssturm verlangsamen. Differenzierte Bewegungshandlungen werden instinktiv gemieden. Was sie lieben, sind simple „Anfaß-

Aktivitäten", bei denen der ganze Körper in Tätigkeit tritt, wie das beim Wälzen, Rollen, Trudeln, Wackeln, Kippeln, Zappeln, Hüpfen, Fahren und Rutschen der Fall ist.

Hier besteht die Gefahr, daß diese Kinder in solchen immer gleich ablaufenden Bewegungsschablonen, sogenannten primitiv-archaischen Bewegungsmustern stecken bleiben und ihnen auf diese Weise wichtige motorische Lernprozesse vorenthalten bleiben. Hyperaktive Kinder verfügen, im Vergleich zu ihren Altersgenossen, über einen zu geringen Schatz an großräumigen und vor allem kleinräumigen Bewegungserfahrungen. SCHEID (1988) konnte in seiner Dissertation über die frühkindliche Bewegungsentwicklung zeigen, daß zur optimalen Förderung grobmotorischer Lernprozesse zwei Grundbedingungen erfüllt sein müssen.

Es muß genügend (Spiel)Raum mit variablen großräumigen Hindernissen in Form einer ständig wechselnden Bewegungslandschaft vorhanden sein. Und es muß den Kindern ein möglichst freier Umgang mit diesen Materialien, ohne (wenn auch gutgemeinte) erzieherische Einmischung ermöglicht werden, damit Eigenaktivität und Selbstbestimmung sich ungestört entwickeln können.

Daneben ist es aber ebenso wichtig, den Kindern schon von klein auf ein im Gegensatz zur eben erwähnten großräumigen Bewegungslandschaft begrenztes Spiel- und Experimentierfeld mit entsprechend variablen und kombinierbaren Kleinmaterialien anzubieten. Hier bestehen naturgemäß größte Schwierigkeiten bei überaktiven, ungebremsten Kleinkindern, Vorschul- und Schulkindern. Ihre optische Reizsuche und ihr permanenter Reizhunger nach neuen Erlebnissen und (vestibulären) Sensationen macht ein längeres Verweilen bei einer Sache unmöglich. Ihre Aufmerksamkeitsspanne ist denkbar kurz; sie werden dauernd durch irgendetwas abgelenkt. So sausen sie von einer Reizquelle zur anderen. Wer aber dauernd in Bewegung ist, kann sich nicht genügend lange konzentrieren. Das gilt für intellektuelle Anforderungen genau so wie für motorische Präzisionsleistungen, z. B. beim Balancieren über einen schmalen Balken.

Wir haben 1986 im Raum Frankfurt eine Untersuchung an 30 wegen Hyperaktivität in ärztlicher Behandlung stehenden 8jährigen Kindern mit dem Körperkoordinationstest (KTK) durchgeführt. Dabei zeigte sich, daß ihre motorischen Leistungen an der unteren Grenze der Norm lagen. Um zu ergründen, ob die Koordinationsschwäche dieser Kinder mit ihrer Ruhelosigkeit und Überaktivität zusammenhängt, wurde bei 10 von ihnen, denen eine besondere Diät zur Minderung der Hyperaktivität verabreicht wurde, in einem Doppelblindversuch wiederum der KTK durchgeführt. Dabei verbesserten sie ihre Leistung um 13,2 %. Bei einer parallelisierten Vergleichsgruppe konnte nur eine Leistungssteigerung um 0,1 % festgestellt werden. Diese Untersuchungen sprechen dafür, daß sich hyperaktives Bewegungsverhalten negativ auf die Bewegungskoordination auswirkt (DUNKEL 1986).

Bei den 8jährigen Kindern dieser Untersuchung kann man davon ausgehen, daß in diesem Alter von der Hirnreife her genügend Bremskräfte hätten entwickelt sein müssen. Ein überaktives Bewegungsverhalten in diesem Alter kann deshalb nicht als normal oder altersgemäß angesehen werden. Bei jüngeren Kindern ist dieser Analogieschluß nicht ohne weiteres zu ziehen. Denn es gibt einen entwicklungsbedingten Bewegungsüberschwang. Zum Beispiel herrscht beim Kleinkind ein typischer „Bewegungsluxus", eine Freude am Übermaß seiner Bewegungsproduktion vor. Diese Bewegungsfreude unterscheidet sich von der krankhaften Getriebenheit hyperaktiver Kinder. Letztere machen bei ihren ständig wechselnden Bewegungsunternehmungen den Eindruck der Gequältheit und Zwanghaftigkeit. Sie gehen nicht fröhlich und selbstbestimmt ihren Impulsen nach, wie das bei der entwickungsgemäßen Überaktivität der Fall ist. Innerhalb der kindlichen Entwicklung gibt es mitunter motorische Krisenzeiten, die von kribbeliger Bewegungsunruhe gekennzeichnet sind. Sie tritt umso stärker auf, je mehr Bewegungseinschränkungen dem betreffenden Kind auferlegt werden. Gerade bei Schuleintritt stellt der unnatürliche Zwang zum längeren Sillsitzen für eine Reihe von Kindern eine Überforderung dar. In diesem Alter haben die Kinder ihre Bewegungsantriebe noch kaum unter Kontrolle. Die Erregungsprozesse im Gehirn sind hier meist noch stärker als die Hemmungsprozesse. Das ist umso mehr der Fall bei bewegungsantriebsstarken Kindern mit ihrer unbändigen Vitalkraft. Sie brauchen unser größtes Verständnis, weil es ihnen trotz ehrlichen Bemühens unheimlich schwerfällt, ihren anlagemäßig höheren Antrieb und ihr ungleich stärkeres Funktionsbedürfnis im Zaum zu halten. Wohlgemerkt, es handelt sich hier um eine ganz natürliche Form der Überaktivität, bedingt durch eine hohe Vitalität und möglicherweise verstärkt durch psychomotorische Krisenzeiten.

Beobachtungen an Kleinkindern zeigen, daß sich schon in diesem Alter unterschiedliche Temperamente bemerkbar machen (SCHEID und PROHL 1986). Sie bedingen die verschiedenen Herangehensweisen an motorische Umweltsituationen. Im Grunde sind es zwei diametral entgegengesetzte motorische Verhaltenstendenzen, die mehr oder weniger stark ausgeprägt zu beobachen sind. Einige Kinder verhalten sich abwartend, vorsichtig, zögernd, also mehr rezeptiv als aktiv. Die Kinder des anderen Verhaltensextrems sind dagegen lebhaft, bewegungsfreudig, zielstrebig, geschickt und ausdauernd. All das fehlt den krankhaft hyperaktiven Kindern. Sie sind weder freudig bei der Sache, noch gehen sie zielgerichtet, geschickt und ausdauernd vor.

Unser ganzes bewegungs- und sportpädagogisches Bemühen muß deshalb darauf gerichtet sein, ihre ziel- und planlose Bewegungsaktivität in planvolle, optisch geleitete Zielmotorik und ausdauernde Bewegungshandlungen überzuleiten. Das geht allerdings nicht von heute auf morgen. Hier sind Geduld, Verständnis und pädagogisches Einfühlungsvermögen notwendig, um diese ruhelosen Zappelphilipps nicht zu früh zu überfordern. Sie, die zumeist unter einem viel zu geringen Selbstvertrauen und dauernden Schuldgefühlen leiden, dürfen auf keinen Fall durch überzogene disziplinäre Forderungen, die sie auch bei bestem Willen nicht erfüllen können, erneut entmutigt werden.

Unbedingt zu vermeiden sind einerseits reizarme Wartesituationen und andererseits räumlich einengende und starkem Reglement unterliegende Situationen. Offene Unterrichtsmethodik mit einem hohen Maß an Selbstbestimmung mildert erfahrungsgemäß das überaktive Verhalten. Dennoch sollte man sich davor hüten, zuviel an unterschiedlichen Materialien in solchen offenen Unterricht einfließen zu lassen. Sie verwirren die Kinder und begünstigen somit ihr impulsives und zielloses Verhalten. Besser sind zu Anfang einzelne hochmotivierende Übungsgeräte bzw. -materialien, die für die kindliche Aufmerksamkeit starke Vordergrundreize darstellen und mit denen sie sich länger beschäftigen. Statt eines situativen Chaos sollten die Bewegungssituationen klare Orientierungspunkte und eine räumliche sowie zeitliche Strukturierung enthalten. Ordnungsprinzipien kann man gerade bei hyperaktiven Kindern nicht von außen aufdrücken. Sie müssen von innen heraus wachsen. Hilfreich können dabei festgelegte zeitliche Abläufe und gewisse, immer gleich ablaufende Handlungsrituale sein, an die sich die Kinder gewöhnt haben.

In unserem Verhaltens- und Bewegungstrainingsprogramm durchlaufen überaktive Kinder sechs Phasen, die es ihnen im Verlaufe eines Jahres ermöglichen sollen, ihr Bewegungsverhalten immer besser in den Griff zu bekommen. Wir beachten dabei den alten heilpädagogischen Grundsatz, das Fehlverhalten der Kinder zum Ausgangs- und Ansatzpunkt unserer Fördermaßnahmen zu machen. Wie jedes sogenannte Fehlverhalten, so entspringen auch die ungebremsten Bewegungsstürme hyperaktiver Kinder ursprünglich durchaus sinnvollen Kompensationsmechanismen. Man nimmt heute an, daß das Erregungsniveau im Gehirn hyperaktiver Kinder nicht etwa erhöht, sondern im Gegenteil herabgesetzt ist. Wahrscheinlich stellen die unermüdlichen motorischen Eigenproduktionen hyperaktiver Kinder einen verzweifelten Versuch dar, ihrem Gehirn das lebensnotwendige Aktivationsniveau zuzuführen (REMSCHMIDT und SCHMIDT 1986). Von daher ist es auch erklärbar, warum sog. Psychostimulantien wie Ritalin u.a.m. die Hyperaktivität und Impulsivität sowie auch die Aufmerksamkeitsstörung dieser Kinder positiv beeinflussen.

Vor der Darstellung der praktischen Förderübungen möchte ich betonen, daß die bewegungspädagogischen Maßnahmen nur eine, wenn auch eine sehr wichtige Förderintervention sind. Ihnen kommt wegen ihrer grundlegenden Bedeutung, aber auch wegen ihrer Kindgemäßheit, der erste Platz im Bündel aller medizinisch-psychologischen Maßnahmen zu. Die alleinige Verabreichung von Stimulantien, wie das leider noch häufig geschieht, stellt nach ALTHERR (1989) einen ärztlichen Kunstfehler dar.

Bewegungsfördermaßnahmen können zwar eine Heilung im Sinne eines dauerhaften Freiseins von Hyperaktivität allein nicht erreichen. Sie bewirken aber auf jeden Fall eine Besserung und damit eine Erleichterung für das betreffende Kind. Gerade das ohnmächtige Gefühl des vollständigen Ausgeliefertseins an die übermächtigen subkortikalen Impulserregungen wie auch die immerwährenden

Schuldgefühle wegen seiner unkontrollierten Bewegungsimpulse und seiner überlauten stimmlichen Äußerungen erfahren mit der Zeit eine deutliche Besserung.

1. Gewährungsphase mit Angeboten motorischer Primitivaktivitäten

Es handelt sich hierbei um gezielte und systematische Angebote der gleichen Aktivitäten, wie sie hyperaktive Kinder mit Vorliebe produzieren. Alles, was bisher ihre Schuldgefühle geweckt hatte, weil es nicht erlaubt war, wird nun zum Gegenstand des Bewegungsunterrichts gemacht. Es sind dies die aus der „Sensorischen Integration" (AYRES 1979, 1984) bekannten **Geradeausbewegungen** in den verschiedenen Raumebenen: schnelles Fahren mit Abstoppen auf Rollbrettern, Hinunterrutschen und -springen, Auf- und Abbewegungen auf Wippen, Känguruhbällen oder Trampolinen.

Eine weitere Übungsgruppe innerhalb der 1. Phase sind die gleichfalls sehr beliebten **Schaukel- und Karusselbewegungen.** Sie kommen dem ungeheuren vestibulären Reizhunger dieser Kinder entgegen. Das gleiche gilt für die vielfältig möglichen **Rotationen** um die drei Körperachsen. Am häufigsten produzieren Kinder Drehungen um ihre Längsachse, so beim Tanzen, beim Sich-Auf- und wieder Ausdrehen im Hängen an Ringen oder Schaukel oder bei Wälzbewegungen am Boden.

Purzelbäume oder das Herumschlagen um eine horizontale Stange sowie alle Formen von Überschlägen und Salti, die man auch im brusthohen Wasser ausführen kann, sind Rotationsbewegungen um die Querachse. Die durch den Nabel führende Tiefenachse wird beim Radschlagen oder beim liegenden Rotieren auf einem Bürohocker oder auf einem Rollbrett geübt.

2. Aufbau von Bremskraft und Bewegungskontrolle

Nach einer nicht zu knapp bemessenen Zeit der Absättigung vestibulär-motorischer Aktivitäten der 1. Phase geht es in der 2. Phase um den spielerischen Aufbau von Brems- und Steuerungskräften. Es handelt sich mehr um ein Überlagern der Aktivitäten der 1. Phase mit lustvoll erlebten Spielsituationen, in denen die Kinder allmählich lernen, ihre ungebremsten Bewegungsimpulse zu kontrollieren und zu strukturieren. Daß dies nicht zu früh und nicht zu intensiv geschieht, verlangt ein pädagogisches Feingefühl. Man muß merken, wann man die Kinder überfordert. Äußeres Haltsagen und innerer Halt können sich nur in kleinen Schritten entwikkeln.

Wir müssen uns darüber klar sein, daß bloßes Sich-Austoben auf die Dauer nicht genügt, um die Hyperaktivität zu mindern. Am Ende einer bloßen Tobestunde erreicht man nicht die gewünschte Entspannung, sondern höchstens totale Erschöpfung. Deshalb ist es gut, immer mal wieder versuchsweise gegen Ende der Stunde eine **Bremsübung** einzubauen. Zum Beispiel rennen die Kinder zu entsprechender Musik als wilde Pferde durch die Halle, unterbrechen aber ihre Bewegung, sobald die Musik plötzlich abbricht und legen sich, da, wo sie gerade sind, auf den Boden. Dieses freiwillige Abbremsen kann in vielen Variationen geübt werden. Die Kinder spielen, mit einem Tennisring als Lenkrad und unter lauten „Motorengeräuschen" Rennfahrer, die auf ein akustisches Signal hin ihre „Bremse" ziehen. Oder sie reiten als Indianer auf ihren wilden Mustangs auf eine Schlucht, die durch ein am Boden liegendes Seil gekennzeichnet ist, in wildem Tempo zu, um kurz davor ihr Pferd (und dabei sich selbst) zu zügeln.

An die Bremsübungen schließen sich nahtlos die **Steuerungsübungen** an, bei denen die Augen den Körper in zunehmendem Tempo durch den Raum und seine Hindernisse führen. Hierzu eignen sich variable Bewegungsbahnen, deren Geräte umlaufen, durchkrochen oder überstiegen werden. Es können aber auch einfache „Straßen" sein, deren Kurven man sich im Lauf oder auf Rollbrettern fahrend anpassen muß. Ähnliches gilt für eine Slalombahn. Auch das schnelle Ausweichen vor anderen Kindern, wenn alle frei im Raum herumlaufen, so daß es nicht zu Zusammenstößen kommt, gehört zu den Bewegungssteuerungsübungen und -spielen, die bei Kindern sehr beliebt sind. Die so geübte Bewegungsbeherrschung ist jedesmal ein Schritt zur Selbstbeherrschung.

3. Konzentrationsverbesserung durch freiwilliges Augenschließen

Wenn man sich die schon erwähnte optische Reizunterworfenheit überaktiver Kinder vor Augen hält, dann wird klar, welche Bedeutung es hat, wenn man diese Reizquelle für eine kleine Weile ausschaltet. Kann man die Kinder dazu motivieren, ihre Augen vorübergehend zu schließen, dann entdecken sie, daß sie andere tragfähige Sinne zur Verfügung haben. Mit Hilfe ihres Gehörs und **Tastsinns** orientieren sie sich im Raum, ertasten seine Hindernisse und durchmessen auch unbekannte räumliche Situationen. Zu Anfang ist es jedoch besser, wenn die Kinder die Bewegungsbahn vorher mit offenen Augen mehrmals durchlaufen haben, ehe sie sich daranwagen, sie „blind" zu bewältigen. Dabei lernen sie, Raumentfernungen abzuschätzen und Raumrichtungen einzuhalten. Ihr Gehör hilft ihnen außerdem bei der Identifikation von Raumhindernissen, deren Resonanz beim Draufschlagen mit einem Turnstab ihnen über die Materialbeschaffenheit Aufschluß gibt.

Derartige Sinnes- und Wahrnehmungserfahrungen wirken sich, wenn sie systematisch über längere Zeit in spielerischer Form angeboten werden, äußerst postiv auf die Verhaltenskontrolle hyperaktiver Kinder aus. Im psychomotorisch orientierten Förderunterricht gilt die Regel, die Kinder nach einem hochdynamischen Übungsteil wenigstens einmal kurzfristig zur **Entspannung** zu führen. Man kann diese unter Augenschluß in der Rückenlage durchgeführte Entspannungspause sehr gut zu **akustischen Aufmerksamkeitsübungen** nutzen. Dabei kommt zum

Beispiel einem bestimmten Geräusch, einer Melodie oder einem Wort Signalcharakter zu, indem es eine vorher festgelegte Bewegungshandlung auslöst: aufspringen, an die Wand laufen und anschlagen usw.

4. Erhöhung der visuellen Aufmerksamkeit

Erst nach einer deutlichen Beruhigung der Kinder und nach sichtbarer Verlängerung ihrer akustischen Aufmerksamkeitsspanne kann es sinnvoll sein, die optische Konzentration über starke Vordergrundreize zu schulen. Wir beginnen zunächst mit Konzentrationsaufgaben **in der Ruhe,** da das eigene Sich-Bewegen eine gezielte visuelle Wahrnehmung erheblich erschwert. Hier wären hyperaktive Kinder im Anfang überfordert. Attraktive Aufgaben bestehen zum Beispiel darin, mehrere unter einer Wolldecke verborgene und nur für ein paar Sekunden der Sicht freigegebene Gegenstände zu identifizieren.

Es gibt eine ganze Reihe reizvoller Aufgaben, bei denen jedes Kind darauf brennt, etwas als erster optisch erkannt zu haben. So kann man den Kindern in „Zeichensprache" pantomimisch vormachen, in welche Körperposition sie sich begeben sollen, welchen Ball welcher Größe sie holen sollen und ob er gerollt, geprellt, hochgeworfen oder auf ein Ziel gekegelt werden soll. Während auch hierbei die Kinder zunächst die Aufgabe in Ruhe erfassen, laufen sie später im Raum umher und versuchen, ihre optische Aufmerksamkeit nunmehr **in der Bewegung** bei gleichen oder ähnlichen Imitationsaufgaben zu mobilisieren. So können aus dem Lauf heraus mit der Hand Stop-Zeichen gegeben oder andere, vorher erklärte Handzeichen zum Einnehmen verschiedener Körperpositionen wie Bauchlage, Rückenlage, Hocke usw. eingesetzt werden.

5. Überwindung der Impulsivität

Das Ziel dieser Übungen ist es, hyperaktiven Kindern beizubringen, zwischen der optischen bzw. akustischen Sinnesinformation eine kurze Bedenkpause dazwischenzuschalten, ehe die Bewegungsantwort erfolgt. Wir tun dies nach der von Virginia DOUGLAS (1972) angewandten Formel: „STOP! – SCHAU! – HÖRE! – DENKE!" Damit diese Formel einprägsam ist und dauerhaft im Gedächtnis überaktiver Kinder verankert wird, haben wir zusätzlich visuelle Signale benutzt. So z. B. ein Verkehrs-Stopschild oder eine auf Pappe gemalte Hand, die zum Abstoppen auffordert. Für „SCHAU" haben wir ein großes Auge aufgemalt, und bei „HÖRE" ein Ohr. Für das Signal „DENKE" brachten die Kinder verschiedene Ideen ein, bei denen fast immer ein menschlicher Kopf mit entsprechenden Blitzzeichen (Geistesblitz) eine Rolle spielte. Verbal wurde noch dazu ergänzt: „Gehirnkasten einschalten!"

Wir wandten diese Formel bei einer Reihe **motorischer Problemlöseaufgaben** an. So wurde erklärt und demonstriert, daß ein bestimmter Gegenstand ohne Handbenutzung zu einem bestimmten Ziel transportiert werden sollte. Wir haben den dazu notwendigen **Handlungsplan** von den Kindern **verbalisieren** lassen, damit sie sich ihrer Handlungsschritte klar bewußt werden sollten. So konnten sie das, was sie zu tun gedenken, dem Erwachsenen vorher ins Ohr flüstern oder hinterher berichten, wie sie das Problem gelöst hatten. Später sollte es dann möglich sein, daß die Kinder ihren Handlungsplan nicht mehr laut sprechen, sondern „leise" durchdenken.

6. Sportliches Handeln als Mittel zur Selbstbeherrschung

Aufbauend auf eine nunmehr stabilisierte Impulskontrolle und Handlungsplanung bei verschiedenen motorischen Problemlöseaufgaben, können nun allmählich sportliche und artistische Aktivitäten aus den Neigungsgebieten hyperaktiver Kinder hinzugenommen werden. Ein hervorragendes Gerät zur räumlichen Selbstbeherrschung und Koordinationsverbesserung ist das **Trampolin.** Bei aller überschäumenden Bewegungsfreude während des Flugerlebnisses, sind die Kinder doch gezwungen, ihre Sprunghöhe dem eigenen Steuerungsvermögen anzupassen. **Wasserspringen** verlangt ebenfalls eine hohe körperliche Disziplin. Das Element Wasser wirkt darüber hinaus insgesamt beruhigend und ausgleichend auf das überschüssige Temperament überaktiver Kinder.

Ähnliche selbstdisziplinierende Wirkungen gehen vom **Heilpädagogik-Reiten** bzw. **Voltigieren** aus. Um das Pferd wirklich lenken zu können, muß man zuvor sich selbst in der Hand haben und sich steuern.

Gleichgewichtskünste unter Benutzung von **Pedalos, Rollschuhen, BMX-Rädern, Stelzen,** niedrigen **Drahtseilen** usw. eignen sich ebenfalls hervorragend zur Anbahnung von Bewegungs- und Selbstbeherrschung. Auch vom **Break Dance** mit seinen pantomimischen und akrobatischen Anteilen geht eine körperlich überaus konditionierende und koordinierende Wirkung aus. Ähnliches gilt für eine Reihe von **Yogapositionen.** Yogis sind schließlich Meister der Selbstbeherrschung. Das gleiche kann man von Akrobaten sagen. Die **Akrobatik,** insbesondere die Partnerarbeit in der Bodenakrobatik sowie die Gruppenarbeit beim Aufbau von Pyramiden ist hervorragend geeignet, die eigene Wahrnehmungs- und Anpassungsfähigkeit spielerisch zu schulen.

Auch das **Jonglieren** ist ein erprobtes Mittel zur Steigerung der optischen Aufmerksamkeit. Man beginnt am besten mit dem Ausbalancieren einer vertikalen Pfauenfeder auf der Hand und geht dann dazu über, zwei (und später drei) Chiffontücher fortlaufend hochzuwerfen und mit dem „Grapschgriff" von oben zu fangen. Bei all diesen Vorführaktivitäten wird es hyperaktiven Kindern nach einer gewissen Übungszeit ermöglicht, mit dem einen oder anderen „Trick" vor ihren Altersgenossen zu brillieren und damit ihr angeschlagenes Selbstbewußtsein zu verbessern. Sie werden dadurch auch für die Gemeinschaft interessanter und machen auf diese Weise positive Sozialerfahrungen.

Klaus Fischer

Kindergarten und Frühförderung

Gemeinsames Interesse zweier Institutionen an der Entwicklungsförderung von Kindern über das Medium Bewegung

1. Bewegungserziehung im Kindergarten

Die Institution Kindergarten hat in den zurückliegenden 3 Jahrzehnten eine entscheidende Aufwertung erfahren. Die ursprüngliche sozialpädagogische Nothilfeeinrichtung hat heute einen anerkannten, eigenständigen Bildungsauftrag innerhalb des institutionellen Bildungssystems. Dieses orientiert sich (auch heute noch) an den beiden Hauptrichtungen der Kritik der 60er Jahre (vgl. HEBENSTREIT 1980):

1. der Kindergarten sei nicht Schonraum, sondern Möglichkeit der vorschulischen Erziehung mit dem Primat der kognitiven Förderung;
2. er sei eine wichtige Erziehungsinstitution unter Höherbewertung der emotionalen und sozialen Lernprozesse.

Aus diesen Überlegungen entwickelte sich eine eigene Didaktik des Kindergartens. Auf der Basis des Situationsansatzes, ausgehend von den Prinzipien: a) in der Situation selbst lernen und b) von der Lebenssituation des Kindes ausgehen, wurde in 10jähriger Arbeit von der Arbeitsgruppe Vorschulerziehung das Curriculum Soziales Lernen entwickelt, das dem Erzieher und dem Kind in 27 sog. didaktischen Einheiten die Lebenswelt des Kindes nahebringt. Eine besondere Würdigung der Bewegung sucht man in diesem Curriculum vergebens. Dort, wo die Bewegung zum Thema gemacht wird, orientiert man sich an verschiedenen Zielperspektiven und Konzepten (vgl. ZIMMER 1984):

a) Orientierung an der Förderung der Grundtätigkeiten und Grundformen der Bewegung (z. B. BLUMENTHAL 1974; BERGMANN 1974);
b) Orientierung an der Integration sozial benachteiligter Kinder (z. B. TREESS/ TREESS 1976);
c) Orientierung an der Förderung der Gesamtpersönlichkeit des Kindes (z. B. HESS. SOZ. MIN. 1983).

In der Praxis sieht die Bewegungserziehung leider häufig noch so aus, daß sie den rein motorischen Aspekt der kindlichen Entwicklung überbetont und sich in der einmal wöchentlich durchgeführten „Turnstunde" erschöpft. Zu kritisieren ist der noch immer zu starke Übungscharakter der Bewegungssituationen, die dem Kind zu wenig Eigeninitaitive einräumen. Nur langsam setzt sich die Bedeutung der Bewegungerziehung für die Gesamtpersönlichkeitsentwicklung des Kindes durch. Unter einer solchen Perspektive muß aber Bewegungslernen in Handlungssituationen organisiert werden.

2. Frühförderung als Institution

Frühförderung ist heute ein interdisziplinär-professionelles Arbeitsgebiet, in dem „behinderte und von Behinderung bedrohte sowie entwicklungsgefährdete bzw. entwicklungsverzögerte Kinder" (HESS. SOZ. MIN. 1987) konkrete Förderung erfahren. Die Entwicklung des Faches kann man verstehen als eine Spezialisierung und Anwendung wissenschaftlicher Disziplinen, die sich traditionell mit dem behinderten oder entwicklungsgefährdeten Kind beschäftigt haben: Medizin, (Pädiatrie, Psychiatrie), die Psychologie und die Pädagogik. Dazu kommen noch die sog. medizinischen Heilhilfsberufe wie Krankengymnastik, Logopädie, Ergotherapie u. a. mehr (zur Vertiefung FISCHER 1991).

Berührungen zur Kindergartenarbeit ergeben sich vor allem durch neue Aufgaben, d. h. durch die sich verändernden Rahmenbedingungen erzieherischer Tätigkeit. Dieses sei am Beispiel der Frühförderstelle Gießen (Träger: Lebenshilfe Gießen e.V.) verdeutlicht (vergleichbare Einrichtungen gibt es auch in Marburg, Kassel, Frankfurt u. a. Städten): Neben der Mobilen Hausfrühförderung, in der entwicklungsverzögerte Kleinkinder eine konkrete Hilfe und deren Eltern eine Beratung erfahren, kommt dem Bereich begleitende Beratung und Förderung in Regelkindergärten eine zunehmende Bedeutung zu. Zu den Kindergärten und Kindertagesstätten innerhalb des Einzugsgebietes bestehen intensive Kontakte mit drei Aufgabenschwerpunkten:

1. wöchentlich stattfindende Psychomotorikgruppen (in den Räumlichkeiten der Kindergärten), die auf die Förderung der Gesamtpersönlichkeit der Kinder über das Medium der Bewegung zielen;

2. Elternarbeit: in Gesprächen werden Eltern über die Entwicklung ihres Kindes beraten. Außerdem werden Eltern-Kind-Nachmittage zum Thema Psychomotorik (Praxis) angeboten;

3. Die Erzieher werden in der Arbeit mit einzelnen Kindern beraten. Zudem werden themenspezifische Fortbildungen angeboten, z. B. Psychomotorik im Kindergartenalltag; Integration behinderter Kinder im Kindergarten; Entwicklungsauffälligkeiten (z. B. Wahrnehmungsstörungen, Linkshändigkeit).

Das Fernziel dieser Veranstaltungen ist die selbständige Arbeit der Erzieherinnen auf dem Gebiet der Psychomotorik. Die Bedeutung der Integration von Frühförderung und Kindergartenarbeit hat der Hessische Sozialminister in seinen „Vorläufigen Richtlinien" (1987) herausgestellt: „Er (der Kindergarten) kann als pädagogisch ausgestaltetes und fachqualifiziert besetztes Sozialisationsfeld in Zusammenarbeit mit Fachkräften der Frühförderung ggf. einen eigenen Beitrag zur Frühförderung leisten. (...) Hier kommt den verschiedenen Formen der gemeinsamen Förderung und Erziehung behinderter und nicht behinderter Kinder in Kindergärten eine ganz besondere Bedeutung zu" (HESS. SOZ. MIN. 1987, 10).

3. Die Entwicklungsförderung geschieht im Handlungskontext

Es gilt heute als allgemein anerkannt, daß keine einzelne umfassende Entwicklungstheorie existiert. Verschiedene Autoren haben sich mit Teildimensionen kindlicher Entwicklung befaßt, der Kognition, d. h. der Intelligenzentwicklung (PIAGET 1969), der Wahrnehmung, der psycho-sozialen Entwicklung des Kindes und dessen Emotionalität (ERIKSON 1966, n. MAIER 1983) oder haben das Bedingungsgefüge der menschlichen Entwicklung untersucht (BRONFENBRENNER 1981 legt eine ökologische Rahmentheorie der Entwicklung unter Beschreibung von Lebensräumen und Settings vor). Gemeinsame Erkenntnisse aller Zugänge ist, daß sich alle Teildimensionen im Handlungskontext entwickeln. Das Kind entwickelt sich durch die handelnde Auseinandersetzung mit seiner personalen und dinglichen Umwelt und damit entwickelt es seine Intelligenz, seine Sprache, seine Wahrnehmung und seine Emotionalität.

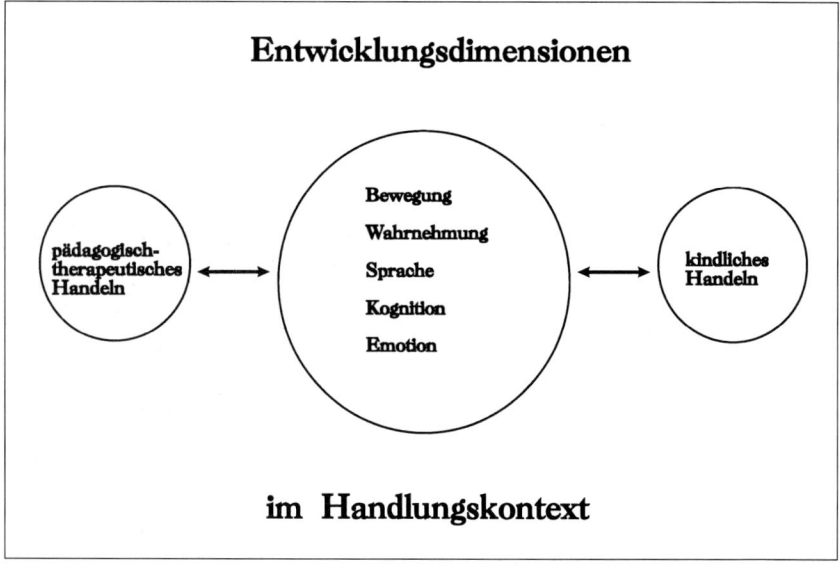

Abb. 1

Hauptziel der praktischen Arbeit im Kindergarten und in Einrichtungen der Frühförderung muß daher sein, die Bewegungserziehung bzw. -förderung nach dem jeweiligen Entwicklungsstand der Kinder in Spiel- und Handlungssituationen zu organisieren.Bewegungserziehung – verstanden als Erziehung durch Bewegung – hat somit eine besondere Bedeutung für die Persönlichkeitsentwicklung des Kindes, die mehr darstellt als der funktionelle Aspekt der Erziehung zur Bewegung.

Abb. 2a-d: Kinder machen Körper- Material- und Sozialerfahrungen in komple-xen Spiel- und Handlungssituationen.

Abb. 2b

Abb. 2c

Abb. 2d

Renate Zimmer

Psychomotorische Therapie bei verhaltensauffälligen Kindern

1. Entwicklungs- und Verhaltensauffälligkeiten aus ganzheitlicher Sicht

Entwicklungsstörungen treten nicht isoliert z. B. in der Sprache, der Motorik oder der Intelligenz eines Kindes auf, sie betreffen seine gesamte Persönlichkeit und wirken sich meist auch auf die emotionale Befindlichkeit und das Sozialverhalten aus. Folglich kann es auch nicht das Ziel therapeutischer Behandlung sein, bestimmte Teilgebiete zum besseren Funktionieren zu bringen, das Kind bedarf ganzheitlicher Förderung, damit seine Fähigkeiten und Handlungsmöglichkeiten erweitert und bestehende Auffälligkeiten soweit wie möglich ausgeglichen werden können.

Die Entwicklung der kindlichen Persönlichkeit kann als Prozeß ständiger Auseinandersetzung mit seiner dinglichen und sozialen Umwelt charakterisiert werden. Die Basis hierfür stellen vor allem in den ersten Lebensjahren die Bewegungs- und Wahrnehmungserfahrungen des Kindes dar.

Beeinträchtigungen dieser Funktionen und Prozesse behindern die gesamte Entwicklung und führen oft auch noch in späteren Lebensjahren zu Verhaltens-, Lern- und Kommunikationsstörungen.

Die Annahme einer „psychomotorischen Einheit" des Menschen führt zu einer Form von Entwicklungsförderung, die zwar ein spezielles Medium – Bewegung – in den Vordergrund stellt, über dieses Medium jedoch auch die ganze Person erreichen will.

2. Psychomotorik – Psychomotorische Therapie

Die Psychomotorik stellt eine spezifische Sicht menschlicher Entwicklung und deren Förderung dar, in der Bewegung als ein wesentliches Medium der Unterstützung und Anbahnung von Entwicklungsprozessen betrachtet wird.

Der Begriff „psychomotorisch" kennzeichnet die funktionelle Einheit psychischer und motorischer Vorgänge, die enge Verknüpfung des Körperlich-motorischen mit dem Geistig-seelischen.

Die Psychomotorik in der Bundesrepublik ist geprägt durch die Arbeiten von KIPHARD, die ihren Ausgangspunkt haben in dem Versuch, Bewegung in die Therapie behinderter, verhaltensauffälliger und entwicklungsgestörter Kinder einzubeziehen.

Die Methode wurde als „psychomotorische" bezeichnet, weil das körperliche Erleben bei Kindern einen guten Zugang zum Psychischen eröffnet. Das Bewegungsverhalten eines Kindes gibt uns auch Aufschluß über seine psychische Befindlichkeit, über Prozesse, die es u. U. sprachlich nicht ausdrücken kann oder will, die aber zum Verständnis der beim Kind nach außen sichtbaren Probleme von wesentlicher Bedeutung sind. Der Kontakt zum Kind wird außerdem durch Bewegungsspiele und Bewegungsaufgaben erleichtert. Das Kind reagiert auf Bewegungsangebote unmittelbarer und spontaner, läßt sich leichter zu Aktivität anregen und zum Mitmachen verleiten.

Die psychomotorische Erziehung und Therapie verfolgen einerseits das Ziel, über Bewegungserlebnisse zur Stabilisierung der Persönlichkeit beizutragen (Verbesserung des Selbstwertgefühls, Stärkung des Selbstvertrauens), andererseits soll jedoch auch ein Ausgleich motorischer Schwächen und Störungen ermöglicht werden. Seit der Entstehung der Psychomotorik haben sich also ihre Anwendungsgebiete und ihre Lerninhalte erweitert. Aufgrund der in der praktischen Arbeit mit Kindern beobachteten positiven Auswirkungen bewegungsorientierter Fördermaßnahmen wurde sie nicht nur rehabilitativ, sondern auch als Prävention eingesetzt. Die psychomotorische Therapie stellt eine Methode des Behandelns und Heilens von Auffälligkeiten und Störungen dar, die sich im psychischen und motorischen Verhalten gleichzeitig zeigen, – wenn motorische Auffälligkeiten also einhergehen mit emotionalen, sozialen und z. T. auch kognitiven Problemen eines Kindes. Hierzu gehören Symptome wie z. B. Konzentrationsschwächen, leichte Ablenkbarkeit, motorische Unruhe, emotionale Labilität und soziale Integrations- und Kommunikationsschwierigkeiten, die alle auf Zusammenhänge zwischen der Psyche und der Motorik eines Kindes hinweisen (vgl. SCHILLING 1986).

Gerade bei Verhaltensauffälligkeiten, also z. B. bei stark gehemmten, überängstlichen, kontaktscheuen aber auch bei aggressiven und bewegungsunruhigen Kindern kann man davon ausgehen, daß ein großer Teil ihrer Schwierigkeiten darauf zurückzuführen ist, daß sie nur wenig Vertrauen in sich selbst besitzen, sich manchmal selbst ablehnen, obwohl dies auf den ersten Blick gar nicht so deutlich wird. Wer Schwierigkeiten mit sich selber hat, bereitet auch anderen Schwierigkeiten.

Ein wesentlicher Schwerpunkt bei der Behandlung von psychomotorischen Auffälligkeiten und Störungen gilt daher der Entwicklung des kindlichen Selbstkonzeptes.

3. Körper- und Bewegungserfahrungen als Grundlage der kindlichen Identitätsentwicklung

Identität baut sich beim Kind in erster Linie über den eigenen Körper auf. Die Erfahrungen, die das Kind über und mit seinem Körper macht, führen zu einem Bild von sich selbst, vom eigenen Aussehen, den Fähigkeiten und dem Leistungsvermögen. Diese als „Selbstkonzept" bezeichnete Vorstellung von der eigenen Person hat wesentlichen Einfluß auf das soziale, kognitive und emotionale Verhalten und Lernen von Kindern.

Ob sich ein Kind für „stark" oder „schwach" hält, welche Eigenschaften es sich selber zuschreibt, wie es sich einschätzt und welche Erwartungen es an sich hat – dies alles hängt ab von dem Bild, das ein Kind von sich selber hat.

Es resultiert aus den Erfahrungen, die das Kind in der Vergangenheit im Hinblick auf seine Eigenschaften und Leistungen, seine Fähigkeiten und Verhaltensweisen gemacht hat. So entwickelt jeder Mensch im Laufe seiner Biographie ein System von Annahmen über sich selbst, er gibt sich quasi eine Antwort auf die Frage „Wer bin ich?".

Um zu einer solchen „Theorie" über sich selbst zu kommen, stehen jedem von uns unterschiedliche Informationsquellen zur Verfügung:

– Selbstbeobachtung des eigenen Verhaltens
– Informationen über die sensorischen Systeme (Das Kind wird zum Objekt der eigenen Wahrnehmung – zu beobachten ist dies z. B. beim Spiel des Kleinkindes, wenn es taktil den eigenen Körper untersucht, oder bei der Beobachtung der eigenen Gestalt im Spiegel)
– Folgerungen aus den Wirkungen des eigenen Verhaltens und dem Vergleichen und Sich-Messen mit anderen
– Zuordnung von Eigenschaften durch andere.

4. Auswirkungen des Selbstkonzeptes auf die Selbstwahrnehmung

Kinder wie Erwachsene werden in ihrem gesamten Verhalten sehr von ihrem Selbstkonzept beeinflußt.

So erleben Kinder mit einem eher negativen Selbstkonzept unbekannte Situationen und neue Anforderungen häufiger als bedrohlich, sie fühlen sich ihnen nicht gewachsen und geben leichter auf; auf Kritik und Mißerfolg reagieren sie unangemessen empfindlich und besitzen eine nur geringe Frustrationstoleranz. Kinder mit positivem Selbstkonzept gehen dagegen mit geringerer Ängstlichkeit und größerer Energie an neue Aufgaben heran und sind auch bei Mißerfolgen nicht so leicht zu entmutigen. Kindheitserfahrungen sind auch deswegen von besonderer Bedeutung, weil Kinder unangemessene Generalisierungen vornehmen. Negative Erfahrungen, die sie z. B. aufgrund ihrer körperlichen Fähigkeiten machen, übertragen sie leicht auch auf andere Gebiete. So befürchten sie schließlich nicht nur bei Bewegungsspielen, von den anderen nicht anerkannt zu werden, sondern ziehen sich auch bei anderen Aktivitäten in der Gruppe zurück. Vor allem die Ursachenerklärung für Erfolg und Mißerfolg wird unterschiedlich ausgelegt: Kinder mit positivem Selbstkonzept sehen Erfolge als Resultat ihrer eigenen Anstrengung und als Bestätigung ihrer Leistungsfähigkeit. Mißerfolg erklären sie eher mit „Zufall" oder „Pech" und betrachten ihn nicht als repräsentativ für ihre Fähigkeiten. Im Gegensatz dazu relativieren Kinder mit niedrigem Selbstkonzept – wenn sie tatsächlich einmal Erfolg haben – die Schwierigkeit einer Aufgabe, machen Glück oder Zufall dafür verantwortlich und schreiben ihn weniger sich selbst zu;

Mißerfolg interpretieren sie als Beweis für das eigene Unvermögen; sie führen ihn oft auf mangelnde Begabung zurück. Bei niedrigem Selbstkonzept ist die Erfolgs-erwartung des Kindes in der Regel niedriger als bei hohem Selbstkonzept (vgl. SCHNEID 1987), was Konsequenzen auch für die schulischen Leistungen eines Schülers hat:

Wem man nichts zutraut, der traut sich auch selber nichts zu und viele Schul-schwierigkeiten und Verhaltensprobleme sind auch darauf zurückzuführen, daß die betroffenen Kinder keinen Erfolg mehr erwarten. Etwas leisten zu können bringt Achtung vor der eigenen Person. Nur wer sich selber achtet, kann auch andere achten.

5. Therapeutische Möglichkeiten einer Veränderung der Selbstwahrneh-mung

Veränderungen des Selbstkonzeptes treten nur dann ein, wenn der Erfolg einer Tätigkeit als selbst bewirkt erlebt wird und nicht als zufallsbedingt oder von äußeren Einflüssen gesteuert wahrgenommen wird. Daher ist eine wesentliche Vorbedingung für die Entwicklung eines positiven Selbstwertgefühls das Bereit-stellen von Situationen, in denen das Kind selbst aktiv werden kann. Für ein Kind ist es wichtig zu erfahren, daß seine Motive und Handlungsimpulse in ein – aus seiner Sicht sinnvolles – Verhalten umgesetzt werden können.

Einen besonderen Stellenwert nehmen unter diesen Gesichtspunkten Bewe-gungsangebote für Kinder ein. Die Gründe, warum gerade Bewegung als geeigne-tes Medium zur Verbesserung des Selbstwertgefühls betrachtet werden kann liegt in folgenden Besonderheiten:

– Der Zugang zum Kind wird über körperliche, handlungsbezogene Aktivitäten wesentlich erleichtert.
– In frühen Lebensjahren bilden Spiel und Bewegung eine Einheit, die dem Kind den unmittelbaren Ausdruck von Gefühlen und Eindrücken ermöglicht.
– Spielmaterial, Geräte, Bewegungssituationen fordern das Kind zur Aktivität auf, wobei Grenzen in erster Linie durch Eigengesetzlichkeit des Materials, die Gruppe und die gemeinsam getroffenen Vereinbarungen gesetzt werden.
– Erfolge und Mißerfolge werden unmittelbar und direkt als selbst verursacht erlebt.

Eine wesentliche Aufgabe therapeutischer Bewegungserziehung ist die Stärkung des Selbstbewußtsein, und zwar unabhängig von oder trotz körperlicher und moto-rischer Mängel, d. h. die psychologisch-pädagogische Aufgabe besteht darin, das Kind selbstbewußt, leistungszuversichtlich und gegebenenfalls unabhängig von der Bewertung durch die soziale Umwelt zu machen.

Wesentlich ist dabei ein bestimmtes Verhalten des Therapeuten, das darauf abzielt, dem Kind eine Umstrukturierung der Selbstwahrnehmung zu erreichen (vgl. VOLKAMER/ZIMMER 1986).

Reiner Cherek

Therapeutisches Schwimmen

Wir arbeiten mit Kindern verschiedenen Alters, die unterschiedliche Behinderungsformen aufweisen oder von ihnen bedroht sind. Dabei werden Kinder mit folgenden Indikationen betreut:
o Psychomotorische Retardation bis geistige Behinderung aller Schweregrade verschiedener Genese.
o Psychomotorische Retardation bei genetisch bedingten Leiden: z. B. Morbus Down.
o Sinneswahrnehmungsdefizite, die durch Bewegungsstimulation im Wasser günstig beeinflußbar sind: z. B. blind, taub, mehrfachgeschädigt mit Sinnesstörungen oder verzögerter Sinnesreifung, Wahrnehmungsintegrationsstörungen.
o Angeborene oder frühkindlich manifestierende Systemerkrankungen mit Auswirkung auf den Bewegungsapparat: z. B. Spina bifida, leichte und schwere Zentrale Koordinationsstörung nach Vojta, manifeste Cerebral Parese, muskuläre Hypotonie, Muskelerkrankungen.
o Funktionsdefizite anderer Art mit provozierbaren motorischen Eigenaktivitäten: z. B. Adoptivkinder, Adipositas, Interaktionsstörungen zwischen Mutter und Kind: z. B. Fehlbildungen, pränatale Probleme.
o Defizite am Stützapparat: z. B. Schiefhals, Skoliose, Hüftdysplasie, Sichelfuß (nach HAUSMANN).
Es bestehen folgende Kontraindikationen zum Therapeutischen Schwimmen:
Absolutes Schwimmverbot bei Ohrenentzündungen, Augenentzündungen, Durchfall, ansteckenden Krankheiten, nach Impfungen, bei Fieber. Es sollte auf das Schwimmen verzichtet werden, wenn Zähne kommen, das Kind schlecht geschlafen hat, es schon den ganzen Tag gequängelt hat, es sich im Wasser nicht beruhigen läßt.

Organisation
Die Kinder werden ihrem Alter entsprechend den verschiedenen Kursen zugeordnet:
Säuglingsschwimmen ab 3 Mon. – ca. 10 Mon. (CHEREK 1981, 1985, 1988, 1990)
Kleinkinderschwimmen 1 Jahr – ca. 4 Jahre (CHEREK 1983)
Kinderschwimmen ab 4 Jahren (CHEREK 1982, 1989 a)
    Dabei spielt nicht das tatsächliche Alter, sondern der altersgemäße Entwicklungsstand die entscheidende Rolle. So kann ein behindertes Kind im Alter von zwei Jahren der ersten Altersstufe zugeordnet werden, da es noch nicht sitzen

kann. Ab drei Monaten kann ein Säugling seinen Kopf einigermaßen halten, das
Kind wird nicht mehr durch die Umweltreize, die im Schwimmbad besonders
intensiv auf das Kind einströmen, überfordert und das körpereigene Immunsystem
beginnt zu arbeiten. (Stillkinder bekommen die Abwehrkräfte in der Muttermilch
mitgeliefert). Mit etwa zehn Monaten ist der Schultergürtel der Säuglinge durch
eigenes Üben (Stützen, Rollen, Vierfüßlerstand, Robben, Krabbeln) schon so stabil, daß sie für einige Minuten mit speziellen Oberarmauftriebshilfen (Schwimm-
flügeln) schwimmen können (CHEREK 1983). Kleinkinder der zweiten Altersstufe verfügen schon über ein großes Bewegungsrepertoire und sie können schon
viel verstehen. Dementsprechend können mehr Hilfsmittel (Reifen, Matten, aufblasbare Figuren) eingesetzt werden, auf die man klettern kann und die zu Booten,
Inseln oder Betten zum Ausruhen werden. Mit Bällen kann man Fußball spielen
oder sie einfach fortschlagen und hinterherschwimmen. Flossen werden zu En-
tenschuhen, mit denen man schneller sein Ziel erreichen kann. Die Spiele und
Lernformen müssen dem Erfahrungs- und Entwicklungsstand der Kinder angepaßt werden (CHEREK 1984b, 1989b, 1991).

Die Schwimmbadanlage sollte neben Umkleidekabinen auch Möglichkeiten
bieten, Krabbelkinder im Ställchen oder an einem gesonderten Ort abzugeben,
während sich die Eltern umziehen. Desweiteren ist es wünschenswert, daß Platz
zum Wickeln und auch zum Stillen vorhanden ist.

Die Ausmaße des Schwimmbeckens sollten 8 m x 4 m bei 1,35 m Tiefe betragen. Solch ein Schwimmbecken bietet 6 bis 7 Kindern mit ihren Eltern genügend
Platz, sich ungestört zu bewegen. Die Kinder haben bei dieser Wassertiefe keinen
Bodenkontakt, während die Erwachsenen bequem stehen können. Die Wassertemperatur beträgt 32 °C. Untersuchungen haben ergeben, daß eine Umgebungstem-
peratur von 31,5 °C als neutral empfunden wird. 0,2 °C mehr oder weniger wird
als warm oder kalt erlebt (CHEREK 1984a). Mit zunehmender Wassertemperatur
steigen die Kosten und es ist schwieriger, das Wasser zu pflegen, da sich Krank-
heitskeime ab ca. 30 °C rapide vermehren, wobei die Vermehrungskurve asympto-
tisch verläuft. Säuglinge, die zu Hause noch wärmer gebadet werden, müssen auf
die niedrigere Temperatur vorbereitet werden.

Im Wasser sollten die Kinder nur ein Höschen tragen, da die Haut ein wichtiges
Organ der Wahrnehmung, aber auch für emotionale Empfindungen ist. Zudem
bietet sie Schutz vor Infektionen und ermöglicht Kenntnisse zur Körperausdeh-
nung als Teil der Körperwahrnehmung. Säuglinge sollten in dem Badehöschen
eine Stoffwindel tragen, um zu vermeiden, daß bei Streßsituationen möglicherweise das Wasser verunreinigt wird.

Größere inkontinente Kinder müssen spezielle Hosen tragen, die verhindern,
daß Kot ins Wasser gelangt. Badekappen stören häufig und entstellen das Aussehen. Besonders Mütter sollten darauf verzichten.

Praktische Inhalte und Ziele

Ziel des Therapeutischen Schwimmens ist die ganzheitliche Förderung der Kinder. Dabei wird die Einheit des Kindes als wahrnehmendes, erlebendes, denkendes und handelndes Wesen begriffen. Die Kinder sollen im Wasser befähigt werden, die auf sie einströmenden Reize wahrzunehmen und zu integrieren. Dabei überwiegt nach anfänglichen Ängsten die Freude am Wasser und an der eigenständigen Bewegung. Spiele und Geräte ermutigen die Kinder, (Bewegungs)-Probleme zu erkennen und Lösungen zu finden. Dabei werden Eigeninitiative, Kreativität und Spontaneität frühzeitig gefördert.

Das Wasser ist in besonderem Maße dazu geeignet, Kinder schon zeitig zu unterstützen. Dabei spielen verschiedene Faktoren eine Rolle. Erwachsene und Kinder sind nur spärlich bekleidet. So kommt es häufig zu intensivem Hautkontakt, wenn die Kinder auf den Arm genommen werden oder in verschiedenen Schwüngen durch das Wasser gezogen werden. Die Köpfe befinden sich auf einer Ebene und ermöglichen Blickkontakt. Dieser intensive Körper- und Blickkontakt fördert nachhaltig das Sozialverhalten. Bei allen Bewegungen im Wasser wird die Haut und das Gleichgewichtsorgan stimuliert. Diese kutanen und vestibulären Reize gelten als Basalreize, da sie schon recht früh das embryonale Gehirn reizen und es dadurch in der Entwicklung fördern. Dank der Plastizität des frühkindli-

Abb. 1: Schon Säuglinge und Kleinkinder können sich mit speziellen Oberarmauftriebshilfen selbständig im tiefen Wasser bewegen.

chen Gehirns können bei Schädigungen neue Verschaltungen entstehen. Darüber hinaus wird die gesamte Wahrnehmung und ihre Integration durch die Basalreize gefördert.

Verschiedene Schwünge gegen den Wasserwiderstand dehnen die Muskulatur. Diese Überdehnung und die Wärme des Wassers ermöglicht eine Muskeltonusregulation. Der Wasserwiderstand hilft aber auch, die Mukulatur zu kräftigen.

Außerhalb der Schwerkraft – im tiefen Wasser – bestimmt die Position des Kopfes die Körperlage. Wird der Kopf in den Nacken genommen, rotiert der Körper über die Körperachse in die Rückenlage. Wandert das Kinn auf die Brust, rotiert der Körper in die Brustlage. Kinder mit geringer motorischer Erfahrung lernen relativ leicht, ihr Gleichgewicht auf diese Art zu kontrollieren. Der Auftrieb im Wasser erleichtert die Fortbewegung. Haben die Kinder im Wasser erfahren, daß sie sich vorwärts bewegen und Ziele erreichen können, werden sie durch diese Erfolge ermutigt, auch an Land weiter zu üben.

Da die Voraussetzungen im tiefen Wasser zuerst einmal für gesunde und behinderte Kinder gleich sind, können sie zusammen in ihrer Entwicklung gefördert werden.

Gerda und Siegfried Mentz

Bewegung, Spiel und Sport als wichtige Wegbegleiter für die Integration von Kindern mit geistiger Behinderung

„Das Wichtigste im Sport ist die Freude an der Bewegung und die menschliche Gemeinschaft".

Dieses Motto ist die Grundlage unserer Arbeit seit der Gründung des „Göttinger Modells", einem Bewegungs-, Spiel- und Sportangebot für Menschen mit geistiger Behinderung gemeinsam mit Nichtbehinderten im ASC Göttingen v. 1846.

Nur eine Frage: Ja oder nein? Wolltest du geistig behindert sein? Draußen stehen? Nicht mitmachen können? Ausgesondert werden? So ist das eben in unserer Gesellschaft der Erfolgreichen, Gesunden und Starken. Aber es muß nicht so sein. Es gibt Chancen.

Vorausgesetzt, wir haben Phantasie, Energie, Liebe – und vor allem Hoffnung auf Menschen, die mitmachen.

Ich will ein wenig von Andreas erzählen, unserem geistig behinderten Sohn – einem zunächst einmal „hoffnungslosen" Fall. „Da können Sie gar nichts machen", hatte uns eine Kinderärztin gesagt.

Wir haben die Hoffnung damals nicht aufgegeben. Wir wußten, Kinder müssen sich ihre Welt selbst erobern. Sitzen, krabbeln, stehen, laufen, all das ist notwendig, damit ein Kind seinen Horizont werweitert, Neues entdeckt. **Ohne Bewegung sein heißt keine Hoffnung haben.** Mühsam hat Andreas krabbeln gelernt. Ein Jahr war er alt. Mit zwei Jahren machte er seine ersten Schritte, ganz alleine, sein vierjähriger Bruder hatte ihm das Laufen beigebracht. **Damit die Hoffnung Wirklichkeit wird, brauchen wir immer andere Menschen, auch die Nichtbehinderten.** Was tun, wenn der Körper und seine Gliedmaßen tapsig und ungeschickt sind? Wir suchten damals ein Element, in dem das nicht so auffällt: das Wasser. Das Wasser trägt. Aber mit Schwimmhilfen ging es. Dabei ist es wichtig, daß die Hilfen das eigene Tun nicht überflüssig machen. Schwimmflügel zum Beispiel taugen nicht viel. Andreas hing wie ein Mehlsack im Wasser. Bewegen? Warum? Die Schwimmflügel trugen ihn ja.

Diese Einstellung begegnete uns immer wieder bei ihm und bei anderen Kindern. Sobald sie merkten, daß Eltern oder Übungsleiter oder die Schwimmhilfe ihnen eine mühsame Tätigkeit abnahmen, griffen sie dieses Angebot dankbar auf. Darum ist diese grundsätzliche Erfahrung so wichtig: **Ohne Bewegung komme ich nicht zum Ziel! Hoffnung setzt immer auch Eigeninitiative voraus.**

Flossen waren ein sehr viel besseres Hilfsmittel. Sie fördern ein wichtiges Prinzip: So wenig Hilfe wie möglich, soviel Hilfe wie nötig. Schon nach wenigen Wochen schwamm und tauchte Andreas wie ein Fisch. Schwierig war es dann, ihm die Flossen wieder abzugewöhnen. Schließlich schnitten wir immer mal wieder ein Stück ab, bis er nur noch „Gummischuhe" anhatte. Mit vier Jahren hat Andreas richtig schwimmen gelernt. Mit 17 Jahren machte er seinen Freischwimmer und mit 19 Jahren den Jugendleistungsschwimmschein in Gold.

Was das heißt? Er hat sich vor sich selbst und vor anderen bestätigt, eine eigenständige Leistung erbracht, die ihm Anerkennung und Selbstsicherheit verschafft. Er steht nicht draußen. Er kann mitmachen. Er kann sogar etwas, was viele gleichaltrige Nichtbehinderte nicht können. Bei dieser Erfahrung war wichtig, daß Andreas sie selber und freiwillig machte. Zwang oder gar Gewalt – dazu gehört auch die elterliche Macht – wurde zu keiner Zeit angewandt. Damit ist ein weiterer wichtiger Grundsatz genannt: **Bewegung muß persönlich erfahren, er-lebt werden. Und dies muß immer freiwillig geschehen.**

Urlaub am See oder am Meer, mit Geschwistern und ihren Freunden ins Freibad gehen, das gehört für Andreas heute zu den selbstverständlichen Dingen. Er kann dazwischen sein mit anderen und ist nicht isoliert, weil er sich (im Wasser) bewegen kann. Eine weitere Grunderfahrung zeigt sich hier: **Bewegung findet zwar überwiegend außerhalb des Wasser statt. Aber was Andreas an Koordinationsfähigkeit, Kraft, Ausdauer und Schnelligkeit im Wasser gelernt hat, wirkt sich auch „an Land" günstig aus.**

Seit vielen Jahren bieten wir in den Osterferien Familien-Skifreizeiten an. Die Frage war, ob Andreas das mitmachen würde, diese klobigen, schweren Stiefel, festgeschnallt auf rutschigen Brettern? Die erste Erfahrung war positiv: Andreas wollte seine Skistiefel nach der Anprobe gar nicht mehr ausziehen. Die zweite Erfahrung war negativ: Nach einigen mühsamen Versuchen wollte er die Skier nicht mehr anschnallen. Wir brauchten, wie schon so oft, viel Geduld, manche Tricks und all unsere Überredungskunst, um ihn wieder auf die Skier zu locken. Aber es gelang. Allzuviel Freude hatte jedoch keiner von uns. Andreas stellte immer wieder fest, daß die Skier nicht so wollten wie er. Wir Eltern mußten fast völlig auf eigenes Skilaufen verzichten und die anderen Geschwister kamen zu kurz. **Hoffnung hat auch Durststrecken.** Heute gibt es kaum einen Berg, der für Andreas zu steil ist. Wenn wir müde sind, fordert er energisch: Nochmal! Längst braucht er die Eltern nicht mehr. Er schließt sich anderen Gruppen bei unseren Freizeiten an. Stolz verabschiedet er sich mit den Worten: Ich kann das! **Das Zauberwort der Hoffnung: Ich kann das!**

Das waren zwei Beispiele aus dem sportlichen Alltag von Andreas. Selten hat er Langeweile. Seine Geschicklichkeit wirkt sich auch positiv auf das ganze Familienleben aus.

Erreicht hat Andreas dieses Ziel nur aufgrund eines regelmäßigen und vielfältigen Bewegungsangebots mit Gleichgewichtsübungen, mit spielerischer Schulung der Koordinationsfähigkeit, von Kondition, Ausdauer und Kraft – und all das verbunden mit einer vernünftigen Ernährung.

Fußball und Basketball, Tennis und Tischtennis, Ringtennis und Federball, Rollschuh- und Schlittschuhlaufen, Fahrradfahren und Paddeln, Leichtathletik und Tanzen, alles betreibt Andreas mit unterschiedlicher Fertigkeit – aber immer so, daß es zum Mitmachen reicht.

Er braucht keine Wettkämpfe und Meisterschaften. Er braucht keine Goldmedaillen. **Er braucht Bewegung, Spiel und Sport als Hoffnung für sein Leben – ein Leben in der Gemeinschaft mit Behinderten und Nichtbehinderten.**

Diese Hoffnung wird für Kinder mit geistiger Behinderung aber nur Wirklichkeit, wenn alle Verantwortlichen und Betroffenen die Bedeutung von Bewegung, Spiel und Sport erkennen, anerkennen und das im Alltag auch umsetzen:
– wenn die Kinderärzte viel stärker als bisher den Sport „verschreiben"
– wenn die Einrichtungen für Menschen mit geistiger Behinderung (Schulen, Tagesstätten, Heime) sich öffnen und Kontakt zu den Turn- und Sportvereinen suchen
– wenn unsere Gesellschaft begreift, daß Menschen mit geistiger Behinderung dazugehören, eigenständige und gleichwertige Persönlichkeiten sind und nicht nur Objekte von Spendenaktionen und Fernsehlotterien.

Unser Praxisangebot war darauf ausgerichtet, Freude an einfachen Bewegungsformen (Tänze, Gleichgewichtsschulung, Koordination, Geschicklichkeit) zu vermitteln. Zugleich ging es uns darum aufzuzeigen, daß es nicht unbedingt die teuren Sportgeräte sein müssen, die eine Stunde interessant machen. Stäbe aus Zeitungsrollen mit buntem Kreppapier umwickelt, stabile Papprollen aus Bräunungsstudios mit buntem Klebeband verziert, alte Tennisbälle mit Kreppapier umwickelt und einem langen Schweif, waren nur einige Beispiele für Eigeninitiative und Phantasie. Ein weiterer Schwerpunkt war die vielfältige Verwendung eines einzelnen Sportgeräts oder Materials. Viel Musik, häufige Wiederholungen in veränderten Formen, selten alleine, fast immer zu zweit oder zu mehreren.

Wer Geduld, Liebe und Phantasie hat, wird etwas von der Hoffnung weitergeben können, die Bewegung, Spiel und Sport für Andreas bedeuten und für alle, denen es genauso geht wie ihm.

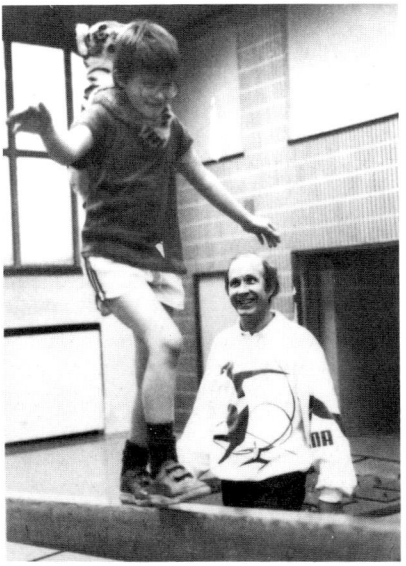

Abb. 1   *Abb. 2*

Sport und Bewegung in der Aus- und Fortbildung

Ein Kernproblem bei der Realisierung neuer Konzepte von Bewegungserziehung im Kindergarten liegt in der oft nur unzulänglichen Vorbereitung der Erzieherinnen auf ihre hohen beruflichen Anforderungen durch die Ausbildung. Hier liegt eine der Ursachen für den von vielen Seiten – und auch von den Erzieherinnen selbst beklagten geringen Stellenwert von Bewegung, Spiel und Sport im Kindergarten.

Die Kindergartensituation spiegelt im Grunde nur die Ausbildungsbedingungen vieler Fachschulen und Fachhochschulen wider.

Mit diesem Problem setzt sich im folgenden Beitrag F. W. KRÜGER auseinander. Neben einer Analyse der Defizite in den Ausbildungsbedingungen gibt er Hinweise, wie sich auf verschiedenen Ebenen die Ausbildungssituation verbessern läßt.

Eine Möglichkeit, durch Qualifikationsdefizite bedingte Mängel in der Elementarerziehung kurzfristig auszugleichen ist die Intensivierung der Fortbildungsmaßnahmen. G. FALKENBERG stellt vor, wie in einem auf einen spezifischen Einzugsbereich begrenzten Projekt kontinuierliche Fortbildungsarbeit für die Erzieherinnen „vor Ort" geleistet werden kann.

Fortbildungsmaßnahmen zu Bewegung, Spiel und Sport im Elementarbereich werden häufig auch von den Sportfachverbänden angeboten. H. MUSEBRINK erläutert die Initiativen der Sportjugend Nordrhein-Westfalen hinsichtlich der Organisation von Fortbildungsangeboten, die von Übungsleitern und Erziehern gleichermaßen wahrgenommen werden können.

Das Ausbildungskonzept der Deutschen Turnerjugend für den Bereich Kinderturnen wird von U. BLESSING-KAPELKE beschrieben.

Friedrich-W. Krüger

Bewegung, Spiel, Sport in der Ausbildung sozialpädagogischer Fachkräfte

– Zur Situation der Vorbereitung auf die Bewegungserziehung im Kindergarten –

Bewegungserziehung im Kindergarten: Stiefkind der pädagogischen Arbeit

Bei Fortbildungen mit ErzieherInnen und aus Befragungen wird deutlich, daß Praktiker Bewegung, Spiel, Sport im Kindergarten durchaus eine wichtige Bedeutung beimessen. Ihrer Erfahrung nach bieten Bewegungsaktivitäten vielfältige Gelegenheiten, um pädagogisch zu arbeiten. Untersuchungen belegen aber ebenfalls in hinreichendem Maße, daß die Chancen einer frühkindlichen Bewegungserziehung hinsichtlich der Qualität und Quantität der Angebote häufig noch nicht ausreichend ausgeschöpft werden.

Fachliche Unsicherheit: Ausbildungsmängel der ErzieherInnen

ErzieherInnen sind sich ihrer fachlichen Defizite durchaus bewußt. Sie empfinden diese in bezug auf die theoretische Fundierung berufsrelevanter Frage- und Problemstellungen, im Bereich sportpraktischer Kenntnisse und Erfahrungen sowie hinsichtlich praktisch-methodischer Fähigkeiten zur Planung, Gestaltung und Reflexion der Bewegungsangebote. Ungeachtet der Möglichkeiten, Kompetenzen berufsbegleitend durch Fortbildung auszubauen, lenken die von Praktikern artikulierten Unzulänglichkeiten die Aufmerksamkeit in erster Linie auf die Ausbildung sozialpädagogischer Fachkräfte. Bei ihr liegt der Schlüssel zur Realisierung einer Bewegungserziehung, die pädagogische Chancen von Bewegung, Spiel, Sport zum Wohl des Kindes aufgreift und für das didaktische Gesamtkonzept im Kindergarten fruchtbar macht.

Berufsqualifizierung: Defizitäre Ausbildungsbedingungen

Untersuchungen zur Situation der Ausbildung von ErzieherInnen belegen nicht nur Mängel in der Vorbereitung auf Bewegung, Spiel, Sport im Kindergarten; sie decken ebenso defizitäre Ausbildungsbedingungen als deren Ursachen auf. Diese beziehen sich sowohl auf die amtlichen Verlautbarungen zur Ausbildung wie auch auf die personelle und materielle Ausstattung der Fachschulen selbst (KRÜGER 1985):

Was die materielle Situation betrifft, so fehlen nicht selten geeignete Räumlichkeiten für die Sportpraxis oder die kognitive Bearbeitung von Unterrichtsthemen. Lediglich an circa 50 % der Schulen ist die zum Normalbestand einer Schulsporthalle gehörige Ausstattung verfügbar, und den zwangsläufig über den traditionellen Schulsport hinausgehenden gerätemäßigen und materialen Bedürfnissen einer beruflichen Vorbereitung auf die Gestaltung der Bewegungserziehung im Kindergarten wird nur an etwa 10 % der Fachschulen Rechnung getragen. Hinsichtlich der personellen Situation ist der mit über 60 % sehr hohe Anteil nicht akademisch ausgebildeter Sportlehrkräfte auffällig; teilweise wird die Ausbildungstätigkeit auch ohne Sportfakultas ausgeübt. Übereinstimmend stellen die Lehrenden fest, durch die eigene Ausbildung gar nicht oder unzureichend auf die Aufgaben an der Fachschule vorbereitet worden zu sein. Mehr als 90 % der Lehrkräfte verweisen auf praktische Erfahrungen in der Arbeit mit Vorschulkindern;

dennoch fühlen sich ErzieherInnen zu wenig praxisbezogen und fachlich zu einseitig ausgebildet. Amtliche Ordnungen für die Ausbildung von ErzieherInnen sehen eine sport- bzw. bewegungsbezogene berufliche Qualifizierung sozialpädagogischer Fachkräfte verbindlich vor; die Verlautbarungen schreiben jedoch nicht die zugleich notwendigen konzeptionellen Voraussetzungen fest, um ErzieherInnen eine den beruflichen Ansprüchen genügende Ausbildung zukommen lassen zu können.

Handlungsbedarf: Abbau von Defiziten

Wenn Kindern im Kindergarten zukünftig verstärkt Bewegungserfahrungen und -erlebnisse zum Aufbau einer stabilen Persönlichkeit erschlossen werden sollen, dann bedarf es in erster Linie umfassender Neuorientierungen und -bestimmungen im Bereich der Ausbildung von ErzieherInnen. Diese sind auf drei Ebenen voneinander abzugrenzen. Im einzelnen geht es um eine:
Stärkere Berücksichtigung und Gewichtung des Medienbereichs „Bewegung/ Sport" in amtlichen Ausbildungsordnungen, z. B. durch:
– quantitative Ausweitung des Medienbereichs im Stundendeputat,
– Aktualisieren und curriculares Aufarbeiten amtlicher Vorgaben im Medienbereich „Bewegung/Sport" unter besonderer Berücksichtigung der Tätigkeiten und Aufgaben von ErzieherInnen in zentralen Berufsfeldern,
– Sicherstellen der Betreuung von SchülerInnen bei Bewegungsangeboten im Kindergarten durch die Sportlehrkraft,
– Bereitstellen von Wahlpflichtvertiefungsmöglichkeiten in den sozialpädagogischen Medienfächern, so daß dem Bereich „Bewegung/Sport" zugeneigte SchülerInnen ihre berufliche Kompetenz, ungeachtet der grundständigen Ausbildungsorientierung, noch zusätzlich erweitern können,
– Anbieten von Ausbildungsschwerpunkten, etwa als Möglichkeit einer wahlweisen Spezialisierung im Verlauf der Ausbildung auf ein von SchülerInnen angestrebtes berufliches Tätigkeitsfeld,
– Bereitstellen einer Weiterbildungsmöglichkeit für ErzieherInnen auf Fachschulebene, die mit einer sportpädagogischen Zusatzqualifikation abschließt und die die Praktiker zu einer Fachkraft für Bewegung und Sport im sozialpädagogischen Bereich qualifiziert.

Verbesserung der materiellen und personellen Ausstattung an den Ausbildungseinrichtungen, z. B. durch:
– Aktualisieren des Gerätebestandes unter besonderer Berücksichtigung von Bewegungsmaterialien, die für die pädagogische Arbeit im Kindergarten vorgesehen sind und über die im Zusammenhang mit neueren didaktischen Ansätzen zur Bewegungserziehung diskutiert wird,
– Aufbau bzw. Intensivierung der regionalen und überregionalen Fortbildung zur Weiterqualifizierung der Sportlehrenden.

Verbesserung der Ausbildungsgestaltung, z. B. durch:

- prägnantere Orientierung unterrichtlicher Angebote am zukünftigen Kompetenzbedarf im Kindergarten, wie das Vermitteln von Erfahrungen im vielgestaltigen Ausschöpfen von Materialien und im Erschließen neuer Bewegungsräume/-materialien angesichts des teilweise unzureichenden Austattungspotentials vieler Kindergärten,
- verstärktes Einbinden atueller erziehungswissenschaftlicher und sportpädagogischer Fragestellungen und Erkenntnisse,
- Intensivieren des Theorie-Praxis-Bezuges, etwa durch Kooperation mit Kindergärten, Vor- und Nachbereiten der Praktika, Projekte, professionellere Beratung bei Praxisbesuchen (KRÜGER 1988).

Durch zukünftig hoffentlich unter günstigeren Bedingungen qualifizierter ausgebildete ErzieherInnen läßt sich die derzeit unbefriedigende Situation der Bewegungserziehung im Kindergarten vermutlich erst mittel- und längerfristig abbauen. Daher sind begleitend zu Innovationen im Rahmen der Ausbildung besondere Bemühungen um den Ausbau von Fort- und Weiterbildungsmöglichkeiten für MitarbeiterInnen notwendig.

Gabriela Falkenberg

Bewegungsschulung in Kindergärten – eine Fortbildungsmaßnahme

Vorbemerkungen

Die Stadt Münster und unser Fachbereich Sport pflegen schon seit langem eine enge Zusammenarbeit auf dem vorschulischen Fort- und Weiterbildungssektor. Hierbei zeigten sich vor allem zeitliche Probleme, da die ErzieherInnen im Kindergartenalltag kaum Freiräume haben, um an solchen erwünschten „Bewegungsschulungen" teilzunehmen.

Dies war ein Beweggrund für das vorzustellende Projekt. Weitere waren zum einen das Wissen um die Möglichkeiten, die eine bewußte, gelenkte und kontinuierliche Bewegungsschulung nicht nur für die Motorik, sondern für die Gesamtentwicklung der Vorschulkinder haben kann (vgl. u. a. GASCHLER 1990; ZIMMER 1981). Zum anderen waren es die gemeinhin bekannten Ausbildungsdefizite der ErzieherInnen in diesem Bereich, sowie mangelnde räumliche Voraussetzungen, fehlende Geräte und Materialien usw. (vgl. DT. SPORTJUGEND 1979). Daraus ergaben sich für unsere Projektanlage folgende Zielsetzungen:

– Langfristig soll in Münster eine flächendeckende Bewegungsschulung in Kindergärten, die sowohl methodisch als auch fachspezifisch fundiert ist, erreicht werden.
– Den ErzieherInnen soll vor Ort – also in ihren Kindergruppen – die Möglichkeit zu einer Fort- und Weiterbildung gegeben werden. Hierdurch wird der Kindergartenalltag nur wenig gestört, für die ErzieherInnen ist dies eine zusätzliche Hilfe, sie können die Bewegungsangebote gleich mit den Kindern kennenlernen und die entsprechenden praktischen Anforderungen erfahren.

Im Vordergrund stehen dabei die Vermittlung geeigneter Inhalte für eine intensive Bewegungsschulung im Vorschulalter, aber auch die Befähigung der ErzieherInnen zum selbständigen Handeln mit Materialien und Methoden und zur Auswahl oder Entwicklung geeigneter Hilfsmittel.

Der formale Rahmen

An diesem Projekt nahmen 13 Münsteraner Kindergärten mit insgesamt 16 Gruppen teil. Sie wurden von 10, für diese Aufgabe qualifizierten, Übungsleiter/innen und Studenten/innen betreut. Jedem Kindergarten standen etwa 20 so gelenkte Übungseinheiten zur Verfügung. Begleitet wurden diese „Fortbildungsstunden vor Ort" durch zwei halbtägige Seminare, die der Aufbereitung der wichtigsten theoretischen und praktischen Fragestellungen dienten und damit sowohl Reflexion des Erfahrenen als auch Erarbeitung von Strategien und Strukturen der Bewegungsschulung darstellten. Sie sollten die eigene Handlungsfähigkeit im Umgang mit dieser Thematik untermauern.

Die notwendige finanzielle Absicherung übernahm zum überwiegenden Teil die Stadt und der Stadtsportbund Münster, einen Restbetrag brachten die Träger bzw. die Dachverbände der beteiligten Kindergärten auf.

Von den 13 am Projekt beteiligten Kindergärten konnten vier die Bewegungsschulung in einer Turnhalle durchführen, die anderen nutzten einen mehr oder weniger großen Turn- bzw. Gruppenraum innerhalb des Kindergartens. Die räumliche Ausstattung entsprach im groben dem Durchschnitt. In den Turnräumen fehlten vor allem Großgeräte, in den Turnhallen z. T. Kleingeräte für diese Altersstufe.

Wenig Einfluß hatten wir auf die Gruppengröße und die Altersstruktur. Durchschnittlich nahmen ca. 10 bis12 Kinder an einer Bewegungseinheit von etwa einer Zeitstunde teil. Lediglich in einer Gruppe waren mehr als 20 Kinder. 11 der insgesamt 16 Gruppen waren recht altershomogen zusammengestellt, das durchschnittliche Alter betrug 5 Jahre. In den anderen fünf Gruppen nahmen 3- bis 6jährige an der Bewegungsschulung teil. Aus jedem Kindergarten beobachteten mehrere ErzieherInnen die Bewegungsstunden. Ihre kontinuierliche Teilnahme scheiterte meistens an der gravierenden Personalknappheit, so daß dann nur die entsprechenden GruppenleiterInnen ständig anwesend sein konnten. Zu den

Stunden lagen ausgearbeitete Stundenentwürfe der Fortbildenden vor, so daß die ErzieherInnen die Konzeption und Durchführung genau mitverfolgen konnten. Die Planungen dienten auch einer anschließenden Nachbereitung und Diskussion, die jedoch häufig entfiel, da die ErzieherInnen sofort die weitere Betreuung ihrer Gruppe übernehmen mußten.

Die inhaltliche Ausgestaltung der Übungssequenzen oblag im einzelnen den Fortbildenden. Es war nur ein grober gemeinsamer Rahmen vorher abgesteckt worden. So sollten vor allem die Möglichkeiten der Räume und Geräte genutzt und ein breites Spektrum von Bewegungsangeboten aufgezeigt werden. Die in dem Zeitraum durchgeführten begleitenden Seminare zur Stützung und Intensivierung dieser Maßnahme gliederten sich in methodisch-didaktische Anteile, psychomotorische Ansätze und Verfahren in Theorie und Praxis und praxisorientierte Themen aus dem Bereich der Koordination.

Die Einschätzung der Beteiligten

Generell sind die Meinungen der ErzieherInnen zu diesem Projekt sehr positiv. Dies zeigt sich auch daran, daß fast alle eine Weiterführung dieser Art von Fortbildung wünschen. Als besonders wichtig und hilfreich heben die ErzieherInnen hervor, daß sie sehr vielfältige, neue Anregungen erhalten haben, häufig sogar einen neuen oder alternativen Umgang mit den schon vorhandenen Geräten und Materialien. Ebenso sind das Lernen der Gerätehandhabung (Umgang, Aufbau, Sicherheitsvorkehrungen), die begleitende Hilfestellung und die Fehlerkorrekturen in den einzelnen Stunden in hohem Maße geschätzt worden. Als überaus wertvoll bezeichnen die ErzieherInnen zudem, daß sie ihre Kinder in ihren Bewegungen und Aktionen „von außen" beobachten konnten. Ganz wichtig waren den ErzieherInnen jeweils die schriftlichen Ausarbeitungen der Stunden, zur eigenen Reflexion, zur Aus- und Weiterarbeit und zum Austausch mit anderen Kollegen/innen. Hier läßt sich allerdings auch ein – nicht immer erwünschtes – Rezeptdenken erkennen. Damit ist die teilweise unkritische Übertragung der Stunden auf andere Gruppen gemeint. Es macht aber auch den von den ErzieherInnen selbst beklagten Umstand deutlich, daß ihre Ausbildung ihnen in diesem Bereich so wenig Hilfestellung bietet, daß sie die vielfältigen Angebote oft nicht selbständig weiterverarbeiten können.

Kritikpunkte und Veränderungswünsche lassen sich wie folgt bündeln:

Generell beklagen sich die ErzieherInnen darüber, zu wenig Zeit für eine intensive Reflexion der Stunden (mit den Fortbildenden) zu haben. Sie regen an, die Bewegungszeit zu verlängern, um dann – mit begleitender Hospitation – selbst weiter an dem Thema arbeiten zu können. Schwierigkeiten bereiten den ErzieherInnen vor allem die organisatorischen und sicherheitstechnischen Fragen. Sie sehen wenig Chancen, die vorhandenen Großgeräte auch „alleine" zu nutzen, da zum einen die Zeit für Auf- und Abbau fehlt, zum anderen der Umgang mit den Geräten auch nach der Fortbildung noch nicht sicher genug erscheint.

Die Erfahrungs- und Veränderungswünsche der Fortbildenden decken sich in weiten Teilen mit denen der ErzieherInnen. Sie äußern sich ebenfalls generell positiv über eine dergestaltete Fortbildung. Dabei bemängeln auch sie die häufig fehlenden Möglichkeiten zu einer Reflexion der Stunden mit den ErzieherInnen.

Abschließend läßt sich aus dieser Art von Fortbildung folgendes Resümee ziehen: Mit dem Projekt verfolgten wir nicht die Absicht, Lernzuwäche von Kindern zu provozieren und zu messen. Es ging uns in erster Linie um eine spürbare Hilfe für die ErzieherInnen. Das Konzept, von den zentralen Nachmittagen abzuweichen und individuelle Fortbildungen für die unterschiedlichen Gruppen „vor Ort" anzubieten, hat sich nach unserem Ermessen gut bewährt. Die durchweg positive Resonanz bestätigt unsere Arbeit.

Heide Musebrink

Aus- und Fortbildungsangebote der Sportjugend Nordrhein-Westfalen für Übungsleiter/innen und Erzieher/innen

Zusätzlich zur Übungsleiterausbildung Breitensport bot der Landessportbund Nordrhein-Westfalen 1980 erstmals die Sonderausbildung „Sport im Elementarbereich" an. Zielgruppe waren damals Übungsleiter/innen (ÜL), die in den sogenannten Mutter-Kind-Gruppen der Sportvereine tätig waren. Die Ausbildung umfaßte 2 Folgen mit insgesamt 60 Unterrichtseinheiten und fand mit Kindern der Teilnehmer/innen statt. Voraussetzung war die gültige ÜL-Lizenz oder eine vergleichbare Qualifikation.

In den folgenden elf Jahren wurde diese Sonderausbildung weiterentwickelt. Die Durchführung liegt seit 1987 in den Händen der Sportjugend Nordrhein-Westfalen und richtet sich nicht mehr ausschließlich an ÜL, die mit Mutter-Kind-Gruppen arbeiten, sondern sowohl an Vereinsmitarbeiter/innen, die mit Kindergruppen im Kleinkind- und Vorschulalter arbeiten als auch an Erzieher/innen mit gültiger ÜL-Lizenz für den Breitensport. Zentral wird jedes Jahr ein Lehrgang mit und einer ohne Kinder angeboten, dezentral gibt es seit 1988 jährlich mehrere Sonderausbildungen in Zusammenarbeit mit den Stadt- und Kreissportbünden.

Parallel zur Ausbildung wurde ein breit gefächertes Angebot an Fortbildungslehrgängen für die Bewegungserziehung im Kleinkind- und Vorschulalter entwikkelt. 1981 gab es lediglich drei Angebote für ÜL. Inzwischen bietet die Sportjugend NW Schnupperangebote für Einsteiger/innen an, sieben thematisch verschiedene Fortbildungswochenenden, mit denen jeweils auch die Lizenz verlän-

gert werden kann, sowie gesonderte Fortbildungen für Ausbilder/innen der Stadt-
und Kreissportbünde, der Fachverbände und der Fachschulen für Sozialpädagogik. (Landessportbund NW 1991)

In möglichst engem Theorie-Praxis-Bezug werden in allen Lehrgängen neben
sportpraktischen Inhalten gleichrangig theoretische Grundlagen behandelt, die in
Anlehnung an die Motopädagogik ein Konzept der ganzheitlichen Bewegungserziehung sowie die notwendigen Grundlagen zur Umsetzung vermitteln
(KIPHARD 1980).

Ein Grundsatzpapier veröffentlichte die Sportjugend NW erstmals 1988
(SPORTJUGEND NW 1988).

Auf dem Weg, dieses Konzept an die breite Basis der Vereine und Kindergärten zu bringen, gilt es für die Zukunft, mehr Vereins- und Kindergartenmitarbeiter/
innen zur Teilnahme an Aus- und Fortbildungsangeboten zu motivieren. Dazu
bedarf es u. a. sowohl einer verstärkten Öffentlichkeitsarbeit als auch eines noch
weiter ausdifferenzierten zentralen und dezentralen Lehrgangsangebotes in Form
von Tages-, Halbtages- und Abendveranstaltungen, Wochenend- und Wochen-
lehrgängen sowie Bildungsurlauben.

Um die Arbeit bezüglich dieser Ziele zu forcieren und den Bereich der Bewegungserziehung im Kleinkind- und Vorschulalter institutionell zu verankern, rich-
tete die Sportjugend NW 1989 die Arbeitsgemeinschaft Kindergarten/Schule ein.
Als nächster Schritt wäre eine verstärkte hauptamtliche Besetzung dieses Ar-
beitsbereiches wünschenswert und seiner Bedeutung angemessen.

Ute Blessing-Kapelke

Ausbildung der Deutschen Turnerjugend im Bereich Kinderturnen

Die Deutsche Turnerjugend, im Deutschen Turner-Bund verantwortlich für die
Zielgruppe Kinder und Jugendliche, bietet über ihre Landesorganisationen folgende Lizenzlehrgänge im Kinderturnen an:

ÜBUNGSLEITER/IN
KINDERTURNEN
120 UE

ZUSATZLIZENZ	ZUSATZLIZENZ	ZUSATZLIZENZ
KLEINKINDER-	ELTERN-KIND-TURNEN	GESUNDHEITSTURNEN/
TURNEN	60 UE	SONDERTURNEN
60 UE		60 – 100 UE

Für 14- bis 17jährige Jugendliche gibt es das Angebot der GRUPPENHEL-FER/INNEN/AUSBILDUNG im Kinderturnen, in der die Jugendlichen entsprechend ihres Entwicklungsstandes angeregt und befähigt werden sollen

– den/die Übungsleiter/in in der Übungsstunde zu unterstützen,
– in Absprache mit dem/der Übungsleiter/in einfache Aufgaben der Gruppenbetreuung zu übernehmen,
– im kleinen Rahmen bei der Planung und Gestaltung von Angeboten im Freizeit- und Breitensport sowie im außersportlichen Bereich mitzuwirken.

Ausgangspunkt aller Ausbildungen im Kinderturnen ist das Grundverständnis von Kinderturnen der Deutschen Turnerjugend:

o Kinderturnen bietet allen Kindern Bewegungs- und Erfahrungsmöglichkeiten.
o Kinderturnen ist vielseitig. Es ist sportartübergreifend angelegt und schließt auch außersportliche freizeitkulturelle Angebote mit ein.
o Ausgangspunkt für die Gestaltung des Kinderturnens sind die Bedürfnisse und Fähigkeiten der Kinder sowie ihre konkreten Lebensbedingungen und nicht die überlieferten Normen einzelner Sportarten.
o Im Kinderturnen werden Lerngelegenheiten geschaffen:
– Die Kinder lernen, sich vielfältig zu bewegen
– Sie lernen gemeinsames Handeln in der Gruppe und im Verein
– Sie lernen, sich bewußt und verantwortlich mit sich selbst und ihrer materiellen und sozialen Umwelt auseinanderzusetzen
o Dadurch leistet Kinderturnen einen Beitrag zur Entwicklung von selbständig und demokratisch handelnden Persönlichkeiten
o Eine weitere Aufgabe aller am Kinderturnen Beteiligten ist es, gemeinsam für die Verbesserung der Lebensbedingungen aller Kinder einzutreten
o Unter diesen Voraussetzungen kann Kinderturnen zu gesunder, lebenslanger Aktivität in Turnen, Sport und Spiel motivieren und befähigen.

Aus diesem Grundverständnis ergeben sich die Tätigkeitsfelder und die benötigten Grundkenntnisse des/der Übungsleiters/in, die in der Übungsleiter/in-**Ausbildung Kinderturnen** vermittelt werden:

– **sportpädagogischer Bereich:** Grundverständnis über methodisch-didaktisches Vorgehen im Kinderturnen sowie über Grundlagen der Bewegungs- und Trainingslehre
– **sozialpädagogischer Bereich:** Grundkenntnisse über Gruppenpädagogik, Spielpädagogik und Freizeitpädagogik
– **pädagogisch-psychologischer Bereich:** Grundverständnis über Lehren, Lernen und Erziehen mit dem Ziel von selbständig, bewußt, verantwortlich und demokratisch handelnden Persönlichkeiten
– **freizeitkultureller Bereich:** Grundverständnis vom Kinderturnen als Feld kultureller Lernmöglichkeiten mit sportlichen und außersportlichen Bestandteilen und emanzipatorischem Anspruch

– **gesellschaftspolitischer Bereich:** Grundverständnis von den gesellschaftspolitischen Aufgaben und Funktionen des organisierten und nichtorganisierten Kinderturnens sowie Kenntnisse von den Lebensbedingungen der ihm/ihr anvertrauten Kinder
– **gesundheitspolitischer Bereich:** Grundkenntnisse über körperliche, geistige und soziale Wirkungen des Kinderturnens und über die die Gesundheit der Kinder beeinflussenden Umweltbedingungen
– **freizeitpolitischer Bereich:** Grundkenntnisse über Aufgaben und Strukturen von Sportorganisationen und anderen Einrichtungen, die Einfluß auf das Freizeitverhalten von Kindern nehmen.

Die Übungsleiter/in-**Ausbildung Kinderturnen** umfaßt 120 Unterrichtseinheiten (UE) und ist als DSB-Lizenz-Ausbildung anerkannt.

Aufbauend auf die **Übungsleiter/in-Ausbildung Kinderturnen** bietet die Deutsche Turnerjugend verbandsspezifische ZUSATZ-LIZENZ-AUSBILDUNGEN an:

– ZUSATZ-LIZENZ KLEINKINDERTURNEN (60 UE)

Es ist die Aufgabe von Übungsleiter/innen im Kleinkinderturnen, den Kindern ein ihrer Entwicklung und ihren Bedürfnissen entsprechendes Bewegungsangebot zu vermitteln. Dabei kommt es darauf an, die Arbeit nach pädagogisch-psychologischen, biologisch-medizinischen, sozialen und organisatorischen Aspekten auszurichten.

Durch die ZUSATZ-AUSBILDUNG KLEINKINDERTURNEN sollen die Übungsleiter/innen befähigt werden:
– pädagogische und didaktisch-methodische Erkenntnisse der Sport- und Sozialpädagogik kindgemäß und sachgerecht in die Praxis umzusetzen
– bei der Gestaltung von Bewegungsangeboten an dem breitgefächerten Bewegungs- und Spielbedürfnis der Kinder zusetzen und ihnen vielfältige Bewegungserfahrungen zu ermöglichen (orientiert an den Erfahrungen des Kindes im Umgang mit dem eigenen Körper, mit verschiedenen Materialien und mit anderen Kindern)
– sportmedizinische und sportpsychologische sowie entwicklungspsychologische Erkenntnisse zu berücksichtigen, um eine gesunde Entwicklung zu unterstützen
– Gegebenheiten der Umwelt für Bewegung, Spiel und Sport erkennen, nutzen und gegebenenfalls verändern.

– ZUSATZ-LIZENZ ELTERN-KIND-TURNEN (60 UE)

Übungsleiter/innen im Eltern-Kind-Turnen sollen den Kindern und Eltern ein Bewegungsangebot vermitteln, das der Entwicklung der Kinder und den Bedürfnissen der Eltern entspricht. Dabei geht es vor allem um die Entwicklung von Beziehungen zwischen Eltern und Kindern, ausgehend vom gemeinsamen Bewegen und übertragbar in den Lebensalltag der Familien.

Durch die ZUSATZ-AUSBILDUNG ELTERN-KIND-TURNEN sollen die
Übungsleiter/innen befähigt werden:
– das Eltern-Kind-Turnen als ein Handlungsfeld für gezielte motorische, kognitive, affektive und soziale Erfahrungen von Kindern und Eltern anzulegen
– die Lebenssituation von Eltern zu berücksichtigen sowie eventuelle Hemm-
  schwellen zu erkennen und abzubauen, um auf Beziehungen zwischen Eltern
  und Kindern bessser eingehen zu können
– Spiel- und Übungsformen zu vermitteln, die ein gemeinsames, erlebnisintensi-
  ves Handeln von Eltern und Kindern in kleineren und größeren Gruppen ermöglichen, und die auch auf den Familienalltag übertragbar sind
– durch das Eltern-Kind-Turnen einen Entwicklungsprozeß in Gang zu setzen,
  durch den die Kinder von der starken Bindung an die Eltern behutsam abgelöst
  und auf die Teilnahme in Kleinkindergruppen vorbereitet werden, in dem ihre
  Selbständigkeit und ihr Selbstvertrauen gefördert werden.

– ZUSATZ-LIZENZ GESUNDHEITSTURNEN/SONDERTURNEN
(60-100 UE)
Übungsleiter/innen im Gesundheitsturnen sollen weitergehende Kenntnisse und
Erfahrungen erwerben, um bewegungs- und verhaltensauffällige Kinder entsprechend in die allgemeine Kinderturnstunde integrieren zu können. In der ZUSATZ-
LIZENZ GESUNDHEITSTURNEN/SONDERTURNEN geht es vor allem um:
– Kenntnisse über Ursachen und Zusammenhänge von Bewegungs-, Haltungs-
  und Verhaltensschwächen
– das Kennenlernen spezieller Übungsformen und Spiele zur Vorbeugung oder
  Minderung von Bewegungs-, Haltungs- und Verhaltensschwächen
– das Erkennen von Möglichkeiten einer Gesundheitsförderung im allgemeinen
  Kinderturnen
– das Vermitteln einer positiven Grundeinstellung zur Bewegung durch spielerische, vielfältige Bewegungserfahrungen.
Dieser Ausbildungsgang wird zur Zeit neu konzipiert.

Konzepte der Bewegungs- und Sporterziehung in der ehemaligen DDR

Das Erziehungskonzept des Kindergartens in der ehemaligen DDR war in erster Linie ausgerichtet auf die Schulvorbereitung. Dies hatte zur Konsequenz, daß Lernziele der Schule und schulisches Lernen sozusagen „verkleinert" wurden. Im Vordergrund stand die Vermittlung von Kenntnissen und Fertigkeiten. Zwar sollte auch die individuelle Persönlichkeitsausbildung der Kinder berücksichtigt werden, es überwogen jedoch direktive Einwirkungen und auch der Tagesablauf im Kindergarten war minituös geplant und vorstrukturiert (vgl. WERWICK 1990).

Welchen Stellenwert in diesem Zusammenhang die Berücksichtigung motorischer Bedürfnisse und die körperliche Erziehung der Kinder hatte, beschreibt S. KELLER im folgenden Beitrag, in dem er auch einen historischen Abriß der Körpererziehung im Kindergarten der ehemaligen DDR gibt.

Die Berufstätigkeit beider Eltern war ein Grund dafür, daß nicht nur der Kindergarten als Ganztageseinrichtung von 93 % aller Kinder genutzt wurde, genauso verbrachten auch Schulkinder den größten Teil ihrer Freizeit im Schulhort. J. HINSCHING berichtet von den vielfältigen sportorientierten Aktivitäten, die den Aufenthalt im Schulhort bestimmten.

Stanislaus Keller

Vom Spielturnen zum Sport im Kindergarten

Unmittelbar nach dem 2. Weltkrieg wurde im „Gesetz zur Demokratisierung der Deutschen Schule" (1946) der Kindergarten als vorschulische Einrichtung bezeichnet, der die Kinder zur Schulreife zu führen habe. Für die Vorschulerziehung und speziell für die körperliche Erziehung der Kinder auf dem Gebiet der ehemaligen DDR wurden die Ergebnisse der sowjetischen Vorschulpädagogik als richtungsweisend popularisiert. Die Arbeit in den Kindergärten wurde jedoch von einem starken Interesse an der Sozialfürsorge bestimmt. Aufgrund mangelnder Erfahrungen, ungenügender Qualifikation, vielleicht auch gewisser Vorbehalte wurde eine spezielle körperliche Erziehung bzw. Bewegungserziehung zunächst vernachlässigt, so daß die Entwicklung bis etwa 1955 insgesamt stagnierte.

Gewonnene Erfahrungen und das Bestreben, vorhandene Unzulänglichkeiten zu überwinden, führten zur Veröffentlichung und zu Diskussionen, in deren Ergebnis auch nationale Traditionen berücksichtigt wurden (KRIESEL 1955, HÖHNE 1956, SCHULZE 1956, SCHNABEL 1957). Dabei trat in Auswertung pädagogischer und psychologischer Literatur (HETZER 1927, BÜHLER 1928,

FÖLSCH 1929, SALINGER-PERLS 1930) die Tendenz in den Vordergrund, das Spielturnen als die für die Altersstufe einzig mögliche Form der körperlichen Erziehung zu proklamieren und seine Durchführung zu fordern (VIEBEG 1956, HÖHNE 1956, PABURSKI 1957, KRIESEL 1959). Es wurde 1957 eingeführt. Etwa bis 1960 wurden jedoch keine wesentlichen Fortschritte erreicht.

Die von zentralen Stellen geforderte Verbesserung der Bildungs- und Erziehungsarbeit in den Einrichtungen der Vorschulerziehung und die Auswertung bisheriger Erfahrungen führte dazu, die Aufgabenstellung für die körperliche Erziehung zu akzentuieren (CHRISTENSEN/LAUNER 1960), in der körperlichen Erziehung „Turnen" durchzuführen (REICHENBACH 1960, 1961) und damit auch eine Übereinstimmung mit der Schule zu erreichen.

In Ergebnissen von Untersuchungen an der DHfK in Leipzig zur motorischen Ontogenese des Kindes wurde eine differenzierte Zielstellung für das Vorschulkind zur Diskussion gestellt (LEWIN 1965). In der praktischen Konsequenz ist jedoch ein „Turnen" begründet worden, bei dem in besonderem Maße die Herausbildung und Entwicklung der Bewegungsfertigkeiten dominierte. Im Ergebnis eines umfangreichen pädagogischen Experiments wurde u. a. die Zielstellung für die Körpererziehung im Kindergarten präzisiert und ein Bezug zur körperlichen Grundausbildung in der Schule hergestellt (KELLER 1965).

Unter Berücksichtigung der Tatsache, allen Kindern, deren Eltern es wünschen, den Besuch eines Kindergartens zu ermöglichen (1985 besuchten etwa 90 Prozent aller Kinder einen Kindergarten), sind im Ergebnis weiterer Untersuchungen und der bisher gewonnenen Erfahrungen die Aufgabenstellungen für die Körpererziehung im Kindergarten weiter präzisiert, der Inhalt bestimmt und Vorschläge für die praktische Durchführung erarbeitet worden (KELLER u. a. 1976).

Im 1985 erschienenen Programm für die Bildungs- und Erziehungsarbeit im Kindergarten ist die Durchführung der Körpererziehung als Sachgebiet Sport ausgewiesen worden.

Unsere Zielstellung ist ausgerichtet auf eine vielseitige körperliche Ausbildung und die Vermittlung von Wachstumsreizen zur Förderung einer gesunden körperlichen Entwicklung in enger Verbindung mit einer erzieherischen Einwirkung. Abgeleitet von dieser Zielstellung stellen wir die Aufgabe
– die koordinativen Fähigkeiten wie Reaktionsfähigkeit, Gleichgewichts- und Rhythmusfähigkeit, die räumliche Orientierungsfähigkeit und mit Einschränkungen auch die kinästhetische Differenzierungsfähigkeit auszubilden sowie die Schnelligkeit, die Kraft (Muskelkraft) und mit Einschränkungen auch die Ausdauer zu entwickeln.
Als weitere Aufgabe sehen wir
– die Ausbildung grundlegender und einfacher sportlicher Bewegungsfertigkeiten,

– die Ausbildung einer guten Körperhaltung und
– die Entwicklung des Bedürfnisses nach regelmäßiger körperlich-sportlicher Betätigung.

Es versteht sich, daß im Gesamtprozeß ein Beitrag zur sittlichen, intellektuellen und ästhetischen Erziehung des Kindes zu leisten ist.

Im Interesse einer allseitigen Bildung und Erziehung des Kindes kommt es darauf an, elementare Grundlagen zu schaffen, auf die aufgebaut werden kann.

Der Inhalt der Körpererziehung – des Sports im Kindergarten – wurde unter Berücksichtigung sachlogischer, pädagogisch-psychologischer und physiologischer Gesichtspunkte bestimmt und für die pädagogische Arbeit aufbereitet und strukturiert.

Praxis

Dem Inhalt werden zugeordnet:
– ein Komplex von Körperübungen und Spielen (Kleinen Spielen)
– eine entsprechende erzieherische Einwirkung
– ein Grundbestand an Begriffen, Regeln und Übungsweisen

Die Körperübungen und Kleinen Spiele bilden den Hauptinhalt der Körpererziehung. Sie sind einmal **Ziel** der Aneignung und des Könnens, wenn sie zu Fertigkeiten bzw. zum Beherrschen von Körperübungen geführt werden. Sie sind zum anderen **Mittel** der Funktions-, Kraft- und Bewegungsentwicklung beim Kind, indem sie darauf gerichtet sind, körperliche Fähigkeiten, Bewegungsfertigkeiten sowie Willens- und Charaktereigenschaften zu entwickeln.

Wir können feststellen, daß mit Vorschulkindern bereits viele verschiedene Körperübungen und Spiele durchgeführt werden. Es ist möglich, diese im weitesten, aber auch im engeren Sinne bestimmten Sportarten zuzuordnen, denn das Grundlegende einer Sportart, die grundlegende Handlungsstruktur, kommt in ihren Anfängen bereits im Vorschulalter zur Anwendung. In der Anlehnung an die Sportarten sehen wir ein wichtiges Moment der Verbindung von Körpererziehung (Bewegungserziehung) und sportlicher Wirklichkeit, die bereits in den Kindergärten, den Übungsgruppen der Vereine und in der Familie hergestellt werden kann. Unter Berücksichtigung der genannten Aspekte wurden Übungsgebiete (Bezug zu einer Sportart) aufgestellt und ihnen entsprechende Übungsgruppen (gemeinsame Handlungsstruktur) und Übungsschwerpunkte zugeordnet.

Als Übungsgebiete wurden gekennzeichnet: Leichtathletische Übungen, Turnübungen, Gymnastische Übungen und Kleine Spiele. Beim Sport im Vorschulalter sollten diese Übungsgebiete eine gleichmäßige Berücksichtigung finden.

Wir können feststellen, daß darüber hinaus im Vorschulalter als weitere Übungsgebiete (Sportarten) das Schwimmen und der Skilauf zur Anwendung kommen.

Den vier erstgenannten Übungsgebieten wurde folgender Inhalt zugeordnet:
Übungsgebiet: **Leichtathletische Übungen**

Übungsgruppen	**Übungsschwerpunkte**
– Laufübungen	• vorwärts
	• um Hindernisse
	• Steigerungsläufe
– Sprungübungen	• Schlußhüpfen
	• einbeiniges Hüpfen
	• Schlußweitsprung
	• Schlußhochsprung
	• Weitsprung mit Anlauf
	• Hochsprung mit Anlauf
	• Hochweitsprung mit Anlauf
– Wurfübungen	• Weitwerfen
	• Zielwerfen
– Stoßübungen	• Weitstoßen
	• Zielstoßen

Übungsgebiet: **Gymnastische Übungen**

Übungsgruppen	**Übungsschwerpunkte**
– Geh- und Laufübungen	• auf geraden Raumwegen vorwärts, seitwärts, rückwärts
	• auf gebogenen Raumwegen vorwärts und seitwärts
	• Ballenschritt
	• Nachstellschritte vorwärts, seitwärts
	• Stampfschritte
	• Laufschritte
– Hüpf- und Sprungübungen	• Schlußhüpfen
	• einbeiniges Hüpfen
	• Nachstellsprungsschritte vorwärts, seitwärts
	• Wechselsprungschritte
– Körperformung und Haltungsschulung	• Kräftigung der Fußmukulatur, Bauchmuskulatur, Oberarm- und Schultermuskulatur
	• Dehnübungen
– Prellübungen	• mit beiden Händen
	• mit einer Hand im Stand, im Gehen, im Laufen

Übungsgebiet: **Turnübungen**

Übungsgruppen	**Übungsschwerpunkte**
– Kriechübungen	
– Kletterübungen	• seitwärts
	• überklettern

	• hochklettern
– Steigübungen	• horizontal
	• schräg
– Balancierübungen	• seitwärts
	• vorwärts
	• rückwärts
	• schiefe Ebene
– Rollen	• seitwärts
	• vorwärts aus dem Stand
	• vorwärts aus dem Anlauf
– Hang- und Schwungübungen	
– Kombinationsübungen	• Hochklettern – Niedersprung
	• Laufen – Springen
	• Springen – Stützen

Übungsgebiet: **Kleine Spiele**

Spiel- bzw. Übungsgruppen	**Spiel- bzw. Übungsschwerpunkte**
– Laufspiele	• Wettläufe
	• Orientierungs- und Suchspiele
	• Platzwechselspiele
	• Staffeln
	• Haschespiele
– Kraft- und Gewandtheitsspiele	• Ziehwettspiele
	• Schiebewettspiele
– Ballspiele	• Greif- und Hantierübungen
	• zur Wurf- und Fangsicherheit
	• zur Treffsicherheit
– Bunte Formen	• Felderhüpfspiele
	• Reifenrollen und -treiben
	• Sackhüpfen u. a.

Jochen Hinsching

Bewegung, Spiel und Sport im Schulhort im Wandel

Von den über zwei Millionen Schülern in der ehemaligen DDR waren fast eine Million Schüler in den Klassen 1 – 4, der sogenannten Unterstufe. Für sie gab es mit dem Unterricht am Vormittag und mit dem Schulhort am Nachmittag ein ganztägig konzipiertes Angebot von Aufenthalt, Betreuung und Bildung sowie Versorgung durch die Schule.

Es war ein Angebot, das räumlich im wesentlichen auf das Schulgebäude und das Gelände des Schulhofes begrenzt war. Am Ende der 80er Jahre wurde dieses Angebot von über 80 % aller Kinder angenommen, in Klasse 1 sogar von 93 %. Es waren Kinder, deren Eltern in der Regel beide voll berufstätig waren und deren Arbeitstag in der Regel frühmorgens sehr zeitig begann. Für den Alltag vieler dieser Kinder war die Schule der normale Aufenthalt, oftmals in einem Umfang von täglich 9 bis 10 Stunden, die im Extremfall sogar 11 Stunden von 6.00 Uhr morgens bis 17.00 Uhr am Nachmittag. Für den Alltag dieser Kinder will ich ein typisches Beispiel geben:

05.30 Uhr Aufstehen, ab 06.30 Uhr im Frühhort und 07.30 Uhr Kingelzeichen zur ersten Unterrichtsstunde, so beginnt der Schul-Alltag für den Siebenjährigen. Nach 3 weiteren Unterrichtsstunden folgt gegen 11.30 Uhr die anschließende halbstündige Spielzeit im Freien. Das Mittagessen und den Mittagsschlaf absolviert er im Hort seiner Schule, in dem er dann bei Hausaufgaben und Spiel noch bis 16.00 Uhr ist. Dann, 16.00 Uhr, verläßt er die Schule normalerweise in Richtung elterliche Wohnung. An diesem Tag beteiligt er sich noch eine Stunde im Rahmen einer Freizeitsportgruppe der Schule. Nach 17.00 Uhr verläßt er also heute das Schulgebäude, in dem er sich seit 6.30 Uhr aufgehalten hat, ein Aufenthalt von fast 11 Stunden. Vom Nachhausekommen gegen 17.30 Uhr bis zum Schlafengehen um 19.45 Uhr verbleiben 2 Stunden, in denen das Kind sein eigentliches Zuhause erlebt. Sie sind angefüllt mit Tätigkeiten, in der zeitlichen Reihenfolge Spiel im Zimmer, Freizeitgestaltung der Eltern mit dem Kind in der Wohnung, Lesen, Abendbrot und Fernsehen. Um 19.45 Uhr liegt der Siebenjährige im Bett, am Ende eines langen, anstrengenden und durchorganisierten Alltags. Was bleibt bei einem solch durchorganisierten Alltag noch übrig an Freiraum?

Welchen Anteil davon haben Bewegung, Spiel und Sport gehabt? Wie sind die ca. 38.000 Horterzieher, die für die Nachmittagsbetreuung der Kinder von Kl. 1 bis 4 in den ca. 6.000 Schulen der ehemaligen DDR zur Verfügung standen, mit diesen Möglichkeiten umgegangen?

Die Bemühungen um die Erweiterung der Bewegungsmöglichkeiten der Kinder im frühen Schulalter und der Qualifizierung des Sportangebotes unter den Bedingungen eines ganztägigen Aufenthaltes in der Schule lassen sich in 4 Hauptaktivitäten darstellen.

1. Das Tages- und Wochenregimes der Kinder wurde durch eine **Vielzahl bewegungsaktiver und sportorientierter Abschnitte ausgestaltet.** Diese Formen von Bewegung, Spiel und Sport hatten unterschiedliche Inhalte und Methoden und waren von unterschiedlicher zeitlicher Dauer. Zu ihnen gehörten Bewegungspausen oder Auflockerungsminuten im Unterricht am Vormittag ebenso wie eine große mittägliche Bewegungsspielzeit, das tägliche Abschlußspiel am Ende des Hortnachmittags und der wöchentliche und leistungsorientierte Sportnachmittag bzw. ein Nachmittag mit Wandern und Touristik in größeren Abständen. In Verbindung mit dem Sportunterricht wurde auf einen wöchentlichen

Bewegungsumfang von 10 – 12 Stunden abgezielt, was auch an vielen Schulen erreicht, z. T. überboten wurde.

2. Ausgehend von der Überlegung, die in der Schule verbrachte Freizeit des Kindes sowohl attraktiver wie auch effizienter zu gestalten, waren die vielen Formen des nachmittäglichen Hortsportes freizeitlich-pädagogisch auszugestalten. Das Arbeiten in dieser Weise war eine reizvolle wie schwierige Aufgabe für die Horterziehung, weil es keine Erfahrungen im Umgang mit offenen pädagogischen Konzepten gab. Eine verbindliche Orientierung für die didaktisch-methodische Gestaltung sollte durch die **Funktionen des Hortsports** gegeben werden. Dieser vielseitige, kind- und altersgemäße Sport sollte drei Absichten folgen: Er sollte kompensativ-restitutive Funktion haben, er sollte körperbildend-entwickelnden Funktionen dienen und er sollte sozial-kommunikative Funktionen wahrnehmen. Dies war eine weite, für viele auch neue Sicht auf den Sportbegriff, der nicht vordergründig von Norm, Leistung und Wettkampf bestimmt war. Viele Horterzieher haben in Umsetzung dieser Orientierung und bei einer stärkeren Nutzung des Schulumfeldes z. B. oft längst vergessene Bewegungsspiele in den Kinderalltag zurückgebracht.

3. In Verbindung mit einem ausreichenden täglichen Aufenthalt der Kinder im Freien hatte von den dargestellten Formen des Sportes im Schulhort die mittägliche Bewegungsspielzeit besondere Bedeutung. Es war eine Zeit von etwa 45 Minuten – im Detail unterschiedlich je nach Schule bzw. Klasse und deren Rahmenbedingungen – die gewöhnlich nach dem Unterrichtsschluß und vor dem gemeinsamen Mittagessen lag. In Horten mit engagierten Horterziehern und mit einem guten sportlichen Klima – und das waren nicht wenige der vielen Schulhorte trotz oftmals nicht zureichender materieller Bedingungen – haben die Kinder im Ergebnis wirksamer Animation sich ihren Sport interessant ausgestaltet. Mit Spielfeldmarkierungen auf dem Schulhof oder Applikationen an den Mauerwänden der Schule und vor allem von einer sport-pädagogisch wie sozialpädagogisch verständnisvollen Horterzieherin, die Anreger, Mitspieler, Zuschauer, Bewunderer oder Tröster im Spiel zugleich sein konnte, war und ist sportlicher Kinderalltag auch unter den gekennzeichneten Uniformen wie beengenden Rahmenbedingungen erlebnisreich und freudvoll.

4. Die Vielzahl der Formen von Spiel und Sport im Alltag des Kindes im frühen Schulalter sollte nicht als Konglomerat verstanden werden. Ausgehend von der engen Verbindung von Unterricht und Freizeit in der Schule, war auch die sportliche Aktivität der Kinder zu verstehen als ein pädagogisch gehandhabtes **System von korrespondierenden Formen der Körpererziehung.** Ausgangspunkt und Bezugsfeld war das im Sportunterricht vermittelte und entwickelte sportliche Können, war ein Sportunterricht, der im Sinne einer anleitenden Funktion weit in den Freizeitsport der Kinder hineinreicht. Auf der Basis dieser

Überlegungen hat es in vielen Schulen eine enge Zusammenarbeit von Sportlehrer, Klassenlehrer und Horterzieher gegeben. Das zu erreichen war nicht
selbstverständlich, aber gewiß durch ein zentralistisches System begünstigt.

Kindheit wird sich im Zuge der politischen und sozialen Veränderungsprozesse in
der ehemaligen DDR weiter wandeln. Diese Wandlungen vollziehen sich im
Rahmen einer pluralistisch strukturierten und marktwirtschaftlich orientierten sozialen Umwelt. Sie berühren auch das Bewegungs- und Freizeitverhalten der Heranwachsenden wesentlich. Zu solchen Veränderungen und Wandlungen gehören:

1. Die Familie wird einen weitaus stärkeren Stellenwert erhalten im Leben der
   Kinder. Das gilt vor allem für das Vorschul- und für das frühe Schulalter. Eltern
   müssen zu einer wirksamen Bewegungserziehung ihrer Kinder angeregt und
   angeleitet werden, um Spiel und Sport stärker auch in den Alltag familialer
   Sozialisation einzuordnen.

2. Die Schule wird als Sozialsationsinstanz an Bedeutung verlieren. Auch wenn es
   heute stärkere Bemühungen gibt, Schule als Lebensraum des Kindes auszugestalten und vor allem im Schulhort Spielräume für individuelles Verhalten zu
   erweitern, wird sich dieser Prozeß objektiv durchsetzen. Der Hortbesuch der
   Kinder wird nicht mehr sozialökonomische Notwendigkeit, sollte aber als eine
   Möglichkeit für Kinderalltag auch mit seiner Orientierung auf Spiel und Sport
   erhalten bleiben. M. E. wird sogar die Funktion des Schulhortes für die Kinder
   bedeutsamer, die im häuslichen Milieu unzureichende Anregung für ihre Persönlichkeitsentwicklung finden.

3. Für den Freizeitbereich werden sich in absehbarer Zeit andere Anbieter eta-
   blieren und vermutlich besonders den Bedürfnissen nach Bewegung, Unterhaltung und Leistung gerecht werden. Das werden Sportvereine, Organisationen
   wie Freizeitzentren in freier Trägerschaft oder auch private Anbieter sein, die
   einen wettbewerbsorientierten Angebotsmarkt schaffen. Dieser Prozeß ist auch
   bereits in den größeren Städten angelaufen. Damit entstehen in der unmittelbaren räumlichen und sozialen Umgebung der Kinder neue und auch unterschiedliche Interaktionsebenen, die der Bewegungssozialisation verbunden
   sind. Es wachsen und pluralisieren sich soziale Kontakte und soziale Erfahrungen im Rahmen von Spiel und Sport.

4. Neue Spiel- und Sportgeräte erhöhen die Attraktivität der Freizeit und stellen
   neue Anforderungen an das motorische Können der Heranwachsenden. Der
   Siegeszug des Skateboards gerade bei den Schulkindern im jüngeren Alter ist
   dafür ein überzeugendes Beispiel.

Kinder brauchen Bewegung –
Wer bewegt etwas für Kinder?

Podiumsdiskussion mit VertreterInnen aus Politik, Wissenschaft und Sport, der Trägerverbände und der Eltern

Abb. 1

Eine Podiumsdiskussion mit ihrer Lebendigkeit und Spannung und ihrer wechselnden Gesprächsführung schriftlich festhalten zu wollen, ist ein nur schwer zu realisierendes Anliegen. Da auch die Zuhörer in die Diskussion einbezogen waren und von der Möglichkeit, Vertreter verschiedener Institutionen zu befragen, viel Gebrauch machten bzw. selbst ihre Meinung zu bestimmten Themen äußerten, haben wir auf die Darstellung des genauen Gesprächsverlaufs verzichtet und stattdessen die während der Diskussion abgegebenen Stellungnahmen der Gesprächsteilnehmer zu einzelnen Themenbereichen zusammengefaßt.

Teilnehmer der Diskussionsrunde waren:

Klaus Bernert, Vorsitzender des Arbeitskreises Elementarerziehung der Deutschen Sportjugend

Prof. Dr. Jürgen Dieckert, Präsident des Deutschen Turnerbundes

Heidi Lindner, Bundeskinderturnwartin der Deutschen Turnerjugend

Ilse-Maria Oppermann, Vorsitzende des Bundeselternrates

Wilhelm Schmidt, MdB, Kinderbeauftragter im Bundestag
Gretel Wild, Diakonisches Werk
Anne Zehnbauer, Deutsches Jugendinstitut
Prof. Dr. Renate Zimmer, Universität Osnabrück

I. **Oppermann,** die Vorsitzende des Bundeselternrates, vertrat die Ansicht, daß Bewegungserziehung bereits im Elternhaus anfange und das Verhalten der Eltern für Kinder Vorbildcharakter habe. Was dem Kind vom Elternhaus mitgegeben werde, könne nicht ersetzt werden durch erzieherische Bemühungen anderer Institutionen.

Für den **Sportunterricht in der Grundschule** fordere der Bundeselternrat seit langem drei auch tatsächlich durchgeführte Sportstunden pro Woche: „Daß dies nicht überall praktiziert wird, wird auch von uns bedauert. Bayern ist das einzige Land, das – jedenfalls auf dem Papier – noch eine vierte Sportstunde pro Woche aufweisen kann. Unsere Forderungen liegen offiziell vor, es ist allerdings außerordentlich schwierig, sie bei den Kultus- und Finanzministerien durchzusetzen, denn dies alles kostet ja Geld. Andererseits gibt es auch tatsächlich Eltern, die auf die Barrikaden gehen, wenn Mathematik oder Englisch ausfällt und der Meinung sind, auf Sport könnte man noch am ehesten verzichten."

I. Oppermann betonte den Stellenwert der Bewegungserziehung im Rahmen einer umfassenden **Gesundheitserziehung.** Sie plädierte für die Einführung einer „aktiven Pause" in allen Regelschulen, um damit auch die Möglichkeiten der Gesundheitserziehung besser zu nutzen.

Den **Vereinen** machte sie den Vorwurf, daß sie zu leistungsbezogen arbeiten, so daß viele Kinder durch das Sieb der Leistungsanforderungen hindurch fallen würden.

Dieses Argument wurde von **W. Schmidt,** Sportsprecher und Kinderbeauftragter im Deutschen Bundestag, aufgegriffen:
„Meine erste Initiative als Kinderbeauftragter im Bundestag galt der Abrüstung im Sport, d. h. daß ich an die innere Verantwortung der Sportorganisationen appelliert habe, Kinder nicht zu früh zu Spitzenleistungen zu bringen, weil die Altersgrenzen für die Teilnahme an Welt- und Europameisterschaften z. B. so tief angesetzt sind. Ich glaube, daß hier noch eine Menge zu tun und aufzuarbeiten ist und wir müssen dabei beim Sport selbst anfangen. Genauso müssen wir natürlich auch in der Sportwissenschaft, in der Ausbildung von Erzieherinnen und Übungsleitern für eine Einsicht in die Bedeutung elementarer Bewegungsmöglichkeiten der Kinder sorgen, damit eine einseitige Orientierung auf den Leistungs- und Spitzensport wegfällt und somit vielleicht auch die ebenso einseitige Orientierung der Medien auf den Spitzensport sich verändert."
W. Schmidt versprach, sich vor allem auch auf **politischer Ebene** für die Belange von Kindern einzusetzen und die bei dem Kongreß gestellten Forderungen

in die vom Deutschen Bundestag eingesetzte Kinderkommission einzubringen. Eine Gesundheits- und Bildungsreform müsse auch mehr Spiel-, Bewegungs- und Sportmöglichkeiten für Kinder zum Inhalt haben.

G. Wild, die Vertreterin der Träger von Kindergärten, machte auf die katastrophale Situation aufmerksam, in der die Institution Kindergarten sowohl in den alten als auch in den neuen Bundesländern sich befindet. „Allein in der alten Bundesrepublik fehlen zur Zeit 500.000 Kindergartenplätze und ca. 30.000 bis 50.000 Mitarbeiterinnen. Es gibt immer häufiger die Situation, daß eine Mitarbeiterin mit 25 Kindern allein in einer Gruppe arbeitet und pro Kind nur 1,5 qm zur Verfügung stehen. Öffnungszeiten von 8.00-12.00 Uhr zwingen die Kinder dazu, vor Beginn und nach Ende des Kindergartens bei Bekannten unterzuschlüpfen, bis ihre Eltern sie dort wieder abholen können.

Dies sind Realitäten, die die Träger im Augenblick belasten. Hier wäre Bewegung für Kinder dringend nötig, sowohl im politischen als auch im wörtlichen Sinne, wie es hier während des Kongresses gefordert wird. Denn Kinder, die ein solch gespaltenes Leben zwischen verschiedenen Orten haben, keine speziell für sie hergerichteten Räume, werden auch in ihrer körperlichen Bewegung gehindert, wenn sie z. B. mit dem Auto zwischen verschiedenen Stätten hin- und hertransportiert werden müssen, weil die äußeren Umstände dies erfordern."

Hinsichtlich der Ausbildung der Erzieherinnen betonte G. Wild deren Reformbedürftigkeit, die vor allem im Rahmen der Vergleichbarkeit von Ausbildungsgängen in Europa unumgänglich sei. Schlecht ausgebildete, schlecht bezahlte Erzieherinnen, die dann auch noch aufgrund der großen Kinderzahl in den Gruppen und den schlechten räumlichen Voraussetzungen im Kindergarten ständig überfordert würden – da sei es nicht verwunderlich, wenn immer weniger junge Menschen den Erzieherberuf ergreifen würden.

Auch **A. Zehnbauer,** die Vertreterin des Deutschen Jugendinstituts, wies auf die beengten **räumlichen Voraussetzungen im Kindergarten** hin, die Kindern nur wenig Spielraum für eigenes Gestalten ließen und vor allem auch ihre Bewegungsmöglichkeiten beschränkten:

„In einem Projekt, das wir in den letzten zwei Jahren am Deutschen Jugendinstitut durchgeführt haben, waren von 29 beteiligten Einrichtungen 20, die unter sehr beengten Verhältnissen mit den Kindern leben und arbeiten."

„Aber nicht nur die äußeren Bedingungen seien ein Grund für den geringen Stellenwert der Bewegungserziehung im Kindergarten, obwohl sie doch in einem situationspädagogischen Konzept eine wichtige Rolle einnehme:

„Viele Erzieherinnen sind auch Opfer des Schulsports.

Der Schulsport ist bei ihnen oft mit sehr wenig Freude und positiver Erinnerung verbunden und so werden die Erfahrungen der eigenen motorischen Ungeschicklichkeit oder der mangelnden Fähigkeiten auch im Berufsleben schwer zu

revidieren sein. Das wirkt sich in der praktischen Arbeit mit den Kindern aus. Bei
der Diskussion um die Ausbildung von Erzieherinnen sollte man daher überlegen,
wie man ihnen positive Bewegungserfahrungen vermitteln kann. Wenn in der
Ausbildung der Erzieherinnen nun schon so vieles versäumt wurde, dann muß
eine gute Fortbildung dafür sorgen, vorhandene Mängel so gut wie möglich auszugleichen."

A. Zehnbauer forderte deswegen genügend **Fortbildungsangebote** auf dem Gebiet der Bewegungserziehung, die sie auch deswegen für wichtig hält, weil sich
pädagogische Konzepte ja auch in relativ engen Zeiträumen ändern: „Vor zwanzig
Jahren gab es die Debatte um die Vorschulerziehung und mir kommt die Debatte
um den Sport und die Bewegungserziehung in gewisser Hinsicht jetzt sehr ähnlich
vor. Allerdings wird das pädagogische Grundverständnis durch die Institutionen-
logik auch eingeschränkt: Mir berichten häufig Erzieherinnen, daß sie tobende
Kinder eigentlich für verhaltensgestört halten, das haben sie irgendwo gelernt,
denn so etwas erfindet man nicht einfach so. Ein anderer Aspekt, den ich auch für
sehr wichtig halte, betrifft die Klagen vieler Erzieherinnen darüber, daß Kinder
heute verplant sind. Ich frage mich, inwieweit der Sportverein dazu beiträgt und
natürlich auch die nicht vom Sportverein getragenen sportlichen und musischen
Angebote und auf welche Weise man erreichen kann, die Lebenswelt der Kinder
ganzheitlicher auch in dem Sinne zu machen, daß die unterschiedlichen Erfahrungsbereiche wieder näher zusammengeführt werden."

R. Zimmer plädierte für die Schaffung einer kindgerechten Umwelt. Sie trat dafür
ein, daß städteplanerische Aspekte sich stärker auch an den Bedürfnissen von
Kindern orientierten und nicht allein von den ökonomischen Zwängen und dem
Effektivitätsdenken der Erwachsenen geprägt sein dürfen. Die verlorengegange-
nen natürlichen Bewegungsräume zu ersetzen, Bewegungsfreude der Kinder zu
unterstützen und ihnen entwicklungsgemäße Bewegungs-, Spiel- und Sportangebote zu machen, das sei eine wesentliche Aufgabe der **Vereine,** deren Arbeit gerade in den unteren Altersstufen noch viel stärker unterstützt werden müsse. Auch
im **Kindergarten** und in der **Grundschule** müsse mehr als bisher berücksichtigt
werden, daß Bewegung und Wahrnehmung die Basis jeder kindlichen Entwicklung darstellen. Im Sinne einer ganzheitlichen Entwicklungsförderung dürfe Bewegung dabei im Kindergarten nicht auf festgelegte Zeiten beschränkt werden,
sondern müsse in den ganzen Tagesablauf des Kindergartenalltags integriert sein.
„Selbst in der Schule ist es ja nun nicht so, daß das Kind in der Sportstunde nur
seinen Körper trainiert und in den anderen Stunden Konzentration und kognitive
Leistungen erbracht werden. Man muß sich nur einmal vor Augen halten, wie der
Prozeß des Lesen- und Schreiben-Lernens beim Kind erfolgt, hier ist ein intaktes
Wahrnehmungssystem Voraussetzung dafür, daß ein Kind überhaupt Reize voneinander unterscheiden und verarbeiten kann. Viele sogenannte Legastheniker, die
ein b nicht von einem d unterscheiden können, haben z. B. grundlegende Schwie-

rigkeiten in der Raum-Lage-Wahrnehmung. Dies ist ein ganz elementares sensorisches Problem, das über bewegungsorientierte Maßnahmen viel besser beeinflußt werden kann als über eine nur im kognitiven Bereich angesiedelte Förderung."

Auf die Frage, was ihr hinsichtlich der Kindergartensituation am meisten am Herzen liege, ging R. Zimmer vor allem auf die **Ausbildung der Erzieherinnen** ein. „Das in den Ausbildungsrichtlinien ausgewiesene Fach Sport bzw. Bewegungserziehung heißt in den meisten Fällen, daß Erzieherinnen hier Gelegenheit haben, selber Sport zu treiben. Das ist zwar für sie sehr wichtig, aber es muß zusätzlich auch die Umsetzung auf die Arbeit mit Kindern geben. Erzieherinnen müssen darüber Erfahrungen gesammelt haben, wie sie die Bewegungserziehung in die alltägliche Arbeit mit Kindern einbeziehen können und das kann man nicht mit zwei Stunden in einem Wochenplan erfüllen. Neben diesen quantitativen Aspekten müssen wir aber auch über die qualitative Seite der Ausbildung sprechen. Und das betrifft sowohl die Ausbildung von Erzieherinnen und Lehrern als auch die Sport- und Bewegungserziehung im Kindergarten und in der Schule. Es reicht nicht, daß wir immer nur mehr Sportstunden fordern. Ich hatte ein Schlüsselerlebnis im Rahmen meiner Kämpfe um die dritte und weitere Sportstunden und im Zusammenhang mit meinen Vorstellungen vom Sportförderunterricht. Da sagte mir ein 8jähriger Junge: „Wenn es noch eine Stunde mehr Sport in der Schule gibt, dann habe ich noch eine Stunde mehr, wo ich mich blamieren kann und wo ich Angst haben muß, da sind mir schon 2 Stunden zuviel." Der Ruf nach quantitativer Verbesserung der Bewegungs- und Sportangebote trifft also unsere Forderungen nur zum Teil. Es kommt zusätzlich auf die Qualität der Angebote an und hierzu sind sowohl neue Ausbildungskonzepte als auch ein Umdenken der Sportlehrer erforderlich.

Ich hoffe, daß dieser Kongreß gezeigt hat, daß wir nicht missionarisch für Sport kämpfen, sondern für Kinder. Und zu den Kindern gehören Bewegung und auch elementare Formen des Sports ganz natürlich dazu, sie sind notwendig, um ihre ganzheitliche Entwicklung zu fördern, aber sie sind auch Ausdruck von Lebensfreude und Lebenslust und gehören daher in jede Institution, die sich die Erziehung von Kindern zur Aufgabe macht."

Auf die Frage, wie sich denn das Kinderturnen der Vereine auf die neuen Anforderungen, die an die Organisatoren einer kindorientierten Bewegungserziehung gestellt wurden, einstellen, äußerte **H. Lindner,** die Bundeskinderturnwartin der Deutschen Turnerjugend, daß sich auch hier in den letzten Jahren ein Wandel vollzogen habe. So seien Konzepte für das Eltern-Kind-Turnen, das Kleinkindturnen und das Kinderturnen erstellt worden und diese Konzepte zeichnete eine vielseitige, spielerische und kindgerechte Gestaltung aus. An die Stelle der Ausrichtung auf eine Sportart trete die ganzheitliche Förderung.

H. Lindner räumte allerdings auch ein: „Die Konzepte gibt es, wir sind aber ehrlich genug zu sagen, daß es noch ein bißchen an der Umsetzung in die Praxis fehlt. Hier allerdings brauchen wir einfach mehr Hilfe von außen, vor allem in finanzieller Hinsicht, denn die Turnerjugend arbeitet ehrenamtlich und auf dieser Ebene ist einfach nicht mehr zu leisten und auszubauen." Hinsichtlich der Kooperation von Kindergärten und Vereinen verwies sie auf einzelne Gemeinden und Städte, wo ein intensives Zusammenarbeiten erfolge und z. B. ganze Kindergruppen an Vor- und Nachmittagen in Turnhallen von Übungsleitern mit entsprechender Ausbildung betreut würden.

Noch seien dies jedoch vereinzelte Beispiele, die einer Ausweitung bedürften. Solange jedoch der Stellenwert der Arbeit mit Kindern so gering eingeschätzt würde wie bisher, würden viele Vereinsfunktionäre weiter behaupten: „Dieses bißchen Rumspielen mit den Kindern, das kann doch jede Mutter. Da müßte sich doch eine Frau finden lassen, die selbst gerade Kinder in dem Alter hat und dann wird das schon irgendwie laufen." Auf der anderen Seite würden z. B. Trainer der A- oder B-Jugend im Fuß- oder Handball weitaus höher honoriert und auch ihre Forderungen bezüglich weiterer Übungszeiten schneller erfüllt: „Die Kinderabteilungen dagegen werden immer an die Seite gedrängt, Übungsleiter müssen sogar um kindgerechte Zeiten kämpfen, sie bekommen Hallenstunden zugewiesen zwischen 19 und 20 Uhr, weil die Erwachsenen zu dieser Zeit vor dem Fernseher sitzen."

Aus der Sicht der Bundeskinderturnwartin kann Kooperation auch heißen, mit Erzieherinnen gemeinsam dafür zu kämpfen, daß das Gemeindehaus geöffnet wird und nicht der Hausmeister dort regiert, sondern die Erzieherinnen. „Wir sind gemeinsam dazu bereit, im Jugendhilfeausschuß dafür zu plädieren, daß Turnhallen nicht nach Leistungssportkriterien gebaut werden und daß man Bündnispartner wird im politischen Feld und natürlich auch in der konkreten Arbeit mit Kindern.

Die Turnerjugend ist gegen Kinderverbiegen, aber dafür, daß sich Kinder bewegen. Wir haben aber auch zu kämpfen gegen Eltern, die negative Vorerfahrungen in ihrer eigenen Schulzeit gesammelt haben, wo Sport nur unbequem war, keinen Spaß machte und schon durch die Zensuren leistungsorientiert war.

Die Kinder, die wir in den Vereinen haben, kommen meistens eher von Eltern, die selbst sportlich interessiert sind, dabei würden wir uns gerne auch um die anderen Kinder kümmern, die den Sport aufgrund ihres familiär bedingten Bewegungsmangels besonders nötig haben."

Im Hinblick auf die Kooperation zwischen Sportverein und Kindergarten äußerte **K. Bernert,** der Vorsitzende des Arbeitskreises Elementarerziehung der Deutschen Sportjugend: „Ich habe seit Jahren den Eindruck, daß es ganz erhebliche Aversionen der Erzieherinnen gegenüber dem Sport gibt. Ich verstehe dies, denn so, wie sich der Vereinssport darstellt, muß man einfach manchmal auch vorsichtig gegenüber dem Sport sein. Wenn es allerdings um die fachspezifischen Angebote der Vereine geht frage ich mich jedoch, ob es wirklich so verwunderlich ist, wenn ein Kind sich in einem Fußballverein anmeldet, daß es dann auch tatsächlich Fußball spielen will oder ausschließlich Fußball und nichts anderes."

Kritik gab es vor allem hinsichtlich der Sportstätten, bei deren Konzeption man sich in erster Linie den Anforderungen des Leistungssports und des Wettkampfes unterwerfe. **J. Dieckert,** der Präsident des Deutschen Turnerbundes, setzt sich vor allem dafür ein, daß der **Sportstättenbau** auch den „Ansprüchen normaler Menschen" gerecht werde: „Wer sich die Sportstätten der Universität Oldenburg anschaut, wird feststellen, daß diese ganz anders aussehen, als es üblicherweise der Fall ist. Wir haben sie unter humanökologischen Gesichtspunkten gebaut, wir haben gegen die Deutsche Industrienorm ständig verstoßen, weil wir meinen, daß zunächst der Mensch im Mittelpunkt unseres Sports ist und nicht die Kriterien des Wettkampfsports." Diese Sportstätten, die noch Modellcharakter besitzen, müßten nach Dieckerts Meinung Regelfall werden. Anstelle großer Betonbunker und Laborstätten für den Sport sollten Stätten, die einer „Kinderverträglichkeitsprüfung" standhalten, gebaut werden.

„Wir müßten aber auch die Frage stellen, ob unser Verkehr auf den Straßen, ob die Wohnungen und Siedlungen kinderverträglich sind. Der Deutsche Turnerbund wird sich selbstverständlich dafür einsetzen, daß auf dem kommunalen Sektor nicht nur die Spiel- und Bewegungsräume kinderverträglich gebaut werden, sondern auch darüber hinaus unsere Umwelt und Wohnwelt genauso einer Kinderverträglichkeitsprüfung standhält."

Dieckert bemängelte, daß die Ansprechpartner, die die Verantwortung für eine einseitige und zweckrationale Sportstättenplanung in Form „steriler Betonbunker" tragen, nicht anwesend seien. Ebenso vermißte er „diejenigen, die immer nur an ein Sicherheits- und Versicherungsbedürfnis denken und die uns ein Unfallverhüterligerät nach dem anderen bauen und irgendwo hinstellen. Das ist auch eine ganz fragwürdige Entwicklung, gegen die wir uns wehren sollten."

„Ich habe durch meine Biographie die Möglichkeit gehabt, drei Jahre Gastarbeiter zu sein in einem Lande, das man als ein ‚Dritte-Welt-Land' bezeichnet und ich habe gesehen, wie Kinder in Slums spielen, wie sie aus nichts viel machen. Ich habe dabei unendlich viel von den Kindern gelernt. Ich habe auch viele Monate bei einem ‚steinzeitlichen' brasilianischen Indianerstamm gelebt und habe erlebt, daß diese Kinder Flickflack springen, Salto vorwärts machen, auf den Händen gehen, da war also nicht der F. L. Jahn vorher gewesen und hat ihnen das vermittelt, die Kinder haben sich das selbst beigebracht.

Ich meine damit, daß wir auch vor unserer eigenen Tür kehren sollten. Wir sollten mehr auf die Kinder schauen, die ihr Methodikbuch im Kopfe haben, obwohl sie noch nicht lesen können. Aus ihrer Kreativität, aus ihrem Wunsch sich weiterzuentwickeln, können wir gutmeinenden Pädagogen und Lehrer viel mehr machen, auch wenn die Voraussetzungen in den Turnhallen so schlecht sind, die Politiker und die Medien nicht so wollen wie wir. Wir sollten wohl hier das Klagelied anstimmen, aber andererseits auch bei uns selbst schauen, ob wir nicht da etwas verbessern könnten."

Forderungen, die zum Abschluß des Kongresses formuliert wurden:

1. Kindgerechte Gestaltung der Lebensumwelt, Schaffung von ausreichendem Spiel- und Bewegungsraum für Kinder, im Wohnungsraum und bei der Städteplanung.
2. Alltägliche Bewegungsangebote im Kindergarten; Förderung ganzheitlicher Erziehung; Bewegung muß Basis der frühkindlichen Erziehung werden.
3. Stärkere Berücksichtigung der kindlichen Bewegungsbedürfnisse bei der Raumplanung, der Gestaltung der Außenflächen und der Material- und Geräteausstattungen im Kindergarten.
4. Verbesserung der Ausbildungssituation von Erzieherinnen – Stellenwert der Bewegungserziehung muß entsprechend ihrer Bedeutung für die Persönlichkeitsentwicklung des Kindes erfüllt werden.
   Erweiterung der Fortbildungsangebote.
5. Unterstützung der Sportorganisationen, die Angebote für Kinder machen (mehr und zeitlich günstigere Hallenzeiten für Kinder, geringere Gruppenstärken etc.).
6. Verbesserung der Übungsleiteraus- und -fortbildung, um die vorliegenden Konzeptionen offener Bewegungserziehung und kindgerechter Sportangebote zu realisieren.
7. Berücksichtigung der kindlichen Bewegungsbedürfnisse auch im Sportstättenbau und bei der nachträglichen Ausstattung vorhandener Sporthallen.
8. Förderung der Zusammenarbeit von Kindergärten, Sportvereinen und Grundschulen, um pädagogische und fachliche Konzepte auszutauschen und sich auch bei organisatorischen Problemen gegenseitig unterstützen zu können.

Literatur:

AGEF (Arbeitsgemeinschaft für Familienbildung) Bonn 1986
AHR, B.: „Babyschwimmen – eine Anleitung zum Mitmachen". Stuttgart: Thieme 1989
ALTHERR, P.: Das hyperkinetische Syndrom des Kindesalters aus kinderpsychiatrischer Sicht. In: Zeitschr. Haltung und Bewegung 2, 1989
ARBEITSGRUPPE Vorschulerziehung (Hrsg.): Curriculum Soziales Lernen. München: Kösel 1980
AUTORENKOLLEKTIV: Körpererziehung in der ganztägigen Bildung und Erziehung. Berlin (Ost) 1986
AUTORENKOLLEKTIV: Sport im Schulhort. Berlin (Ost) 1987
AYRES, A.J.: Lernstörungen. Sensorisch-integrative Dysfunktionen. Berlin/Heidelberg/ New York 1979
AYRES, A.J.: Bausteine der kindlichen Entwicklung. Berlin: Springer 1984
BAUERMEISTER, H.: „In der Badewanne fängt es an", München: Copress 1984[9]
BECK, M./EITEL, W. (Red.): Kinderturnen ist vielseitig. Essen 1980
BECKER-TEXTOR, I.: Kreativität im Kindergarten. Freiburg: Herder 1988
BERGEMANN, M.: Leibeserziehung im Vorschulalter. München: Juventa 1974
BLECKMANN, D./DACHALE, H.: Manege frei, wir sind dabei: Zirkusspiele in Kindergruppen. Offenbach 1988
BLUMENTHAL, E.: Vorschulturnen an Geräten. Schorndorf: Hofmann 1974
BRESGES, L.: „Schwimmen im 1. und 2. Lebensjahr", München: Kösel 1973
BRODTMANN, D. (Hrsg.): Unterrichsmodelle zum problemorientierten Sportunterricht. Reinbek: Rowohlt 1984
BRODTMANN, D.: Sportunterricht und Schulsport. Bad Homburg: Klinkhardt 1984
BRONFENBRENNER, U.: Die Ökologie der menschlichen Entwicklung. Stuttgart: Klett 1981
BUCHER, W. (Red.): 1001 Spiele und Übungsformen im Schwimmen, Schorndorf: Hofmann 1987[4]
BÜCHNER, P.: Verplant, vermarktet, verzogen. Kindsein heute ist anders. In: Welt des Kindes, 63 (1985), 6,
BÜHLER, CH.: Kindheit und Jugend, Leipzig 1928
BÜHRLE, M. (Hrsg.): Grundlagen des Maximal- und Schnellkrafttrainings, Schorndorf: Hofmann 1985
BÜHRLE, M.: Maximalkraft-Schnellkraft-Reaktivkraft, Kraftkomponenten und ihre dimensionale Struktur. In: Sportwissenschaft 19 (1989),
BUNDESARBEITSGEMEINSCHAFT zur Förderung haltungsgefährdeter Kinder und Jugendlicher e.V. (Hg.): Lehr- und Arbeitsbuch Sonderturnen, Bonn 1979
BUNDESARBEITSGEMEINSCHAFT: Sportförderunterricht – aus der Praxis für die Praxis – Mainz 1988
BUTTE, A.: Etwas bewegt sich: Schule macht Zirkus – Zirkus macht Schule. In: Lehrhilfen für den Sportunterricht 38 (1989) 7, 97- 99; 8, 123-128; 9, 143-144; 10, 157-160.
BUYTENDIJK, F.J.J.: Das Fußballspiel. Eine psychologische Studie. Würzburg 1952
CHEREK, R.: Babyschwimmen als Entwicklungsanregung bei behinderten und unbehinderten Kindern. In: Motorik 4 (1981), 4, 150-159
CHEREK, R.: Schwimmen als Therapie. In: Praxis der Psychomotorik, 7 (1982), 2, 41-49

CHEREK, R.: Entwicklungsanregung bei gesunden und behinderten Kleinkindern durch „Schwimmen mit Oberarmauftriebshilfen". In: Praxis der Psychomotorik 8 (1983), 3, 81-86

CHEREK, R.: Exogene Reize des Wassers. In: Praxis der Psychomotorik 9 (1984a), 2, 40-50

CHEREK, R.: Psycho- und sensomotorische Übungen im Wasser als Prävention und Rehabilitation. In: Krankengymnastik 36 (1984b), 3, 157-164, 4, 238-248

CHEREK, R.: Säuglingsschwimmen – Methodische Ansätze. In: Praxis der Psychomotorik 10 (1985), 2, 45-47

CHEREK, R.: Frühförderung im Wasser. In: Frühförderung interdisziplinär 7 (1988), 4, 157-160

CHEREK, R.: Im tiefen Wasser schwimmen lernen. In: Sportpraxis 30 (1989a), 2, 45-48, 3, 9-12

CHEREK, R.: Körperwahrnehmung im Wasser. In: Praxis der Psychomotorik 14 (1989b), 2, 80-86

CHEREK, R.: Wahrnehmungsförderung durch Säuglings- und Kleinkinderschwimmen. In: Motorik 13 (1990), 1, 23-29

CHEREK, R.: Materialien zur Wassertherapie. In: Praxis der Psychomotorik 16 (1991), 2

CICURS, H.: Lehren und Lernen im Vorschulalter. Heft 2 der Schriftenreihe des Osnabrücker Turnerbundes. Osnabrück 1979

CICRUS, H./HAHMANN, H.: Lehr- und Arbeitsbuch – Sondernturnen - Biologisch-medizinische Grundlagen und Lehrinhalte für gezielte Bewegungs- und Haltungserziehung. Bonn: Dümmler 1982

CHRISTENSEN, N./LAUNER, I.: Ziele und Aufgaben der Erziehung und Bildung im Kindergarten (1960), 6,

CLAUSMEYER, I.: Gebundene Tanzformen – Internationale Kindertänze. In: ZIMMER, R. (Hrsg.): Spielformen des Tanzens. Dortmund: Modernes Lernen 1990²

CLEVENGER, C.: „Baby-Schwimmen – Spielend im Wasser lernen", München: Goldmann 1988

CRASSELT, W./FORKEL, J./STEMMLER, R.: Zur körperlichen Entwicklung der Schuljugend in der DDR, Leipzig: Barth 1985

DANNHAUER, G./LIEBISCH, R.: Zirkus „SONTURRZO" - Sportförderunterricht – ein Ort für zirzensische Lerninhalte? In: Haltung und Bewegung (1988) 3, 4-30

DANNHAUER, G./LIEBISCH, R.: Bewegung hält die Füße fit - Kindgemäße Gesundheitserziehung am Beispiel der Füße. In: Haltung und Bewegung (1990), 2, 7-17

DEMBINSKI, F.: Schulung der Kraft im Elementarbereich. In: Haltung und Bewegung (1988), 4, 41-44

DEUTSCHE SPORTJUGEND (Hrsg.): Zur Situation der Bewegungserziehung in Kindergarten und Verein. Frankfurt 1979

DEUTSCHE SPORTJUGEND (Hrsg.): Frühkindliche Bewegungserziehung. Frankfurt 1983

DEUTSCHE SPORTJUGEND (Hrsg.): Bewegungserziehung für 0- bis 6-jährige. Frankfurt 1985

DEUTSCHER TURNERBUND (Hrsg.): Kinderturnen. München: BLV 1984

DEUTSCHE TURNERJUGEND (Hrsg.): Eltern-Kind-Turnen. Zusatzlizenz; Lehrgangskonzept und Arbeitsmaterialien, Celle 1987

DEUTSCHE TURNERJUGEND (Hrsg.): Ausbildungslehrgang für Übungsleiterinnen mit dem Schwerpunkt Kinderturnen, Frankfurt 1991

DIEM, L.: Sport für Kinder. München 1973

DIEM, L.: Sport im 1. bis 3. Lebensjahr. München: Kösel 1974

DIEM, L.: Spiel und Sport im Kindergarten. München: Kösel 1980

DOUGLAS, V.: Stop – look – and listen! The Problem of Sustained Attention and Impulse Control in Hyperactive and Normal Children. Canadian Journ. Behaviour Science 4, 1972, 259-281

DORDEL, S.: Bewegunsförderung in der Schule, Dortmund: Modernes Lernen 1987

DUNKEL, U.: Einfluß von Störvariablen auf die Körperkoordination bei hyperaktiven Kindern unter besonderer Berücksichtigung von Nahrungsmittelüberempfindlichkeits-reaktionen. Ex.- Arb. Sport-Dipl. Universität Frankfurt 1987

EGGERT, D./KIPHARD, E.J.: Die Bedeutung der Motorik für die Entwicklung normaler und behinderter Kinder, Schorndorf: Hofmann 1973

EHNI, H. u.a.: Kinderwelt – Bewegungswelt. Velber: Friedrich 1982

EHNI, H./KRETSCHMER, J./SCHERLER, K.: Spiel und Sport mit Kindern. Reinbek: Rowohlt 1985

EHRICH, M.: Stundenbilder zur Bewegungserziehung, Wolfenbüttel 1984[2]

FAHNEMANN: Die großen Wasserspiele, Bockenem: Fahnemann 1981

FINK-KLEIN, W./PETER-FÜHRE, S./REICHMANN, I.: Rhythmik im Kindergarten. Freiburg: Herder 1987

FISCHER, K.: Psychomotorik und Frühförderung. In: Motorik 14 (1991), 1

FÖLSCH, K.: Spielturnen – eine Anregung zum Turnen im Kindergarten und in den unteren Grundschulklassen, Leipzig 1929

FRIELE, K.: „Babyschwimmen", theoretische Grundlagen des Säuglingsschwimmens, Privatverlag 1989, Bezug: Peter Dubowy, Ostpreußenstr. 56, 6470 Büdingen 1

FUNKE, J.: Sportunterricht als Körpererfahrung. Reinbek: Rowohlt 1983

FUNKE-WIENEKE, J.: Ringen und Raufen. In: Sportpädagogik 12 (1988), 4

GASCHLER, P.: Sportförderunterricht im Schulkindergarten. In: Haltung und Bewegung (1990), 4

GASS-TUTT, A.: Fröhliches Tanzen im Kindergarten. Freiburg: Herder 1989

GEBHARDT, M.: Auch das ist Turnen. In: Turnblatt aus Schwaben 39 (1989), 18

GRAUMANN/PFLESSER: Zielgerichtete Wassergewöhnung, Celle: Pohl 1981

GRAUMANN/PFLESSER: Baden auf Fahrten und Wanderungen, Flintbek: Pflesser 1983

GROßE-JÄGER, H.: Freude an Musik gewinnen. Freiburg: Herder 1983

GRUPE, O.: Bewegung, Spiel und Leistung im Sport. Schorndorf: Hofmann 1982

HAASE, J.: Spiele im am unter Wasser, Berlin: 1986[3]

HAHMANN, H./ZIMMER, R.: Bewegungserziehung in Kindergarten, Vorschule, Elternhaus und Verein. Bonn: Dümmler 1987[2]

HAMBURGER TURNERJUGEND (Hrsg.): Bewegungserziehung im Vorschulalter, Heft 5, Hamburg 1986

HAUSMANN, G.: Zur Indikation des Säuglings-, Kleinkinder- und orthopädischen Schwimmens, unveröffentlichtes Manuskript

HEBENSTREIT, S.: Einführung in die Kindergartenpädagogik. Stuttgart: Klett 1980

HELLBRÜGGE, Th./DÖRING, G.: Die ersten Lebensjahre. München: Knaur 1981

HELLMICH, H.: „Schwimmen im 3. und 4. Lebensjahr", München: Kösel 1974

HERM, S.: Psychomotorische Spiele für Kleinstkinder in Krippen, FIPP Berlin, 1991[8]
HESS. SOZIALMINISTER (Hrsg.): Bewegung und Spiel im Kindergarten. Wiesbaden: Selbstverlag 1983
HESS. SOZIALMINISTER: Vorläufige Richtlinien Frühförderung in Hessen. Wiesbaden 1987
HETZER, H.: Das volkstümliche Kinderspiel, Wien 1927
HEUBELT, G./CICURS, H.: Sportkindergarten des Osnabrücker Turnerbundes. In: Deutscher Turner-Bund (75/76), S. 51
HUNT-NEWMAN, B.: „So lernen kleine Kinder schwimmen", München: Goldmann 1967
HÖHNE, E.: Wie verbessern wir die Körpererziehung im Kindergarten? In: Neue Erziehung im Kindergarten (1956), 1
HÖHNE, E.: Noch einmal zum Spielturnen. In: Neue Erziehung imKindergarten (1956), 13
HOLLMANN, W.: Alter, Gesundheit, Sport, Vortrag Münster 1991
HOYER, K. (Hrsg.): AOL – Zirkus. Lichtenau 1986
IMKE, M.: Wirkung einer differenzierten, physischen Langzeitbelastung auf Leistungsparameter bei einer Extremgruppe vom Typ I-Diabetikern. Diss. (A) Greifswald 1989
IDIS (Institut für Dokumentation und Information über Sozialmedizin und öffentliches Gesundheitswesen): Dokumentation der schulärztlichen Untersuchung – Gesamtheit – 1988. Bielefeld 1989
INSTITUT für Sportwissenschaft der TH Darmstadt (Hrsg.): Die Vereine im Deutschen Turner-Bund. Ergebnisdokumentation. Darmstadt 1990
JOERES, U./WEICHERT, W.: Schwimmen – Bewegen und Spielen im Wasser, Reinbek: Rowohlt 1987
KAHLERT-REBY, J./MIEDZINSKI, K.: Physik spüren. In: Grundschule 20 (1988), 3, 30-33
KAUTTER, H. u.a.: „Das Kind als Akteur seiner Entwicklung", Heidelberg 1988
KELLER, St.: Die Intensivierung der Körpererziehung im Vorschulalter durch Umgestaltung der Turnbeschäftigung zur Sportstunde. Dissertation, Martin-Luther-Universität Halle – Wittenberg, 1965
KELLER, St. u.a.: Körpererziehung im Kindergarten, Berlin 1989[6]
KEMPER, F.-J.: Motorik und Sozialisation. Bad Homburg: Limpert 1982
KIPHARD, E.J.: Motopädagogik, Dortmund 1980
KIPHARD, E. J.: Bewegungsauffälligkeiten bei Kindern. In: Turnen und Sport, Heft 9 (1985 ff.)
KIPHARD, E. J.: Das Problem der Hyperaktivität aus motopädagogischer Sicht. In: Motorik 11, 1, 1988
KIPHARD, E. J.: Unser Kind ist ungeschickt. München 1989[3]
KLEINKE, Chr.: Sprechreime und Singspiele. In: ZIMMER, R. (Hrsg.): Spielformen des Tanzens. Dortmund: Modernes Lernen 1990[2]
KRETSCHMER, J.: Sport und Bewegungsunterricht 1 – 4. München: Urban & Schwarzenberg 1981
KRIESEL, M. u. U.: Kinderturnen, Berlin 1955
KRIESEL, M. u. U.: Spielturnen im Freien, Berlin 1959
KRÜGER, F.-W.: Der Bereich 'Sport'in der Ausbildung von Erziehern, Ahrensburg: Czwalina 1985
KRÜGER, F.-W.: Alternative Materialien für Bewegung, Spiel, Sport in Kindergarten,

Heim, Hort. In: Praxis der Psychomotorik (1988), 2, 64-69
LANDESSPORTBUND NW e.V. (Hrsg.): Lehrgangs- und Bildungsplan 1991, Duisburg 1991
LASCHNER, W.: Orthopädische Aspekte bei der Bewegungserziehung im Vorschulalter. In: Schwäbischer Turnerbund (Hrsg.): Bewegungserziehung im Vorschulalter. Schorndorf: Hofmann 1976
LEWIN, K.: Turnen im Vorschulalter, Berlin 1965
LIEBISCH, R.: Übungen zur Vorbeugung von Haltungsschwächen. In: Haltung und Bewegung (1989), 4
LINDNER, H./STEIN, G.: Bewegungsgeschichte „Eisenbahn, Eisenbahn". In: Hier bewegt sich was, Neumünster: Pipo 1990
LORENZ, K.-H./STEIN, G.: Eltern-Kind-Turnen, Bewegung und Spiel miteinander erleben, Celle: Pohl 1988
MAIER, H.: Drei Theorien der Kindheitsentwicklung. New York: Harper & Row 1983
MARTIN, D.: Training im Kindes- und Jugendalter. Studienbrief 23, Schorndorf: Hofmann 1988
MERSCH, F.: Maximalkraftveränderungen im präpuberalen Kindesalter. Diss. FU Berlin 1987
MERTENS, K./WASMUND-BODENSTEDT, U.: 10 Minuten Bewegung, Dortmund: Modernes Lernen 1987
MERZ, Chr.: Was Kinder bewegt. Geschichten vom Zusammenleben in 4 Bänden. Freiburg: Herder 1989[4]
MIEDZINSKI, K.: Die Bewegungsbaustelle. Dortmund: Modernes Lernen 1983
MINISTERIUM für Arbeit, Gesundheit und Soziales (Hrsg.): Didaktisches Konzept für den Sport im Kindergarten. Düsseldorf 1975
MINISTERIUM für Arbeit, Gesundheit und Soziales (Hrsg.): Kindergarten. Düsseldorf 1986
MÖNKEMEYER, K.: „Schon Babys schwimmen mit Vergnügen", Reinbek: Rowohlt 1988
MÜLLER, H./OBERHUEMER, P.: Kinder wollen spielen. Freiburg: Herder 1986
MUTSCHLER, D.: „Du bist ja noch ein Kind!" Plädoyer für die Würde des Kindes. In: Welt des Kindes, 64 (1986), 1
NIEWERTH, H./LÜTKEMOMERT, M.: „Wassergewöhnung mit Kleinkindern", Celle: Pohl 1988
NICKEL, U.: Kinder brauchen ihren Sport, Celle: Pohl 1990
ORLICK, T.: Kooperative Spiele. Weinheim: Beltz 1982
ORLICK, T.: Neue kooperative Spiele. Weinheim: Beltz 1985
PABURSKI, St.: Das Spielturnen bereitet noch Schwierigkeiten. In: Neue Erziehung im Kindergarten (1957), 1, 12
PIAGET, J.: Das Erwachen der Intelligenz beim Kinde. Stuttgart: Klett 1969
PIAGET, J.: Die Entwicklung des Erkennens, Stuttgart: Klett 1973
PICKLER, E.: Laßt mir Zeit, München 1988
REGEL, G. (Hrsg.): Kindgemäßes Lernen im Vorschulalter. Rissen: EBV 1990
REGEL, G./WIELAND, A. J. (Hrsg.): Psychomotorik im Kindergarten, Bd. I und II, Rissen: EBV 1984
REIBER, H. (Red.): Bewegungserziehung im Vorschulalter. Wetzlar 1985
REICHENBACH, M.: Zu einigen Problemen des Turnens im Kindergarten. In: Neue Erzie-

hung im Kindergarten, (1960), 11, 3

REICHENBACH, M.: Bemerkungen zur Diskussion. In: Neue Erziehung im Kindergarten (1961), 3, 10

RACZEK, J.: Probleme und Methoden der Motorikforschung im Kindes- und Jugendalter. In: Leistungssport 17, 1987

REMSCHMIDT, H./SCHMIDT, M. (Hrsg.): Multiaxiales Klassifikationsschema für psychiatrische Erkrankungen im Kindes- und Jugendalter. Bern 1986

SALINGER-PERLS, T.: Gymnastische Spiele für die Kleinen, Dresden 1930

SCHEID, V./PROHL, R.: Kinder wollen sich bewegen. Dortmund: Modernes Lernen 1988

SCHEID, V.: Bewegung und Entwicklung im Kleinkindalter. Schorndorf: Hofmann 1989

SCHEID, V./PROHL, R.: Die Entwicklung der frühkindlichen Motorik – ein Gemeinschaftsprojekt. In: Praxis der Psychomotorik 11, 4, 1986

SCHERLER, K.: Sensomotorische Entwicklung und materiale Erfahrung, Schorndorf: Hofmann 1975

SCHERLER, K.: Bewegung und Spiel in der Eingangsstufe. In: Die Grundschule. 1976, 1

SCHICK, E.M.: Bewegungserziehung in der Familie. Schorndorf: Hofmann 1981

SCHILLING, F.: Ansätze zu einer Konzeption der Mototherapie. In: Motorik 9 (1986), 59-67

SCHMIDT-KOLMER, E.: Bewegungserziehung, Bildnerische Erziehung, Berlin 19893

SCHMIDTBLEICHER, D./GOLLHOFER, A./FRICK, U.: Auswirkungen eines Tiefsprungtrainings auf die Leistungsfähigkeit und das Innervationsverhalten der Beinstreckmuskulatur. In: Deutsche Zeitschrift für Sportmedizin 38 (1987), 389

SCHNABEL, E.: Die körperliche Erziehung. In: Neue Erziehung im Kindergarten (1957), 3, 12

SCHNEID, K.: Selbstkonzeptförderung als grundlegende Erziehungsaufgabe. In: Pädagogische Welt 41 (1987) 1

SCHÜTZ, B.: „Wassergewöhnung für Kinder im 1. und 2. Lebensjahr", Privatverlag, Düsseldorf

SCHULZ, H./PFEIFFER, L./KALB, G.: Turnen und Spielen mit Musik für Kinder im Elementar- und Primarbereich. Celle 1978

SCHULZE, E.: Freude und Interesse am Turnen wecken. In: Neue Erziehung im Kindergarten (1956), 13, 15

SIDENBLADH, E.: „Wasserbabys", Essen: Synthesis 1983

SPORTJUGEND NW (Hrsg.): Sport im Elementarbereich – Ein Grundsatzpapier der Sportjugend NW – Duisburg 1988

STEINMANN, W.: Krafttraining im Sportunterricht. Ahrensburg: Czwalina 1988

STÜBING, A./TREESS, U.: Sporterziehung im Vorschulalter. München: Juventa 1975

TREESS, H./TREESS, U.: Vorschulisches Bewegungsspiel – Erziehung als sozialtherapeutische Aufgabe. In: Sportunterricht (1976), 3

UNGERER-RÖHRICH, U. u.a.: Praxis sozialen Lernens im Sportunterricht. Dortmund: Borgmann 1990

UNGERER-RÖHRICH, U.: Die Vereinsanalyse: Angebote im Verein. In: Deutsches Turnen (1990), 5

VAN DOORN-LAST, F.: Die Welt tanzt. Seelze: Kallmeyer'sche Verlagsbuchhandlung. o. J.

VIEBEG, E.: Einige Anregungen zum Spielturnen. In: Neue Erziehung im Kindergarten (1956), 21, 14

VOGT, U.: Die Motorik 3-6jähriger Kinder. Schorndorf: Hofmann 1978
VOLKAMER, M./ZIMMER, R.: Kindzentrierte Mototherapie. In: Motorik 9 (1986), 2, S. 49-58
VOLKAMER, M.: Von der Last mit der Lust im Schulsport – Probleme der Pädagogisierung des Sports. Schorndorf: Hofmann 1987
VOLKAMER, M./ZIMMER, R.: Vom Mut, trotzdem Lehrer zu sein. Schorndorf: Hofmann 1990[2]
WAEGNER, N.: „Kinderschwimmschule", Stuttgart 1972
WASMUND-BODENSTEDT, U.: Tägliche Bewegungszeit in der Grundschule. Ein offenes Bewegungskonzept für Spiel und Sport. Schondorf: Hofmann 1984
WASMUND-BODENSTEDT, U.: Film: „Tägliche Bewegungszeit in der Grundschule". Institut für Film und Bild in Wissenschaft und Unterricht (FWU), Nr. 3233369
WEIMANN, R.: Anregungen für eine Stundengestaltung im SFU mit dem Schwerpunkt „Entwicklung des Körperbewußtseins". Haltung und Bewegung Heft 4/1983
WERWICK, M.: Wenn Gegen-Teile geeint werden. In: Welt des Kindes 68 (1990) 6, S. 7-11
WILKE, K.: Schwimmsport Praxis, Reinbek: Rowohlt 1988
ZIMMER, R.: Motorik und Persönlichkeitsentwicklung bei Kindern im Vorschulalter. Schorndorf: Hofmann 1981
ZIMMER, R.: Sport in Vorschule und Kindergarten. In: Carl, K./Kayser, D./Mechling, H./ Preising, W. (Hrsg.): Handbuch Sport, Bd. 2, Düsseldorf: Schwann 1984
ZIMMER, R.: Die Bedeutung der Bewegungserziehung für die Entwicklung der Persönlichkeit. In: Kalb, G./Neuhöfer, F. (Red.): Bewegungserziehung für 0-6jährige, Frankfurt 1986
ZIMMER, R.: Sport und Spiel im Kindergarten. Stuttgart: Klett 1988[3]
ZIMMER, R. (Hrsg.): Spielformen des Tanzes. Vom Kindertanz bis Rock'n Roll. Dortmund: Modernes Lernen 1990[2]
ZIMMER, R.: Kreative Bewegungsspiele. Psychomotorische Förderung im Kindergarten. Freiburg 1990[2]
ZIMMER, R. u. a.: Bewegung, Sport und Spiel mit Kindern. Lehr- und Lernmaterialien zur frühkindlichen Bewegungserziehung. Aachen: Meyer & Meyer 1990
ZIMMER, R./CICURS, H.: Psychomotorik. Schorndorf: Hofmann 1990[2]
ZIMMER, R./CLAUSMEYER, I./VOGES, l.: Tanz – Bewegung – Musik. Situationen ganzheitlicher Erziehung im Kindergarten. Freiburg: Herder 1991

Kinder brauchen Bewegung, brauchen Kinder Sport?

Die **Deutsche Sportjugend** (dsj) hat mit dieser Frage erneut einen Teil ihrer Arbeit öffentlich zur Diskussion gestellt. Der Kongreß in Osnabrück ist nur ein Beispiel für die partnerschaftliche Zusammenarbeit, die die dsj mit Wissenschaft und Forschung, mit gesetzgebenden Organen und politischen Parteien sowie anderen gesellschaftlichen Gruppen pflegt. Beim Kongreß waren dies: die Universität Osnabrück, der Deutsche Turnerbund, Vertreter des Sportausschusses im Bundestag, des Deutschen Jugendinstituts, des Bundeselternrates sowie 600 ErzieherInnen und SozialpädagogInnen sowie Menschen aus benachbarten Berufsfeldern.

Der Kongreß transportierte einen Teil der Arbeit des Arbeitskreises „Sporterziehung im Elementarbereich". Ein weiteres Produkt dieser Arbeit sind die Lehr- und Lernmaterialien zur frühkindlichen Bewegungserziehung. Die Basis dieser praktischen Anregungen bildet ein Konzept von Bewegungserziehung, nach dem die Entwicklung des Kindes als ganzheitlicher Prozeß aufgefaßt und der Bewegung eine wesentliche Funktion beim Aufbau einer harmonischen, gesunden Persönlichkeit beigemessen wird.

Denn: Sport und Spiel sind mehr als nur Zeitvertreib, sie tragen wesentlich zur Persönlichkeitsentwicklung junger Menschen bei.

Selbsterfahrungen vielfältigster Natur werden im Sport gewonnen. Soziales Handeln, unabdingbare Voraussetzung für ein Miteinander in einer freigewählten Gemeinschaft, und fairer Umgang miteinander werden quasi nebenbei gelernt. Die Zusammenhänge zwischen einer intakten Umwelt und der Sportausübung werden unmittelbar erfahrbar.

Diese dem Sport immanenten Faktoren zu unterstützen und zu entwickeln, hat sich die dsj zur Aufgabe gemacht.

Neben der Schaffung von sportlichen Aktionsfeldern, die den Bewegungsbedürfnissen und den Wunschvorstellungen von Kindern und Jugendlichen nach Leistung und Anerkennung entsprechen, engagiert sich die dsj in allen ihren Tätigkeitsfeldern für die Gleichstellung von Mädchen und Frauen, für den Erhalt der Umwelt sowie für nationale und internationale Verständigung in einem geeinten Europa und weit über diese Grenzen hinaus.

Aktionsfelder der dsj

Die Tätigkeitsbereiche im Jugendsport sind so vielfältig wie die Interessen junger Menschen in unserer Gesellschaft.

Sportliche Jugendarbeit

Über die Sportliche Jugendarbeit wird die faszinierende Welt des Sport in all ihren Ausformungen und Bezügen erlebt und praktiziert. Dabei fühlt sie sich nicht nur den fachlichen Zielen verpflichtet, Bewegungsfertigkeiten zu vermitteln, diese zu üben, zu trainieren und im Wettkampf zu erproben, sondern sieht den ganzen Menschen.

Konkret betrifft dies die Zusammenarbeit zwischen Schule und Verein, die Mitarbeit in Gremien des schulsportlichen Wettkampfwesens sowie Fragestellungen des Leistungssports im Kinder- und Jugendbereich.

Jugend- und Sportpolitik
Die dsj will ihre jugendlichen Mitglieder auf der Basis parteipolitischer Neutralität zu politischem Denken und Handeln hinführen.

Besondere Akzente wird die dsj in den nächsten Jahren im Bereich der Europapolitik setzen. Über eine Projektgruppe „Jugendarbeit in Europa" werden die Entwicklungen zu einem Binnenmarkt, aber auch die Integration Osteuropas mitgestaltet. Soziale, freizeitpolitische und kulturelle Aspekte stehen dabei im Vordergrund.

Auch für Zivildienstleistende im Sport macht sich die dsj stark. Zu Übungsleitern ausgebildet übernehmen sie soziale Aufgaben im Verein.

Jugendsozialarbeit
Die Jugendsozialarbeit im Sport integriert benachteiligte oder gefährdete Gruppen unserer Gesellschaft über das Medium Sport: Behinderte, straffällig Gewordene, Aussiedler und ausländische Kinder und Jugendliche. Auch hier geht die dsj über die eigenen Landesgrenzen hinaus, z. B. mit Projekten als Hilfe zur Selbsthilfe für sozial benachteiligte Kinder und Jugendliche in der Dritten Welt.

Internationale Jugendarbeit
Die Internationale Jugendarbeit eröffnet Kontakte in alle Welt und legt Grundlagen für interkulturelles Lernen und Friedenserziehung. Mit über 50 Ländern in der Welt organisiert die dsj Jugendaustausch auf sportlicher Ebene. Jährlich sind etwa 20.000 Teilnehmer mit Unterstützung der dsj unterwegs. Ein langjähriger Partner ist das Deutsch-Französische Jugendwerk, mit welchem gemeinsam Ausbildungskonzeptionen entwickelt werden.

Allgemeine Jugendarbeit
Angebote der musisch-kulturellen Jugendarbeit, Spiel, Musik, Tanz und Theater haben an Attraktivität gewonnen. Sie ermöglichen ein hohes Maß an Kreativität, Kommunikation und partnerschaftlichem Miteinander und können helfen, den eigenen Horizont zu erweitern.

Bei den sportlichen Ferien für daheimgebliebene Kinder und Jugendliche spielen dann auch alle Facetten der Jugendarbeit eine Rolle und tragen zu einem positiven Ferienerlebnis und möglicherweise zu optimistischerer Lebensperspektive bei.

Logisch, daß dies alles nicht ohne Aus- und Weiterbildung der Mitarbeiter geht. Ausbildungskonzeptionen für die Jugendarbeit im Sport werden erarbeitet, Mitgliedsorganisationen in Ausbildungsfragen beraten, und haupt- und ehrenamtliche Führungskräfte aller Ebenen weitergebildet.

Die dsj mit ihrer Geschäftsstelle in Frankfurt ist in allen Bundesländern durch die Landessportbünde, in allen Sportarten durch die Spitzenverbände und in weiteren gesellschaftlichen Bereichen durch Organisationen mit besonderer Aufgabenstellung, die sich unter dem Dach der dsj zusammengeschlossen haben, präsent.

Über 8   Millionen Mitglieder zählte die dsj 1991, dies ist die Zahl der Kinder und Jugendlichen, die innerhalb von Vereinen Sport erleben und Freizeit gestalten. Jedes zweite Mädchen im Alter von 7 bis 18 Jahren ist Mitglied eines der 65.000 Turn- und Sportvereine, bei den Jungen sind es 63 von 100.

Weitere Informationen:
Deutsche Sportjugend (dsj)
Otto-Fleck-Schneise 12
6000 Frankfurt/Main 71
Tel.: 0 69/67 00–0

dsj
Deutsche
Sportjugend

Holz-Hoerz

Päd. Holzspielwaren — Therapiemittel und -geräte — Sonderanfertigungen — Werbegeschenke nach Maß.
BAUGROSS — Pedalo-System — Pedalo-Rollbrett — Pertra-Spielsatz — Pertra-Klangbausteine — Perbo-Bohrmaschine — Radfang — Stelzen — Holländer — Mini-Gutenberg-Presse funktionsfähig — Spiele in exklusiver Ausführung — Theadrom.

Lichtensteinstr. 50
D-7420 Münsingen/Württ.

Postfach 1103
Telefon (0 73 81) 15 69
Telefax (0 73 81) 46 65

Das original
Pedalo System

ACHTUNG:
Die bestehende
Nachahmung
paßt nicht in das
Gesamtsystem.

Worlddidac Award 1990 in Bronze

Theadrom

Exclusivspiele

PERTRA
Spielsatz

Worlddidac Award 1990 in Gold

Perbo

"Schach"

"Mühle"

"Knobelturm"

"Mensch ärgere Dich nicht"

"Noch Vier"

EHO

AOK - Die Gesundheitskasse

Ein Programm setzt sich durch

Trotz der Herausforderungen aus dem politischen Umfeld hat die AOK aber keineswegs die Umsetzung ihrer programmatischen Orientierung als Gesundheitskasse vernachlässigt, mit der sie sich der Öffentlichkeit und ihren Versicherten in den vorangegangenen Jahren präsentiert hat. Es ist der AOK gelungen, den Menschen die Ziele der Gesundheitsförderung näherzubringen und ihre eigene Kompetenz auf diesem Feld auszubauen. Im Vordergrund stehen die regionalen Aktivitäten der AOK vor Ort im Sinne eines flächendeckenden Angebots, daneben aber auch bundesweite Schwerpunktaktionen wie etwa das Ernährungs- und Fitneßprogramm "Vier-Jahres-Zeiten-Kur".

Ein Hauptpfeiler der Gesundheitsfördermaßnahmen der AOK liegt im Bereich Ernährung. Inzwischen verfügen fast alle AOKs über ein Angebot zur Ernährungsberatung. Rund 500 Ernährungsfachkräfte sind bundesweit für die AOK tätig. Der gleiche Aufwärtstrend zeichnet sich bei den Bewegungsangeboten ab: Die Zahl der für die AOK tätigen Übungsleiter und Sportpädagogen wächst ständig.

Gesundheitsförderung umfaßt die Gestaltung aller Lebensumstände. Dazu bedarf es der Kooperation vieler gesellschaftlicher Kräfte. Mit der Frage, welche Rolle dabei den Krankenkassen zukommt, beschäftigten sich im Juni 1989 auf einem gemeinsamen Kongreß der AOK und der Weltgesundheitsorganisation in Hamburg über 600 Wissenschaftler, Politiker und Praktiker aus 23 Ländern. Die AOK wird auf der Basis der dort gewonnenen Erkenntnisse ihre bewährten Angebote zur Gesundheitsaufklärung und zur individuellen Gestaltung eines gesunden Lebensstils ausbauen, aber verstärkt auch Möglichkeiten nutzen, negative Einflüsse aus Lebens-, Arbeits- und Umweltbedingungen auf die Gesundheit zusammen mit kompetenten Partnern mindern zu helfen.

Die AOK bewegt was.

Immer mehr Menschen leben immer bewußter, halten sich fit, haben Freude an gesunder Ernährung und Bewegung.

Die örtliche AOK hält viele Informationsschriften für Sie bereit.

Für Ihre Gesundheit machen wir uns stark.

AOK
Die Gesundheitskasse.

Renate Zimmer   Hrsg Deutsche Sportjugend

Bewegung, Sport und Spiel mit Kindern

Lehr- und Lernmaterialien zur frühkindlichen Bewegungserziehung

Meyer & Meyer Verlag

Themen der Video-Lehrfilme

1. Immer in Bewegung. VHS, 31 Min.

2. Ein Spielfest für Kinder. VHS, 22 Min.

3. Bewegung, Spiel und Sport mit Kindern.
   VHS, 15 Min.

4. Bewegung, Spiel und Sport mit Kindern.
   VHS, 16 Min.

5. Erzieher- und Übungsleiterverhalten
   (ohne Kommentar). VHS, 21 Min.

Alle Video-Lehrfilme enthalten ein Filmbegleitheft.

Renate Zimmer
Bewegung, Sport und Spiel mit Kindern

Die vorliegende Lehrbriefsammlung repräsentiert ein Konzept von Bewegungserziehung, nach dem die Entwicklung des Kindes als ganzheitlicher Prozeß aufgefaßt und der Bewegung eine wesentliche Funktion beim Aufbau einer harmonischen, gesunden Persönlichkeit beigemessen wird.

In 12 Lehrbriefen werden methodisch-didaktische und entwicklungspsychologische Grundlagen von Bewegung, Spiel und Sport für Kinder im Alter von 0 bis 6 Jahren vermittelt.
Die praktischen Anregungen reichen vom Baby- und Kleinkindschwimmen bis zu Vorschlägen zur Gestaltung kindorientierter Bewegungsangebote in Vereinen, Kindergärten und -krippen.
In Ergänzung zu den Lehrbriefen sind außerdem fünf Videofilme erstellt worden.

ISBN 3-89124-096-1
DM 38,00

MEYER & MEYER
DER SPORTVERLAG
Am Bayerhaus 23, D-5100 Aachen
Telefon 0241/556033-34, Fax 0241/558281

EDITION SPORT UND WISSENSCHAFT

Folgende Titel sind bisher erschienen:

In Vorbereitung:

Meyer & Meyer – Der Sportverlag, Am Bayerhaus 23, W-5100 Aachen
Telefon 02 41/55 60 33-34, Telefax 02 41/55 82 81

Sporttitel von Meyer & Meyer

zu den Themen:

Laufsport

Van Aaken - Das van Aaken Lauflehrbuch
Van Aaken - Das Laufbuch der Frau
Lydiard - Jogging mit Lydiard
Diem - Tips für Laufanfänger
von Schablowsky - Hilfe-mein Mann läuft
von Schablowsky - Zur Strecke gebracht
Hartkopf - Glück des Laufens

Langlauf

Sonntag - Mehr als Marathon Bd. 1
Sonntag - Mehr als Marathon Bd. 2
Vellage - Läuferin-Langstreclerin-Marathonläuf.
Kleine/Lennartz - Pulsschlag 130
Thiemer/Thiemer - Langlauf ist unser Leben
Kleine - Langlauf in der Kritik
Jung - Schweizer Waffenläufe

Edition Leichtathletik

Joch (Hrsg.)
Bd. 1 Rahmentrainingsplan Grundlagentraining
Bd. 2 Aufbautraining-Sprint
Bd. 3 Aufbautraining-Lauf
Bd. 4 Aufbautraining-Sprung
Bd. 5 Aufbautraining-Wurf
Bd. 6 Aufbautraining-Mehrkampf

Gymnastik/Körperarbeit

Rosenberg - Handbuch Gymnastik und Tanz
Blume - Akrobatik
Moegling - Handbuch Tai Chi Chuan
Polet-Kittler - Yoga-Das seelische Gleichgewicht
Polet-Kittler - Tips für Yoga
Jung - Gymnastik als Therapie
Unger - Handbuch Kraftsport und Bodybuilding

Fußball

Kollath - Fußballtechnik in der Praxis
Sneyers - Fußballtraining-Das Jahresprogramm
Bischops/Gerards - Tips für Spiele mit dem Fußball

Basketball

Neumann - Basketballtraining
Mikes - Handbuch Basketball

Volleyball

Fraser - Volleyball

Tennis

Steinhöfel - Trainingsformen im Leistungstennis

Tischtennis

Groß - Tips fürs Tischtennis

Radsport

Brüggenj./Kürschner - Handbuch Mountain-Biking
Heßler - Radsport in Schule und Verein

Rudern

Fritsch - Handbuch Rudersport
Fritsch - Handbuch Rennrudern

Triathlon/Schwimmen

Aschwer - Handbuch Triathlon
Aschwer - Mein Abenteuer-Hawaii-Triathlon
Gambril/Bay - Handbuch Schwimmsport

Golf

Flanagan - Golf-Spiel mit Kopf

Athleten und Trainer der Welt

Coe - Running Free
Castella - Laufen-mein Leben
Galloway - Richtig laufen mit Galloway
Lydiard - Laufen mit Lydiard
Waitz - Grete Waitz-Worldclass
Hinault - Eine Radsportkarriere
Sleamaker - Systematisches Leistungstraining

Leistungstraining

Radcliffe/Farentinos - Sprungkrafttraining

Bewegungserziehung

Zimmer - Bewegung, Sport und Spiel mit Kindern
Diem - Auf die ersten Lebensjahre kommt es an
Buschmann - Ausdauertraining für Kinder
Bischops/Gerards - Tips für Sportspiele
Bischops/Gerards - Tips für neue Wettkampfspiele
Bischops/Gerards - Tips f. Sport i. d. Lebensmitte
Kapustin - Familie und Sport
Kapustin - Sport f. Erwachsene mit geistiger
  Behinderung

Ernährung/Gesundheit

Breuer-Schüder - Mehr wissen, mehr leisten
Breuer-Schüder - Leistungssteigerung durch
  gezielte Ernährung
Jung - Sport und Ernährung
Meyer - Schlank
Shangold - Sportmedizin für Frauen
Williams - Rekorde durch Doping?
Rausch - Fit bis zum Umfallen

MEYER & MEYER
DER SPORTVERLAG

Am Bayerhaus 23, D-5100 Aachen
Telefon 0241/556033-34, Fax 0241/558281